Jolanda und Kirsten

Eine Brieffreundschaft –
zwei Lebenswege – ein Plan

Regina Rothengast

Jolanda und Kirsten

Eine Brieffreundschaft –
zwei Lebenswege – ein Plan

Roman

Impressum

Verlag Renate Brandes, Altenriet
Umschlaggestaltung: Michael Kolmogortsev
Abbildungen: Atelier Karin Besserer, freepik.com, Andreas Rothengast
Herstellung: Druckhaus Nord GmbH, ScandinavianBook, Neustadt a.d. Aisch
1. Auflage
Printed in Germany
ISBN: 978-3-948818-23-4

Bibliografische Information der
Deutschen Nationalbibliothek: Die Deutsche Nationalbibliothek verzeichnet diese Publikation in der Deutschen Nationalbibliografie; detaillierte bibliografische Daten sind im Internet über http://dnb.dnb.de abrufbar.

Alle vorkommenden Personen, Schauplätze, Ereignisse und Handlungen sind frei erfunden. Etwaige Ähnlichkeiten mit lebenden Personen, Orten oder Ereignissen sind rein zufällig.

Dieses Buch wurde umweltfreundlich hergestellt.

© 2024 Verlag Renate Brandes

*Für Joachim, seit nahezu fünfzig Jahren an meiner Seite.
Unerschütterlich. In Liebe. Für immer!*

INHALT

Prolog 8

Erste Planungen, Frühjahr 2018 9

Jolanda und Kirsten, eine Freundschaft fürs Leben 11

Hans – my love 28

Weitere Planungen, Frühjahr 2018 52

Unterwegs 57

Die Planung geht weiter, Frühjahr 2018 69

Kirstens Story 103

Von allen guten Geistern verlassen, April 2018 149

Unsere 60. Geburtstage 163

Das Ende der Leichtigkeit 203

Ich bin der Meister meines Los 229

Schuld und Absolution 257

Die folgenden Jahre 266

Kollektive Partnersuche 288

Der Beginn der neuen Leichtigkeit	308
Am Ziel – Juli 2019	346
Dank und Nachwort	349
Die Autorin	351

Prolog

Noch nie bin ich so schnell durch die Stadt gefahren. Überhaupt bin ich ja noch nie allein mit dem Auto durch die Stadt gefahren. Mein Herz hämmert in meinem Brustkorb. Mit quietschenden Reifen treffe ich vor dem Krankenhaus ein. Ich halte im absoluten Halteverbot, aber das ist mir egal, springe aus dem Auto und renne wie von Furien gehetzt in das Gebäude. NEIN, NEIN! Alles in mir verkrampft sich. Ich will nicht wahrhaben, was gerade geschieht. Mühsam meine Panik niederringend, frage ich an der Anmeldung nach, damit ich nicht kopflos und dadurch Zeit verlierend durch die Krankenhausgänge renne. Man beschreibt mir den Weg zur Intensivstation. INTENSIVSTATION! Mein ohnehin beängstigend galoppierendes Herz setzt kurz aus, der Mund wird mir noch trockener. Ich weiß nicht mehr, wie ich den kurzen Weg zurückgelegt habe. Dann stehe ich vor der großen Schiebetür und rüttle wie von Sinnen an dem Griff. Nach einer gefühlten Ewigkeit wird sie geöffnet.

»Sie müssen die Klingel drücken«, klärt mich eine junge Krankenschwester mit sanfter Stimme auf. Dann fragt sie nach: »Sind Sie Frau Jolanda Haberle?« Als ich bejahe, darf ich eintreten.

Erste Planungen, Frühjahr 2018

Unser sechzigster Geburtstag

»Du bist ja verrückt, Lolly!« Meine Freundin Kirsten sagt das gefühlt in jedem dritten Satz, wenn wir uns unterhalten.

Ich verdrehe die Augen und verziehe die Lippen zum Schmollmund.

»Und du brauchst nun gar nicht die Augen zu verdrehen und einen Schmollmund zu machen«, ermahnt sie mich postwendend.

Dass Kirsten mit ihrer Vermutung richtig liegt und das, obwohl sie mich gar nicht sehen kann, da wir telefonieren, regt mich am meisten auf. Ich öffne den Mund, um ihr Kontra zu geben.

Kirsten kommt mir zuvor: »Du willst allen Ernstes anlässlich unserer sechzigsten Geburtstage ein einwöchiges Survivaltraining in einem abgelegenen Waldgebiet mit mir machen? Ich komm aus dem Lachen nicht mehr raus.«

»Tu dir keinen Zwang an. Haha, ich lache mit. Aber eigentlich ist mir zum Weinen, wenn du mir so gar nichts zutraust«, entgegne ich leicht sauer.

»Naja, entschuldige. Wer bekommt denn schon nach einer halben Stunde bei einem NORMALEN

Waldspaziergang das Fracksausen und sieht sich dem Tod durch Verirren nahe, wenn an einer Weggabelung nicht ganz klar ist, wo es langgeht?«

Ich erwidere bockig: »Ich möchte mich meinen Ängsten aber stellen und zu unserem Sechzigsten etwas ganz Außergewöhnliches unternehmen. Meinst du, ich habe Lust, die bucklige Verwandtschaft durchzufüttern? Drei Tage Einkaufen und Vorbereiten, dann eine Feier, an der es so hektisch ist, dass man mit keinem einzigen Gast ein sinnvolles Gespräch führen kann, anschließend tagelang wieder die Spuren des Gelages beseitigen? Nein, danke, da gehe ich lieber in den Wald.«

»Lass uns in Ruhe überlegen, Lolly. Ist ja noch ein paar Wochen Zeit. Wir machen etwas zusammen. Versprochen! Ich fress' einen Besen, wenn uns nichts einfällt.« Ich höre Kirstens typisches Glucksen.

»Mahlzcit!«, wünsche ich und ermahne sie gleich noch: »Wie oft soll ich es noch sagen? Mein Name ist Jolanda. Nicht Jolly und nicht Lolly. Merk dir das in Zukunft. Ab dem Geburtstag will ich nichts anderes mehr hören als J-O-L-A-N-D-A! Auf Wiederhören.«

Beim Auflegen dringt noch Kirstens entrüstetes Schnauben durch den Hörer. Dann habe ich die Verbindung unterbrochen. Ich brauche keine Angst zu haben. Kirsten wird nicht beleidigt sein. Sie hat, wie sie selbst immer sagt, in der Beziehung ein »dickes Fell«, vor allem mir, ihrer besten Freundin, gegenüber.

Jolanda und Kirsten, eine Freundschaft fürs Leben

Brieffreundinnen

Es ist mehr als erstaunlich, wie lange wir diesen »Beste-Freundinnen-Status« schon innehaben und pflegen. Dabei sind wir so grundverschieden, wie man nur sein kann. Uns verbindet allerdings eine tiefe Freundschaft seit unserem elften Lebensjahr. Man muss keine Mathematikerin oder kein Mathematiker sein, um nun anhand der bereits erwähnten bevorstehenden Geburtstage blitzschnell zu errechnen, dass die Verbindung also schon neunundvierzig Jahre besteht. Entstanden aus einer Brieffreundschaft. Das ist etwas, was sich der junge Mensch der heutigen Zeit wahrscheinlich nicht mehr vorstellen kann. Wir pflegten seinerzeit diese Brieffreundschaften mit Gleichaltrigen und Gleichgesinnten aus aller Herren Länder. Man setzte sich hin und schrieb mit der eigenen Hand einen Brief auf Papier. Adressen wurden in Jugendzeitschriften ausgetauscht. Manchmal auch über die Schule. Ich selbst hatte eine einzige Brieffreundin. Die Adresse gab mir meine Mutter. Ich habe keine Ahnung, wo sie die herhatte.

»Hier Jolanda, schreib mal dieser Kirsten. Die ist so alt wie du. Das ist bestimmt interessant. Und für dein Deutsch in der Schule auch nicht schlecht, auf alle Fälle sicherlich nicht von Nachteil.«

Begeistert war ich nicht. Aber nach anfänglichem holprigen Austausch machte mir der Briefwechsel immer mehr Spaß. Kirsten lebte in Norddeutschland und war tatsächlich so alt wie ich, nur einen einzigen Tag älter, geboren am 12.07.1958. Wir schrieben uns immer häufiger, immer längere Briefe und fingen bald an, auch miteinander zu telefonieren. Nach vier Jahren regem Austausch über Lieblingsfarben, Lieblingsschauspieler, Lieblingssänger und Lieblingsfilme trafen wir uns im zarten Alter von fünfzehn Jahren zum ersten Mal.

Haschimaloschi oder der gerollte Teppich

Es ist ja nicht so, dass wir nicht alle mal jung waren. Einfach jeder. Obwohl das viele vergessen oder verdrängt haben beziehungsweise nicht wahrhaben wollen. In jungen Jahren liegt das Leben in seiner ganzen Fülle vor einem. Die Erwartungen sind groß. So groß wie die Abenteuerlust, die Vergnügungssucht und die Neugierde. Dementsprechend überdimensional sind auch die Risikobereitschaft und der Leichtsinn. Eigentlich kann man froh sein, wenn man diese Sturm- und Drangjahre heil übersteht. Ich weiß nicht, wie die jungen Leute das heutzutage alles sehen. Aber in den Siebzigerjahren ging stellenweise ganz schön »die Post ab«. Sagen wir es mal so: Wenn mein Kind mir das in seinen Teenagerjahren zugemutet hätte, was ich meinen Eltern angetan habe, würde ich wahrscheinlich heute noch schreiend mit gerauften Haaren im Kreis rennen. Meine Elterngeneration konnte noch mehr verkraften. Als ich selbst die Seiten gewechselt hatte und Mutter eines Halbwüchsigen war, ging die Tendenz schon in Richtung Helikopter-Eltern. Wir hatten ein sehr wachsames Auge auf die Brut. Aber nun gut. Was vorbei ist, ist vorbei.

Wo waren wir stehengeblieben? Genau, in den Siebzigern. Bei meinem ersten Besuch im hohen Norden. Bei Kirsten, meiner Brieffreundin. Mit Wehmut denke ich an diese unbeschwerten Jugendjahre zurück. Damit bin ich sicher nicht allein. Ist eine gebräuchliche Vorgehensweise der älteren Generation und wird sich bis zum Sankt-Nimmerleins-Tag so fortsetzen, frei nach dem Motto: »Früher war alles besser und schöner!«

Dabei war ich nach eigenem damaligen Ermessen verhältnismäßig brav. Da gab es andere Kaliber, aber Hallo. Ich war zwar über die Maßen unordentlich, lernte in der Schule eher wenig, hatte im Kopf nur die damals beliebten Plattenpartys, fing dezent an zu rauchen und auch mal das eine oder andere Bier zu trinken, aus Geldmangel mit Strohhalm. Somit habe ich all das getan, was ich heute, nachdem ich mit den Jahren zum kleinen Spießer mutiert bin, verurteile. Aber EINES habe ich nie getan. Man darf gespannt sein. Ich habe niemals Drogen genommen, noch nicht einmal einen Joint geraucht. Das ist verwunderlich, wenn man diese Zeit gedanklich Revue passieren lässt, von mir sogar immer wieder gerne Haschimaloschi-

Zeit genannt. Doch Stopp! Einen kleinen Makel, einen winzigen Flecken hat diese reine Drogen-Weste. Zu meiner großen Beschämung muss ich gestehen, dass ich im jugendlichen Alter von fünfzehn Jahren einen Haschkeks verkonsumiert habe. Was ist schon dabei? Ein Keks oder Plätzchen. Hallo! Das kann doch nicht so verwerflich sein. So gar nichts in diese Richtung probiert zu haben, kam für eine Fünfzehnjährige zur damaligen Zeit ja gleich nach ungeküsst. Was für eine Schmach.

Mit Hängen und Würgen hatte ich es also 1973 geschafft, dass ich aus dem Süden der Republik in den Ferien zu meiner einzigen Brieffreundin in den Norden fahren durfte. Mit dem Zug, ich allein. Meine Freude darüber war grenzenlos. Los ging's mit Rucksack und jeder Menge Ermahnungen in verschiedenen Kategorien, »nicht rauchen, nicht trinken, nicht per Anhalter fahren …«, im Gepäck. »Keine Drogen« fehlte auf der Liste. Das zu erwähnen, hielten die Erziehungsberechtigten nicht für nötig, weil sie gar nicht auf die Idee kamen, dass mir aus dieser Richtung Gefahr drohen könnte.

Kaum hatte ich in dem Transportmittel der Deutschen Bahn Platz genommen, zitterte ich vor Aufregung und Vorfreude. Zum ersten Mal allein auf großer Fahrt. Ich hielt meine Nase aus dem Fenster. Nach der Landkreisgrenze wehte mir schon der Duft der großen weiten Welt um dieselbe. Jenseits des Weißwurstäquators umblies mich ein ganzer Orkan der Freiheit. Dabei war Kirstens Elternhaus beileibe nicht mit den »Straßen von San Francisco« zu vergleichen. Dort flog sicher die Kuh. Bei meiner

Brieffreundin ging alles gutbürgerlich zu. Sie hatte einen älteren Bruder, der schon neunzehn Jahre alt war. Als die Mutter mir Ulrich vorstellte, wechselte ich in Sekundenschnelle die Gesichtsfarbe in Rot bis Tiefrot. Mein scheuer, jedoch schmachtender Blick in Richtung des männlichen Sahnebonbons wurde von Uli, wie er von allen genannt wurde, ignoriert. Ich hatte das Gefühl, dass ich komplett in meiner ganzen Erscheinung keine Aufmerksamkeit seinerseits erfuhr. Im Gegenteil, er musterte mich eine Sekunde lang auf die Art, wie man ein lästiges Insekt anschaut. Obwohl ich kurz vor Eintreffen noch extra meine Bluse unter der eher mickrigen Oberweite geknotet hatte, das modische Nonplusultra der damaligen Zeit. Die Freundin der kleinen Schwester war anscheinend nichts, was seinem Beuteschema entsprach. Egal. Kirsten nahm mich bei der Hand und zog mich in ihr Reich. Wir lagen uns kichernd in den Armen. Endlich lernten wir uns persönlich kennen. Durch die Brieffreundschaft waren wir uns schon sehr vertraut, kannten unsere geheimsten Sehnsüchte und Gedanken. So drehte sich die nächsten Tage alles um Schminken, Klamotten, die Stars aus der BRAVO und die Themen aus der Rubrik »Dr. Sommer«, ebenfalls aus der BRAVO. Kirstens Eltern waren relativ cool und sprachen keine sinnlosen Verbote aus. Wir verlebten schöne Tage und ich fühlte mich sehr wohl.

»Jolanda«, rief Kirsten am letzten Tag aufgeregt, »Uli gibt heute Abend eine Party. Mama und Papa sind über Nacht bei Freunden eingeladen. Sie haben erlaubt, dass wir auch mitmachen dürfen. Uli soll auf uns aufpassen.«

Mit dem Weitblick einer Sechzigjährigen würde ich heute sagen, sie haben den Bock zum Gärtner gemacht. Mit dem eingeschränkten Horizont einer Fünfzehnjährigen sagte ich 1973: »Suuuper! Kirsten, ich bin so aufgeregt. Vielleicht …«. Ich zwinkerte ihr verschwörerisch zu. Sie verstand, was ich meinte. Schließlich hatte ich ihr im Laufe der Woche zur Genüge gestanden, dass mich Amors Pfeil vom ersten Augenblick an in Richtung Uli getroffen hatte. Gegenliebe existierte nach wie vor nicht, aber eventuell konnten meine intimen Wünsche auf der Veranstaltung Erfüllung finden, zumindest in Form eines Kusses. Meine Erwartungen erhielten einen gehörigen Dämpfer, als Uli genervt die Augen verdrehte ob der Ankündigung unserer Teilnahme an seiner Party.

»Muss das sein?«, fragte er seine Mutter.

»Okay, ihr Kröten«, richtete der große Meister sein Wort an uns. »Haltet schön eure Klappe, trinkt eure Cola und fallt niemandem auf die Nerven.«

Als die ersten Gäste eintrafen, hatte er unsere Existenz komplett vergessen.

Ich hatte natürlich keine Ahnung, wie sich die Ermahnungen von Kirstens und Ulis Eltern gestaltet hatten und wie sie sich Ulis Aufsichtspflicht uns Küken gegenüber vorstellten. Für mich war Kirsten der Maßstab. Was sie machte, schien mir in jeder Hinsicht vertretbar. Für mich war dieser Partyabend sowieso das Coolste, was ich bis dato erlebt hatte und ich wähnte mich schon beim Betreten der Location, ein größerer Raum im Souterrain des

Hauses, im Paradies. Patchouli geschwängerte Luft, Räucherstäbchen, obercoole Musik von T. Rex, Uriah Heep, Golden Earring, Black Sabbath und was weiß ich noch alles. In der Mitte des Raumes ein Teil der Gäste, auf den ersten Blick nicht zu erkennen, ob Männlein oder Weiblein, weil sich ein dichter Nebel aus Zigarettenrauch, den erwähnten Räucherstäbchen und Ähnlichem, aber Undefinierbarem, gebildet hatte. Diese Gruppe hatte kollektiv die Köpfe mit den langen Haaren nach vorne gebeugt. Der dazugehörige Körper zuckte rhythmisch zu den Klängen der Musik. Der Rest der Meute lag auf den Matratzen, die entlang den Wänden ausgebreitet lagen. Es wurde geraucht und auf die Tanzfläche gestiert. Die ersten Paare waren beim Knutschen. Ich sah mir die ganze Szenerie verstohlen von meinem Platz an der kleinen provisorischen Bar aus an. Dort saßen Kirsten und ich auf einem Barhocker, in der Hand eine Flasche mit Afri-Cola. Wir hatten uns heimlich einen ordentlichen Schuss Whiskey dazu gegönnt. Die Heimlichtuerei war eigentlich für die Katz, weil sich keine Sau darum kümmerte, was wir tranken oder trieben. Zu meinem Leidwesen trieb es Uli mit einer langhaarigen Schönen auf der Matratze. Zumindest veranstaltete er dort eine wilde Knutscherei mit der Glücklichen. Ich schaute bedröppelt zu Kirsten und seufzte.

Sie zuckte mit den Schultern und zog mich vom Hocker. »Auf, wir tanzen!« Und schon waren wir mitten im Geschehen. Nach anfänglichen unkoordinierten Hüpfern fand ich in die gleichen monotonen Vorwärts- und Rückwärtsbewegungen mit meinem Oberkörper wie mein Umfeld. Aus dem Augenwinkel registrierte ich nach geraumer Zeit sogar ein männliches Augenpaar, das mich verfolgte. Ich riskierte einen Blick in Richtung meines Bewunderers, eines etwas schmächtigen Jünglings, der ganz allein am Rande stand und sich anscheinend nicht ganz wohlfühlte. Immerhin wurde ich wahrgenommen. Ich flüsterte Kirsten etwas ins Ohr, hörte auf zu tanzen und stellte mich an den Rand der Tanzfläche in die Nähe des einsamen Partygastes.

Es dauerte nicht lange und er wandte sich mir zu: »Hi! Ich bin Jürgen.«

»Jolanda«, stellte ich mich vor und wünschte, wie so oft, einen etwas gängigeren Namen zu haben. Warum hatten mich meine Eltern nicht einfach auf Birgit, Karin, Sabine, Petra oder Andrea taufen lassen?

Und prompt kam die Nachfrage: »Wie bitte?«

»Jolanda!«, schrie ich ihm so laut ins Ohr, dass er etwas zurückwich.

»Hallo Jolanda.« Er grinste mich an und stieß mit seinem Glas gegen meine Cola-Flasche. Wir gaben uns dem Smalltalk hin. Das Übliche: »Wo kommst du her? In was für eine Schule gehst du? Wie gefällt dir die Party?« Durch den meinem Afri-Cola heimlich zugesetzten Whiskey wurde ich immer lockerer, kicherte, schaute meinem Gegenüber tief in die Augen und traute mich schließlich, eine Zigarette anzuzünden. Ich fühlte mich obercool und so wohl wie noch nie im Leben. Jetzt war ich in der Stimmung und sicherlich auch mutig genug, um Uli anzusprechen. Ein Seitenblick genügte, um mich zu vergewissern, dass er bei seiner einmal angefangenen Tätigkeit geblieben war und immer noch die aufregende Brünette im Arm hielt. Mittlerweile bewegten sie sich engumschlungen zu »Nights in white satin« auf der Tanzfläche. Stehblues. Wäre mir jetzt auch danach. Als ich meine Zigarette ausdrückte, merkte ich, dass der ungewohnte Alkohol und das Nikotin ihre Wirkung zeigten. Mir war kurz schwindelig. Das konnte aber auch Hunger sein. Vor Aufregung hatte ich fast den ganzen Tag nichts gegessen. Wo war denn hier »das Buffet«? Mein Suchen hatte Erfolg, aber ich musste erkennen, dass das Konsumieren fester Nahrung hier wohl keine übergeordnete Rolle spielte. Auf einem kleinen Tisch erblickte ich Chips, Salzstängele und eine Platte mit eher unappetitlichen Resten belegter Brötchen. Daneben stand noch ein Teller mit ein paar Keksen. Lecker. Ich nahm kurzentschlossen Jürgen bei der Hand, rief in sein Ohr: « Ich muss dringend was essen«, und zog ihn in Richtung Gebäck.

Nach dem Genuss eines der angegammelten Brötchen nahm ich mir noch zwei der Kekse und schob sie mir in den Mund. Gleich konnte das Amüsement gestärkt weitergehen. Mein Blick suchte kurz nach Kirsten. Ich entdeckte sie wild tanzend und gesellte mich mit meiner Eroberung dazu. Meine anfängliche Schüchternheit war komplett verflogen. Als die Musik wieder langsamer wurde, schmiegte ich mich an Jürgen, bildete mir ein, es wäre Uli und küsste ihn frech auf den Mund. Zwischendurch gönnte ich mir noch einen Drink und eine Zigarette. Völlig enthemmt wirbelte ich dann über die Tanzfläche auf Uli zu und packte ihn am Ärmel.

»Smoke on the water …«, grölte ich und versuchte, ihn zum Tanzen zu animieren.

Er schaute mich irritiert an und rief: »Lass mich in Ruhe!«

Ich kicherte albern. Puh, war es hier warm! Mir lief der Schweiß in Bächen den Rücken hinunter. »Komm schon, Uli, ich möchte mit dir abtanzen!«, rief ich ihm zu.

Uli schubste mich von sich. Ich torkelte leicht und schloss die Augen. Mir war auf einmal absolut schwindelig. Als ich mich umsah, hatte ich den Eindruck, als ob alle Partygäste mich leicht angewidert ansehen würden. Die Gesichter der jungen Leute waren plötzlich zu Fratzen verzogen. Panik überkam mich. Nur raus hier! Wo war ich da nur hingeraten? »Kirsten!«, rief ich angstvoll. Meine Freundin drehte sich zu mir um, kam herbeigeeilt und konnte mich gerade noch auffangen, bevor ich auf eine der Matratzen zu Boden sank.

»Jolanda, was ist mit dir?«, fragte sie entsetzt. Ich stammelte unverständliches Zeugs und meine Zähne schlugen unkontrolliert aufeinander. Nach und nach wurde die ganze Gesellschaft auf mich aufmerksam, wie ich da auf der Matratze lag, von Schüttelfrost geplagt, während mir der Schweiß immer wieder ausbrach.

»Mir ist so kalt. Wo bin ich? Mama, ich kann heute nicht zur Schule gehen. Ich bin krank …«, sagte ich erschöpft im Flüsterton.

Kirsten weinte und schrie: »Uli, was hat sie? Wir müssen einen Arzt holen.«

Endlich schenkte Uli mir auch Aufmerksamkeit, aber anders, als ich es mir gewünscht hatte. »Bist du verrückt!«, fuhr er seine Schwester an. »Was soll denn ein Arzt hier? Die dumme Nuss hat zu viel gesoffen und geraucht. Hab gleich gesagt, dass das eine blöde Idee ist mit euch auf meiner Party.«

Seine Begleiterin flüsterte ihm etwas ins Ohr und er schaute plötzlich leicht beunruhigt auf mich hernieder.

»Hey, Sweetie, hast du etwa von den Keksen gegessen?«

»Was für Kekse?«, fragte Kirsten.

»Kekse«, lallte ich und schloss wieder die Augen.

»Was für Kekse?«, wiederholte meine Freundin und packte ihren Bruder am Hemd.

»Halt dein Maul«, fuhr der sie an. »Ich lasse mir von euch Hühnern nicht meine Party crashen. Sie soll ihren Rausch ausschlafen. Kein Wort zu den Alten, sonst könnt ihr was erleben.«

»Ich friere so entsetzlich«, weinte ich. »Könnt ihr mich nicht einfach mit einem Teppich zudecken?«

Nun machte sich das sprachliche Nord-Süd-Gefälle der Republik bemerkbar. Gleiche Wörter, im Sprachgebrauch aber verschieden verwendet. Über nichts hatte ich mir zu jener Zeit weniger Gedanken gemacht als über Dialekte und regionale Sprachgewohnheiten. Man redete halt so, wie einem der Schnabel gewachsen war. Der Klassiker ist ja »der Fuß«, welcher in südlichen Gefilden von der Hüfte bis zu den Zehen reicht, was man im Rest von Deutschland richtigerweise als Bein bezeichnet. Aber mit meinen Füßen oder auch Beinen hatte ich keine Probleme, außer dass ich mich nicht auf ihnen halten konnte. Auf einer Matratze lag ich glücklicherweise schon. Mich verlangte einfach nach einem Teppich, den man über mich breiten sollte und der mich wärmen würde. Mit meinem anscheinend missverständlichen Wunsch nach einem Gegenstand mit Mehrfachdeutung hatte ich eine kleine, aber heftige Diskussion ausgelöst und absolute Verwirrung gestiftet.

»Warum einen Teppich? Wo sollen wir denn einen Teppich herbringen?«

Das Ende vom Lied war, dass einer der Jungs die Auslegware aus dem Hausflur anschleifte, einen Teppichläufer. Bevor ich protestieren konnte, hatte man mich wie eine Leiche in denselben eingewickelt. Ich war zu schwach für Widerworte und nur heilfroh, nicht mehr frieren zu müssen. Die nächsten Stunden verbrachte ich auf der Matratze, eingerollt in den Teppichläufer, schlafend und mit Albträumen geschlagen. Kirsten saß die meiste Zeit bei mir und hielt meine Hand. Sogar Uli zeigte leichte Besorgnis und überzeugte sich ab und zu, ob ich noch lebte. Ich vermute, er wollte nur sichergehen und abchecken, wie groß der Ärger für ihn eventuell ausfallen könnte.

Er bekam überhaupt keinen. Der Zwischenfall wurde totgeschwiegen. Ich überlebte den Drogenexzess dankenswerterweise. Als die Gäste entschwunden waren, schleiften mich Uli und Kirsten ins Bett, wo ich bis zum späten Nachmittag schlief. Die Eltern schmunzelten sogar über meine Müdigkeit.

»Die erste Party hat dich wohl ganz schön müde gemacht. Wir hoffen, du hast dich amüsiert.«

Sowohl Kirsten als auch ich hatten dringenden Rede- und Klärungsbedarf. So saßen wir am Abend in ihrem Zimmer auf dem Bett und quatschten.

»Warum sollten wir dich mit einem Teppich zudecken?«, wollte meine Freundin wissen.

»Ich verstehe die Frage nicht«, war meine erstaunte Antwort. »Ich habe jämmerlich gefroren. Da ist es doch normal, nach einer Zudecke zu verlangen.«

»Das schon, aber ein Teppich?«

Wir konnten das Rätsel schnell lösen. Während die Menschen diesseits des Mains, also auf unserer Seite, zu Decke auch mal Teppich sagen, liegt für den Norddeutschen ein Teppich ausschließlich auf dem Boden und wird mit Füßen getreten. So arg amüsant fanden wir das damals nicht. Im Laufe der Jahre haben wir mehr als einmal herzlich über die Episode lachen müssen.

Das leckere Gebäck waren Haschkekse gewesen. Da wird Cannabis verbacken. Der Genuss führt nach circa sechzig Minuten zu Schweißausbrüchen, Angstzuständen, Heulkrämpfen und Desorientierung. Na toll!

Blutsschwesternschaft

Dieses Erlebnis hat Kirsten und mich für alle Zeiten zusammengeschweißt. Bei einem Gegenbesuch meiner Freundin wurde unsere Zusammengehörigkeit durch eine »Blutsbrüderschaft« besiegelt, heutzutage im Gender-Wahn eher »Blutsschwesternschaft«. Es war damals für Kinder und Teenager ein absolutes Muss, Karl May zu lesen. Kirsten und ich schafften fast alle Bände. Der Austausch darüber bereicherte unser Leben immens. Was haben wir diskutiert. Nach bester »Wildwestmanier«, wie seinerzeit Winnetou und Old Shatterhand, und in feierlicher Stimmung entzündeten wir ein Lagerfeuer auf einem abgelegenen Spielplatz. Wir ritzten uns mit einem Messer in den Finger, drückten einen Blutstropfen heraus und ließen ihn in ein Glas Wasser tropfen.

»Für immer!«, riefen wir würdevoll und unisono. »Wir geloben ewige Freundschaft. Wir werden immer füreinander da sein. Wir werden uns niemals im Stich lassen.«

Dann tranken wir das Glas Wasser, schauten uns tief in die Augen, umarmten uns und gaben uns einen Kuss auf den Mund.

Nach dieser Zeremonie fühlten wir uns zusammengehörig. Mit der Zeit erfuhr unsere Beziehung natürlich notgedrungen eine Desillusionierung. Die Flausen der Teenagerjahre wichen zwangsläufig. Wir wurden älter und reifer. Aber egal, ob es der Weg zum Erwachsensein war, die Berufsausbildung, meine Hochzeit, die Geburt meines Sohnes oder der Tod meines Mannes, unsere Mädelsfreundschaft war ein treuer Begleiter durch alle Widerwärtigkeiten des Lebens. Eine Konstante, die keine von uns missen wollte. Freilich war die räumliche Trennung oftmals nicht förderlich. Aber allein die Gewissheit, einen Menschen zu haben, den man ohne mit der Wimper zu zucken morgens um 3 Uhr anrufen kann, ist viel wert. Es gab in all den Jahren auch ruhigere Zeiten, in denen wir zwar regelmäßig telefonierten, aber uns nicht so oft sahen. Es war auch überhaupt keine Notwendigkeit. Keine Nachrichten sind ja bekanntlich gute Nachrichten. Es ging uns gut. Jede hatte ihr Leben im Griff. Keine großen Katastrophen in diesen frühen Jahren. Die glücklichen Jahre meiner Ehe, in denen mein Ehegatte mein bester Freund war. Meine beste Freundin war nettes Beiwerk, bereicherte mein Leben, machte es sozusagen perfekt. Aber diese Freundschaft war nicht überlebenswichtig für mich. Das sollte sich ändern. Leider. Ich hätte es gerne bei der Konstellation gelassen. Ich, mein Mann, meine beste Freundin. Aber das Schicksal wollte es anders.

Wir sind und waren an sich grundverschieden. Allein der optische Aspekt. Kirsten, mit ihren 1,80 Meter hochgewachsen und gertenschlank. Kühl, klassischer skandinavischer Typ, Pagenkopf, immer akkurat frisiert. Mein Haupt zieren wilde, schlecht zu bändigende Locken in einem netten Straßenköterblond, was die Fachfrau oder der Fachmann als dunkles Aschblond bezeichnen würde. Seit ich denken kann, versuche ich, den Wuschelkopf mal mehr, mal weniger erfolgreich zu glätten und farblich etwas außergewöhnlicher zu gestalten. Meine Favoriten sind Honigblond oder Goldblond, Farben, wesentlich leuchtender als das reelle undefinierbare Mischmaschblond und wunderbar zu meinen bernsteinfarbenen Augen passend, habe ich mir sagen lassen. Angeblich ist das die seltenste Augenfarbe der Welt. Darauf bin ich richtig stolz.

Durch meine geringe Körpergröße wirkte ich schon immer etwas gestaucht. Von 1,80 Meter bin ich zwanzig Zentimeter entfernt, also ein Stümper von 1,60 Meter, zwar nicht rundlich, aber ich musste mich, seit ich denken kann, am Brotkorb zurückhalten. Musste ihn sinnbildlich so hoch hängen, wie es nur geht. Ansonsten wüsste ich nicht, wie es mit meiner Figur enden würde.

Kirsten tröstete mich schon immer: »Du hast ein Kind geboren. Das ist doch normal, dass die Figur etwas darunter leidet.«

Ich beschwichtigte sie, wenn sie eine ihrer berühmt-berüchtigten Vermutungen verlauten ließ, warum sie bei Tanzveranstaltungen oft sitzenblieb.

»Bin zu groß!«

»So ein Quatsch«, schimpfte ich dann. »Da müsste es Heerscharen von jungfräulichen Supermodels geben.«

Kirsten ließ nicht locker: »Das ist einfach so. Schon auf den Plattenpartys früher bin ich weit weniger zum Tanzen aufgefordert worden als du. Weißt du noch? Ich kann mich noch an die Blicke erinnern, wenn jemand dann doch mal mit mir das Tanzbein schwingen wollte und ich mich von meinem Stuhl erhob. Nicht selten sah ich den Fluchtinstinkt in den Augen meines Gegenübers. Welcher Mann mag es schon, wenn eine Frau größer ist als er? Und das war ich einfach. 1,80 Meter plus Schuhe. Da kamen mindestens 1,84 Meter zusammen, obwohl ich extra niemals High Heels trug. Ich wäre gerne so klein und zierlich wie du. Das weckt bei dem starken Geschlecht ganz sicher den

Beschützerinstinkt. Ein kleines hilfsbedürftiges Frauchen, wie süß.«

Ich hasste es, wenn Kirsten so lästerte. Es hörte sich an, als ob man mich einfach nicht für voll nehmen konnte.

Der gerechte Ausgleich für ihre stattliche Körpergröße war der Vorteil, dass sie essen konnte, was sie wollte. Sie nahm nie auch nur ein Gramm zu. Im Gegenteil. Sie musste immer üppig schlemmen, damit sie nicht noch dünner wurde. Was für eine paradiesische Konstellation! Beneidenswert.

Hans – my love

Schockverliebt

Ein noch größerer Unterschied zwischen meiner besten Freundin und mir ist unser beider Leben per se. Zwei klassische Modelle, die da aufeinandertreffen. Kirsten führt im Grunde ein Singleleben, das ist zumindest die offizielle Version. Sie wohnt immer noch in ihrem Elternhaus. Mittlerweile nach dem Tod der Mutter und des Vaters allein. Bruder Uli zog es schon in jugendlichen Jahren weg aus der bürgerlichen Idylle. Selbstverständlich hörte er nach unserer ersten Begegnung auf, sich mir gegenüber wie ein Flegel zu benehmen. Wir sind uns nach wie vor in Freundschaft zugetan. Meine zaghaften Gefühle ihm gegenüber verkümmerten nach dem Haschimaloschi-Intermezzo rasch, bevor sie auch nur die Chance zum weiteren Erblühen hatten.

Das lag aber hauptsächlich an mir. Denn schon im zarten Alter von siebzehn Jahren traf ich meine große Liebe, Hans, zwei Jahre älter als ich. Es war auch wieder Liebe auf den ersten Blick, wie bei Ulrich. Allerdings mit dem Unterschied, dass diese Liebe von Anfang an auf Gegenseitigkeit beruhte. Ein halbes Jahr vor seinem geplanten Abitur kam

Hans auf unsere Schule. Der Arme war gestresst durch häufige, berufsbedingte Umzüge seiner Familie. So wurde ich in kürzester Zeit zu einer Konstanten in seinem Leben. Als er auf der Suche nach seinem Klassenzimmer in unseren Lateinunterricht platzte, war es passiert. Venit, vidit, vicit – er kam, sah und siegte. Vidi et amabam– ich sah und liebte. Amabamus– wir liebten. Ab diesem Augenblick waren wir unzertrennlich.

Schockverliebt im Lateinunterricht. Das ist doch mal was. Nicht alltäglich, aber fast hollywoodtauglich. Ein Film über unsere Liebe wurde nie gedreht. Schade! Er hätte sicher die Chance auf den Oscar gehabt. »Latin Shock« oder so ähnlich wäre ein netter Titel dafür.

Ab diesem Zeitpunkt gingen wir also miteinander. Das sagt heutzutage auch kein Mensch mehr. Damals ein absolut gängiges Modell, seine Auserwählte zu fragen: »Willst du mit mir gehen?« Und so verkehrt finde ich das gar nicht. Wenn man mit jemandem geht, bedeutet das doch, dass man zusammen ist und zusammen die gleiche Richtung einschlägt. Sehr treffend für ein Liebespaar.

Es sprach sich schnell herum. Jolanda und Hans gehen miteinander. Wir poussierten, wie es zu dieser Zeit auch hieß. Ebenso ein schöner Begriff, den niemand mehr anwendet. Ein schöner französischer Ausdruck für Flirten und Schmusen.

Das war der Beginn der Glückseligkeit. Sie sollte dreißig Jahre andauern. Im Nachhinein denke ich manchmal, ich sollte zufrieden sein. Es gibt Menschen, die vielleicht ihr ganzes Leben nicht glücklich und zufrieden sind. Deren Leben ein permanenter Kampf um ein kleines bisschen Glück ist. Ein ewiges Auf und Ab. Bei mir war das Glück in dieser Zeitspanne konstant. »Mit Hans im Glück«, könnte man dazu sagen.

Nothing can stop us now

Die neue Situation als Liebespaar nahm zwar einen großen Teil unserer Gefühlswelt in Anspruch, ließ aber trotzdem noch Platz für einen guten Schulabschluss seitens Hans. Sein Vater hatte eine der beiden Apotheken hier in Märkingen gekauft. Was für ein glücklicher Zufall, dass es die Familie Haberle damals ausgerechnet in unsere schwäbische 7000-Seelen-Kleinstadt verschlug. Tausend Dank, Schicksal!! Nicht auszudenken, wenn ich meinen Seelenverwandten verpasst hätte, den EINEN unter Millionen. Wenn die Familie von Hans eine Apotheke in einer anderen Stadt gekauft hätte. Wir hätten uns verpasst. Hans wäre niemals in unseren Lateinunterricht geplatzt.

Aber so ist es ja immer im Leben. Sämtliche Alternativen nach dem Motto »wäre, hätte, könnte« bleiben ungelebt und man wird nie erfahren, wie es eben hätte anders kommen können. Ich bin überaus dankbar für diese Fügung, wie das Leben sie für uns herausgesucht hatte.

Hans und seine jüngeren Geschwister kamen nach mehreren Umzügen durch den Apothekenkauf endlich in den Genuss eines stabilen heimischen Nestes. Sie zogen in eine der Wohnungen des

Geschäftsgebäudes, in dem sich die Apotheke befand.

Hans war schon immer ein schlaues Kerlchen. Er steckte den Schulwechsel kurz vor dem Abitur mühelos weg. Auch wenn er in den Jahren vor dieser Prüfung im Hinblick auf berufliche Pläne noch komplett unentschlossen war, kristallisierte sich durch den Kauf der Apotheke eine Tendenz heraus. Warum nicht in die Fußstapfen des Vaters treten? Das mag nicht jeder. Viele schließen das sogar von vornherein aus, warum auch immer. Da diente der oder die Erziehungsberechtigte wohl als Negativbeispiel. Nicht so bei Hans. Er fing zur Freude seines Vaters an, mit einem Pharmaziestudium zu liebäugeln. Ich liebäugelte nicht mit, da mir siedend heiß bewusst geworden war, was das für uns und unsere stürmische junge Liebe bedeutete. Die unvermeidbare Konsequenz wäre eine Trennung, wenn auch nur örtlich und selbstverständlich nur temporär, denn wir waren beide überzeugt, dass uns nichts und niemand mehr trennen konnte. Ich heulte wie ein Schlosshund, als mir Hans verkündete, dass er zum Studieren weggehen würde. Warum war das Schicksal so grausam? Warum war es nicht möglich, in Stuttgart, was durch die relative Nähe das Heimschlafen ermöglichen würde, Pharmazie zu studieren? Warum war ich noch so jung und musste noch zwei weitere Jahre an der Schule ausharren? Das machte ein gemeinsames Wegziehen unmöglich. Ich haderte mit allem, kam auf abstruse Ideen, wie zusammen Durchbrennen, um fürderhin auf einer einsamen Insel von Luft und Liebe zu leben, und schmiedete ähnliche abwegige Pläne.

Der eher nüchterne Hans holte mich oftmals, schneller als sich solche Gedanken in meinem Kopf formen konnten, auf den Boden der Tatsachen zurück. Leicht hatte er es nicht mit einer Dramaqueen wie mir. Meine theatralischen Auftritte bedachte er meistens mit einem Kopfschütteln.

»Man meint fast, es wäre sonst ein Unglück über unsere Liebe hereingebrochen«, sagte er dann und strich mir beruhigend über mein Haupt, während ich bittere Tränen weinte.

»Du gehst weg, während ich hier die Schulbank drücken muss. Und wahrscheinlich rassel ich eh durch das Abi. Ist das nicht Unglück genug?«, heulte ich.

»Pst, pst, mein Schatz«, versuchte mich mein Liebster zu beruhigen. »Nach dem Abi muss ich zuerst einmal zum Zivildienst in unser Seniorenheim. Sechzehn Monate. Da führt als Kriegsdienstverweigerer kein Weg daran vorbei. Wir haben also noch eine kleine Galgenfrist. Wenn ich damit fertig bin, bist auch du fast durch an der Schule.«

Wir schworen uns ewige Liebe. Diesem Schwur gaben wir in Form eines in Baumrinde geschnitzten Herzens ein äußeres Zeichen, ein Siegel, Jolanda und Hans, forever in love, 14.02.1975. Am Valentinstag, dem Tag der Liebenden, für die Ewigkeit festgehalten.

Kurze Zeit später hatte Hans stolz sein bravouröses Abitur-Zeugnis in der Hand. Ich freute mich so und dachte gleichzeitig schaudernd an den steinigen Weg, der noch vor mir lag, wenn ich es ihm gleichtun wollte. Was teilweise ausgeschlossen war. Bei mir ging es nur um das Bestehen. Der

Notendurchschnitt von Hans lag meinem zu erwartenden so weit entfernt wie die Erde zum Mond.

Mein Abi war mal wieder ein Fall für das von mir gerne zitierte Damokles-Schwert. Es schwebte drohend über mir. Lernen hätte spätestens jetzt geholfen. Leider hatte die Schule in meinem verliebten Teenagerhirn endgültig nur noch einen Restplatz. Meinen Noten war die frühe Liaison mit Hans also alles andere als förderlich. Sie gab ihnen den Rest. Grundsätzlich war ich in der Schule längst keine geistige Überfliegerin wie Hans. Wen wundert's? Sicher konnte man mich nicht als dumm bezeichnen. Eher als verpeilt und leicht ablenkbar. Ich kam schon von jeher mit Ach und Krach über die Runden, allerdings ohne jemals eine Ehrenrunde drehen zu müssen.

Das Zeugnis der zwölften Klasse war so miserabel, dass es für den Abschluss Schlimmes erahnen ließ. Ich wurde zwar gerade so in Klasse dreizehn versetzt, hatte mit diesem Zeugnis sogar automatisch die fachgebundene Hochschulreife erreicht, was damals in den Siebzigerjahren so üblich war, aber mein Dickschädel brütete Abwegiges aus. Zum Leidwesen von Hans, der mich mit Engelszungen überreden wollte, es nicht zu tun, fing ich an, mit dem Gedanken zu spielen, die Schule zu verlassen und mich mit dem erreichten Abschluss zufriedenzugeben.

»Jolanda, also wirklich, so kurz vor dem Abitur! Du hast sie doch nicht mehr alle. Damit bin ich nicht einverstanden.« Er war ernsthaft sauer.

Selbst mein Vater schimpfte, war außer sich, obwohl er mir gegenüber wesentlich sanfter und verständnisvoller war als die Mutter. Mama stand schlicht und ergreifend kopf. Für sie brach eine Welt zusammen. Wahrscheinlich aus dem Grund, dass sie an der Seite eines kleinen kaufmännischen Angestellten nie ihre Träume verwirklichen konnte, sollte wenigstens ich das erreichen, was ihr verwehrt geblieben war. Ihr Ehrgeiz, der für die einzige Tochter eine glänzende, wie auch immer geartete Karriere vorgesehen hatte, war uferlos. Es war nicht so, dass den Eltern Hans nicht recht war als der zukünftige Mann an der Seite der Tochter, aber sie wollten, und wer könnte es ihnen verdenken, dass ich vor allem anderen erst lerne, auf eigenen Füßen zu stehen. Das Abitur in greifbarer Nähe und ein Studium waren das Mindeste, was von mir erwartet wurde.

Mir war das egal. Mittlerweile war ich fast neunzehn Jahre alt, also volljährig, und ich durfte mein Leben endlich nach meinen eigenen Regeln planen. Mein Starrsinn auf dem Gebiet war unerschütterlich. Dagegen kam niemand an. Auch Hans nicht.

»Hänschen, ich komme mit dir, egal, wohin du gehst. Wir nehmen uns eine Wohnung, du studierst, ich schau mal, was für mich beruflich in Frage kommt. Es wird einfach toll!« Ich klatschte begeistert in die Hände. Hans resignierte.

»Dann sei es drum. Die Schule während der dreizehnten Klasse zu verlassen ist dermaßen hirnrissig, aber wenn du meinst.«

»Ich meine. Und wozu brauche ich das Abitur? Ich mache eine Ausbildung. Und irgendwann arbeite ich mit dir in der Apotheke. Juhu, ich muss nicht für das Abitur lernen.« Diesen Riesenfelsbrocken nicht mehr vor mir zu haben, erfüllte mich mit einem unbeschreiblichen Gefühl der Zufriedenheit und Leichtigkeit. Die Zukunft lag in leuchtenden Farben vor uns.

»Ich hätte mit dir gelernt, Jolanda. Wir hätten das gestemmt.«

»Ich will aber nicht mehr. Lernen muss ich ja trotzdem noch. Hab ja nicht vor, ohne Ausbildung erwerbslos unter einer Brücke zu landen.« Ich grinste.

Hans grinste auch und küsste mich. »Du bist und bleibst ein rätselhaftes, flatterhaftes kleines Biest. Ich liebe dich.«

Schnell merkte ich allerdings, dass meine ach so angenehme Planung ohne das nötige Kleingeld nicht wirklich Spaß machte. Hans hatte sich bald entschieden. Pharmazie, acht Semester und ein praktisches Jahr, also fünf Jahre Studienzeit. Die Wahl des Ortes, an dem er studieren wollte, fiel auf Würzburg. Das war nicht ganz so weit von der Heimat entfernt. Mir war es recht. Ich scharrte schon mit den Hufen, während wir noch jede Menge praktischer Dinge zu besprechen hatten. Vor allem die finanzielle Lage, die man getrost als Schieflage bezeichnen konnte. Von meinen Eltern war keine große Unterstützung zu erwarten. Selbst wenn sie uns unterstützen wollten, sie konnten nicht. Bei Hans sah es ähnlich aus. Der Kauf der Apotheke hatte den monetären Rahmen der Familie strapaziert, sogar überstrapaziert. Wir waren also auf uns selbst gestellt. Aber der Optimismus, den die Jugend in ihrer Unbeschwertheit versprüht, half auch uns. Was sollte passieren? Wir waren jung und gesund. Also auf ins Frankenland!

Zweisamkeit

Unsere Würzburger Jahre, diese ersten gemeinsamen Jahre, waren ein Fest. Ohne Hans' klaren Kopf wäre vielleicht manches anders gelaufen. Vielleicht sogar den Bach hinunter. In Würzburg in dem Fall den Main. Nachdem er sich damit abgefunden hatte, keine Frau mit Abitur, geschweige denn eine Studierte, an seiner Seite zu haben, gab es für ihn kein Wenn und Aber mehr. Keine weiteren Zugeständnisse mir gegenüber, kein Abkommen von dem einmal eingeschlagenen Weg, das Studium ohne Verzögerung, ohne Fehltritte, zielstrebig und konzentriert, das hatte er sich vorgenommen. Danach die väterliche Apotheke im heimischen Märkingen übernehmen. So war sein Plan, der notgedrungen auch meiner werden musste und ja nie anders gelautet hatte. Aber mir gefiel es fernab des Elternhauses in der großen, weiten Welt, wie ich es subjektiv empfand, wie man Würzburg aber sicherlich, objektiv betrachtet, beim besten Willen nicht bezeichnen konnte, überaus gut. Ich konnte mir schon nach einem halben Jahr nicht mehr vorstellen, dass unser Leben jemals anders werden könnte, als hier zu zweit in der kleinen Wohnung. Ich war jedoch vernünftig, würde eines Tages meinem Verlobten, so nannte man das wohl, wenn man sich den ewigen Treueschwur und das

Eheversprechen gegeben hatte, überall hin folgen, sogar bis an das Ende der Welt.

Das nötige Kleingeld für unseren Lebensunterhalt kratzten wir auch irgendwie zusammen. Dank des BAföGs, des Bundesausbildungsförderungsgesetzes, Hans' Job in einer Bar und meines bescheidenen Gehalts kamen wir finanziell einigermaßen über die Runden. Ich hatte mich für eine Ausbildung zur Medizinisch-Technischen-Assistentin an der Staatlichen Berufsfachschule entschieden. Damals, im Gegensatz zu heute, dauerte dies nur zwei Jahre. Die Schule war der Universität Würzburg angegliedert. Nach dem Abschluss arbeitete ich bis zu unserem Wegzug zurück in die Heimat bei einem freien Pathologen. Diese medizinische Bildung war gut gewählt für eine Frau, die gedachte, ihr Leben an der Seite eines Apothekers zu verbringen. Das war ein Glücksgriff. Glücksgriffe, wohin man sah: das Studium, die Ortswahl, der kleine, aber feine Freundeskreis und die schnuckelige Wohnung in der Nähe der Löwenbrücke, unterhalb des Würzburger Käppele, der Wallfahrtskirche Mariä Heimsuchung auf dem Nikolausberg. Den Glücksgriff bei der Partnerwahl brauche ich nicht zu erwähnen. Ich würde mich nur wiederholen.

Neben unseren beruflichen Verpflichtungen blieb noch etwas Freizeit, die wir in vollen Zügen genossen. Diese Aktivitäten rundeten unseren Aufenthalt im bayrischen Nachbarland zu einem nicht enden wollenden Taumel aus Glück, Übermut, Ausgelassenheit und Lebenslust ab. Unbeschwert sein, vollkommen losgelöst von Nöten und

Ängsten vor der Zukunft, kann man wirklich nur in der Jugend.

Vieles, wofür man in der Jugend kein Geld hat, ist später mit einem guten finanziellen Polster möglich. Dafür fehlt es dann an der Spontanität und dem Wagemut. Im fortgeschrittenen Alter befindet man sich längst in starren Strukturen, festgefahren auf vorgezeichneten Wegen.

Wir hatten damals kein Geld für teure Unternehmungen, geschweige denn für Reisen in ferne Länder. Träumen war durchaus angesagt und erlaubt. Ein Trip gen Osten, in die exotische Welt von Indien oder in die Flower-Power-Welt von San Francisco, die allerdings Ende der Siebzigerjahre beziehungsweise Anfang der Achtzigerjahre längst ihre Blütezeit hinter sich gelassen hatte. Trotzdem wäre es für uns ein erklärtes Highlight gewesen, mit einem alten Campingbus durch Kalifornien zu streifen. Wir waren dennoch glücklich, auch ohne Aussicht, die Träume vorerst verwirklichen zu können. Vielleicht stand in den folgenden materiell gut gestellten Zeiten deshalb auf unserer Lebens-Agenda an Stelle Nummer eins das Reisen. Ein bisschen haben wir es noch geschafft, unseren Träumen aus jener Zeit Leben einzuhauchen.

So ging es anstatt in einen Flieger, der uns in ferne Welten bringen würde, zu den Sehenswürdigkeiten in der Stadt oder ins Umland. Am schönsten war das spontane Hochlaufen zum Käppele. Der Weg hinauf startete direkt vor unserer Haustür.

Als ich wieder mal hier mit Hans stand und wir auf die Stadt unter uns blickten, sagte ich sehnsuchtsvoll: »Hier möchte ich heiraten.«

»Huch, jetzt bin ich aber erschrocken«, feixte Hans. »War das ein Heiratsantrag?«

Einmal ausgesprochen, hatte die Idee schnell in unseren Köpfen eine Nische gefunden. Warum nicht? Und warum nicht jetzt? Und wenn nicht jetzt, wann dann? Wir ließen uns dann doch noch Zeit. Kurz bevor wir unsere Zelte in der fränkischen Metropole abbrechen mussten, heirateten wir tatsächlich in dieser schönen barocken Wallfahrtskirche im ganz kleinen Rahmen. Eltern, Geschwister von Hans und Freunde, allen voran Kirsten, der Würzburg durch ihre häufigen Besuche bei uns sehr vertraut war.

Und wir tanzten im Regen

Was mir aus den Jahren in Würzburg am allermeisten im Gedächtnis geblieben ist, sind unsere Abende auf der alten Mainbrücke. Laue Sommerabende mit einer Flasche Wein, aus der wir abwechselnd tranken, auf der Brüstung saßen, flankiert von Heiligen und Herrschern, diskutierten, auch mal stritten, lachten und einfach nur glücklich und unverschämt jung waren. Wir tanzten über das Kopfsteinpflaster. Sogar im Regen. Barfuß. Und wir tanzten im Regen. Und wir tanzten und lachten. Und wir tanzten, lachten und dachten, das Leben bliebe ein Fest für immer. »… will dich lächeln sehn, lächelnd tanzen sehn …«

Das war eine Stelle aus einem unserer Lieblingssongs von Klaus Hoffmann, einem deutschen Liedermacher. Eine Aufforderung und ein Versprechen beim Karaoke-Singen. Ich weiß nicht mehr wo, aber ich weiß noch den Titel und ich weiß noch, dass an diesem Abend von mir und der mitfeiernden Clique festgestellt wurde, dass eine Gesangskarriere für Hans eher suboptimal wäre.

Er sang grottenfalsch, traf nicht einen Ton, seinen Singsang konnte man eher als monotones Brummen bezeichnen. Je falscher er sang, umso leidenschaftlicher und lauter war sein musikalisches Liebesgeständnis. Hans grölte und in meinen Ohren klang es himmlisch: »Geh nicht fort von mir … Ich durchkreuz' die Welt bis zu meinem Tod, um zu schmücken mit Licht und Gold dein Angesicht. Ich erschaff' ein Reich, wo nur Liebe ist, wo du Herrin bist, einer Königin gleich. Geh nicht fort von mir … will dich lächeln sehn, lächelnd tanzen sehn …«

Ich bin deiner Aufforderung nachgekommen, bin nicht wortbrüchig geworden, Hans. Du bist gegangen. Ich bin geblieben, bin nicht von dir gegangen. So hast du es von mir erbeten in jener Partynacht. Das Leben ist wie Musik, eine Melodie spielt immer, entweder in Dur oder in Moll. Die Jugendjahre waren lebhaft, fröhlich und beschwingt in Dur, erst später wurden die Töne melancholisch und bedrückt. Leise Weisen in Moll.

Das große Glück ist manchmal ganz klein

Zurück in Märkingen verlief unser Leben genau nach Plan, in vorgezeichneten Bahnen. Hans arbeitete in der Apotheke mit, am Anfang noch zusammen mit seinem Vater.

Wir schauten uns nach einem eigenen Domizil um und fanden ein kleines Haus mit Garten, das wir liebevoll nach unseren Vorstellungen restaurierten. Spießig? Langweilig? Nicht mit diesem Mann an meiner Seite. Und dieser Freundin nördlich der Mainlinie.

Mit mir selbst wird es mir auch nie langweilig. Man hat sich schließlich immer dabei.

Zudem gab es Familienzuwachs. Daniel wurde 1983 geboren.

Zurückblickend kann ich mit Bestimmtheit behaupten, dass der Augenblick, wenn man nach der Geburt sein Kind zum ersten Mal in den Armen halten darf, zu den intensivsten Glücksmomenten im Leben gehört. Auf der Skala von eins bis zehn also die klare Höchstnote für die Tiefe dieses Gefühls, den magischen Moment, an den man sich immer erinnern wird. So habe ich es erlebt und so geht es mit Sicherheit einem Großteil der Menschheit.

Der Zauber dieses Augenblicks, als unser kleiner Daniel geboren war und ich ihm über sein kleines Köpfchen streicheln durfte, ließ mich alle Schmerzen und Ängste der letzten Stunden vergessen. Daniel krähte sofort kräftig, als ich ihn mit der letzten kraftvollen Wehe aus mir herauspresste.

Die Hebamme rief: »Es ist ein Junge, Frau Haberle, Glückwunsch!«, nabelte ihn ab und übergab ihn einer Säuglingsschwester mit der Anweisung, ihn zu säubern. Es war leider Anfang der Achtzigerjahre noch nicht üblich, das Neugeborene sofort auf den Bauch der Mutter zu legen, nachdem es Sekunden zuvor das Licht der Welt erblickt hatte, noch mit der Nabelschnur mit der Frau verbunden, die ihm gerade das Leben geschenkt hatte.

Der Arzt, welcher während der Geburt immer mal wieder in den Kreißsaal gekommen war und sich von dem problemlosen Fortschritt des Geburtsvorgangs überzeugt hatte, untersuchte nun unseren Sprössling. Er zeigte sich sehr zufrieden und legte Daniel, in weiche Tücher gehüllt, der glücklichen und erschöpften Mutter in die Arme.

Ob der Vater des Neuankömmlings in diesem unbeschreiblichen Moment ebenfalls glücklich war, entzog sich meiner Kenntnis, denn er war nicht anwesend. Im entgegengesetzten Fall wäre er es sicherlich gewesen: glücklich und erschöpft. Ein unglücklicher Zufall hatte es gewollt, dass sich Hans auf einer Tagung befand. Man konnte ihm keinen Vorwurf machen, weil bei seiner Abreise, vierzehn Tage vor dem errechneten Geburtstermin, nichts darauf hindeutete, dass unser Filius gedachte, während der Abwesenheit von Hans frühzeitig den schützenden und wärmenden Mutterleib zu verlassen. Das einschneidende Ereignis kündigte sich durch einen Blasensprung an, als ich in der Küche stand und mir eine Kleinigkeit für das Mittagessen zubereitete.

Hans und ich erlebten, planten und besprachen während der ganzen Schwangerschaft von Anfang an alles zusammen. Ich zog ihn mehr als einmal mit der Frage auf, wer denn von uns beiden schwanger sei, so sehr ließ er sich auf das Geschehen ein. Ich wurde von ihm wie ein rohes Ei behandelt, am liebsten hätte er mich in Watte gepackt und bis zum Entbindungstermin nicht mehr aus den Augen gelassen.

»Mein Lieber, ich bin schwanger, nicht krank. Das ist ein ganz natürlicher Vorgang. Deine Besorgnis ist ja im höchsten Maße besorgniserregend«, sagte ich amüsiert zu dem werdenden Vater. Dann nahm ich lachend das Kissen, das er mir am Abend auf der Couch ins Kreuz schieben wollte - und das schon kurz nach Bekanntwerden der frohen Nachricht- und warf damit nach ihm.

Diese leicht übertriebene Fürsorge wurde mir in den folgenden Monaten zur Genüge zuteil. Ich genoss sie selbstverständlich wie alles Aufregende, was uns in dieser Zeit beschäftigte. Ein Kinderzimmer musste eingerichtet werden. Alle Voraussagen über das Geschlecht unseres Nachwuchses waren vage und so wechselhaft wie Aprilwetter oder die Wettervorhersagen am 2. Februar, dem Murmeltiertag in den Vereinigten Staaten. Auch das Orakel von Delphi stand uns nicht zur Verfügung. Auf alte Sprüche, die ihre Prognosen vom Bauchumfang, der Bauchform, der Morgenübelkeit, dem Hautbild, dem Heißhunger und den Stimmungsschwankungen herleiteten, gaben wir nichts. So hieß es einfach »abwarten und Tee trinken«, bevorzugt Frauenmanteltee, ein Aufguss aus einem bitterschmeckenden Heilkraut, das Hans aus der Apotheke mitbrachte und daraus ein grausliches Gesöff kochte. Der Tee sollte angeblich für Schwangere gesund sein, aber zu Hans' Leidwesen weigerte ich mich standhaft, das Gebräu zu mir zu nehmen. Lieber befriedigte ich meine schwangerschaftsbedingten Gelüste mit ein paar sauren Gürkchen, abwechselnd mit einem gehäuften Esslöffel aus dem Glas mit köstlicher Nussnougatcreme.

Das Kinderzimmer wurde mangels zuverlässiger Informationen neutral in hellem Sonnengelb gestrichen.

Meine Schwangerschaft war problemlos. Die Vorsorgetermine und die Geburtsvorbereitung gaben keinen Anlass zur Sorge. Das erste nicht planmäßig verlaufende Ereignis war der besagte Blasensprung, als ich allein zuhause war. Ausgerechnet! Das konnte doch nicht wahr sein! Hans und ich als werdende Eltern während der gesamten Gravidität, wie der Mediziner zur Schwangerschaft sagt, ein Dreamteam und nun zum Finale sollte ich allein durchs Ziel laufen? Ohne ihn an meiner Seite, dessen Rat und Zuspruch grundsätzlich unverzichtbar waren, erst recht bei der anstehenden Geburt unseres Kindes? The worst case ever!

Als ich in der Küche stand und bemerkte, dass etwas nicht stimmte, weil ich Fruchtwasser verlor, ließ ich alles stehen und liegen und eilte ans Telefon. An der Rezeption des Hotels in München weigerte man sich anfänglich, Herrn Haberle umgehend aus der Besprechung im hoteleigenen Tagungsraum zu holen. Erst meine Information, dass ich im Begriff war, ein Kind zu gebären und meine Drohung, die unfreundliche Rezeptionistin persönlich für ein wie immer geartetes Misslingen verantwortlich zu machen, fruchteten. Sie versprach einen umgehenden Rückruf des Gatten. Dieser erfolgte tatsächlich nach wenigen Minuten, die mir allerdings unerträglich lange vorkamen.

»Jolanda, um Himmels Willen, was ist denn los?«, rief Hans und es klang äußerst beunruhigt.

In dem Moment bemerkte ich ein Ziehen im Unterleib. War das eine Wehe?

»Hans, ich glaube, es geht los!«

»Was? Wie kann das sein? Gestern hast du doch noch überhaupt nichts gespürt und auch der Arzt hat bei der letzten Untersuchung keine Anzeichen entdeckt, dass unser Baby früher kommen könnte.«

Ich schilderte ihm den Status quo, was meinen lieben Mann total hektisch werden ließ.

»So ein Mist, warum habe ich nicht das Auto nach München genommen? Dann könnte ich mich auf der Stelle hineinsetzen und losfahren«, jammerte er. »Ich schau gleich, ob es eine Zugverbindung gibt. Oder noch besser, ich nehme ein Taxi…«

»Hans«, unterbrach ich ihn, »jetzt dreh nicht gleich am Rad. Weißt du, was das kosten würde? Ich ruf jetzt Bärbel in der Apotheke an. Sie soll mich ins Krankenhaus fahren.«

»Nein, nein, Jolanda, du rufst sofort einen Krankenwagen, hörst du? Wenn die Fruchtblase springt, können die Wehen losgehen. Außerdem ist die Gefahr einer Infektion von dir oder von dem Kind groß. Falls die Geburt nicht von allein losgeht, muss sie vielleicht eingeleitet werden oder sie machen in der Klinik einen Kaiserschnitt. O mein Gott, warum kann ich nicht bei dir sein?«

Ich war erstaunt, kannte das Verhalten von Hans aber schon aus den letzten Monaten. Von der Besonnenheit, welche ihn unter normalen Umständen auszeichnet, war in puncto Schwangerschaft der Ehefrau nicht viel zu merken. Diese besonderen Umstände, in denen sich seine Frau befand, waren für seine an sich stabile Gemütsverfassung erstaunlicherweise etwas zu viel. Das war sein wunder Punkt. Dazu kam, dass er ja vom Fach war, wenigstens ein bisschen. Selbstverständlich hatte es bei seinem Pharmaziestudium auch Vorlesungen in Anatomie und Physiologie gegeben, aber nicht in dem Umfang wie beim Medizinstudium. Er war trotzdem auf dem Gebiet der Medizin im Allgemeinen fast ein Fachmann wie ein Arzt. Zu der Kundschaft in der Apotheke hatte er bei seinen kompetenten Beratungen den nötigen Abstand. Nicht so bei mir, seiner Frau. Meine Schwangerschaft und seine Sorge um mich und das ungeborene Kind strapazierten seine Nerven und schickten ihn monatelang auf eine emotionale Berg- und Talfahrt.

Sein Verhalten am Telefon gab mir einen kleinen Vorgeschmack, was mich im Kreißsaal bei seiner Anwesenheit während der Entbindung erwartet hätte. Ob das gutgegangen wäre? Vielleicht wäre er ohnmächtig geworden, hätte das ganze medizinische Personal zu seiner Betreuung um sich versammelt und ich hätte schauen müssen, wie ich zurechtkomme. Wäre der Klassiker gewesen. Im

Nachhinein war ich fast froh, dass er nicht dabei war. Das habe ich ihm natürlich nie gebeichtet, sondern zusammen mit ihm darüber geklagt, dass ihm diese einmalige Chance, die Geburt seines Sohnes zu erleben, verwehrt worden war, was ja im Grunde tatsächlich sehr schade war. Ein uneinsichtiges Schicksal hatte ihn stattdessen in einem Eisenbahnwaggon zwischen München und Stuttgart allein gelassen, voller Angst, Sorge und nahezu panisch. So hatte er es mir versichert. Wie gerne wäre er mir zur Seite gestanden. Ich selbst war ein bisschen stolz, es so gut ohne ihn hinbekommen zu haben.

Ich rief einen Krankenwagen, nahm mein Köfferchen, das auf Anraten von Hans seit Wochen griffbereit im Flur stand, und ließ mich in die Klinik fahren, während die Wehen schon eingesetzt hatten. Dort hatte ich eine problemlose Entbindung. Unser Sohn Daniel war geboren. Der Name stand schon lange fest. Ein Mädchen hätten wir Theresa genannt.

Das große Glück mit dem kleinen Erdenbürger konnten wir in den kommenden Tagen genießen. Hans traf natürlich noch am gleichen Abend ein. Ich glaube, dass ich ihn niemals zuvor und niemals danach so gerührt erlebt habe. Der Moment, als er sein Kind zum ersten Mal sah, ließ seine Augen verdächtig feucht werden. Als er mich und das Baby abwechselnd auf die Stirn küsste, war das für mich DER Augenblick des Glücks und der Erfüllung.

Das »Rooming in« fing zu dieser Zeit an zu boomen. Wenn die frischgebackene Mutter fit genug war, kam das Kleine nicht mehr ins Säuglingszimmer, sondern durfte unter den Fittichen der stolzen Mama bleiben. So hatten mein Sohn und ich jede Menge Zeit, uns aneinander zu gewöhnen. Selbst in den ersten Tagen, als wahrscheinlich alle Außenstehenden unseren Junior, freundlich ausgedrückt, noch als leicht zerknautscht bezeichnet hätten, lag ich verklärt im Wochenbett, schaute den »neuen Mann« in meinem Leben verliebt an und konnte mir nicht vorstellen, dass jemals ein hübscheres Baby geboren worden war. Das ist von der Natur sehr gut eingerichtet worden, dass alle frischgebackenen Mütter das eigene Kind für das schönste halten. Ist wohl eine hormonelle Sache.

Hans wäre am liebsten mit in das Krankenhauszimmer gezogen. Auch er konnte sich nicht sattsehen an dem kleinen Wesen. Als der Bub uns wenige Wochen später das erste Mal anlächelte, waren wir über die Maßen glücklich und gaben Dante Alighieri, einem italienischen Dichter und Philosophen, recht. Er hatte im dreizehnten Jahrhundert treffend bemerkt, dass uns drei Dinge aus dem Paradies geblieben seien: Die Sterne der Nacht, die Blumen des Tages und die Augen der Kinder.

Der Zug des Lebens

Geburt und Sterben. Zwei Mysterien. Anfang und Vergänglichkeit. Wo kommt unsere Seele her und wo geht sie hin, wenn wir diese Welt wieder verlassen? Diese Frage konnten noch kein Arzt, kein

Priester und kein Philosoph erschöpfend beantworten.

Ich vergleiche ein Menschenleben oft mit einer Zugreise, dem Zug des Lebens. Jedes Menschen Reise und auch meine beginnt mit der Geburt. Menschen steigen ein und aus. Ich bin also nach deren Zusteigen mit ihnen zusammen, bis sie den Zug wieder verlassen. Unsere Lebenswege haben sich gekreuzt. Manche Menschen begleiten mich länger auf der Reise, andere steigen an der nächsten Station wieder aus. Ab und zu kommt man mit einem Reisebegleiter oder einer Reisebegleiterin ins Gespräch, tauscht sich höflich über Allerweltsthemen aus. Die Beziehungen können also oberflächlich bleiben oder intensiver werden. Mit einigen bleibe ich zusammen im Zug bis zur Endstation. Das sind im übertragenen Sinne die Menschen, mit denen ich mein ganzes Leben verbringe. Familie und Freunde. Wann die Endstation kommt und wann man aus dem Zug aussteigen muss, weiß keiner. Hans musste aus seinem Lebenszug aussteigen, obwohl für ihn sein Lebensziel, seine Endstation, noch lange nicht in Sicht war. Oder eben doch? Wer bestimmt diese Endstation? Wie oft hält sich dieser Fahrplan einfach nicht an die Regeln?

Wenn ich an Hans denke, kommt mir immer ein vollkommen unspektakulärer Sonntagmorgen im Frühling in den Sinn. Ich war vor ihm wach. Diese frühen Morgenstunden am Wochenende waren ein Geschenk. Nicht aufstehen müssen. Einfach noch die Ruhe genießen, die nur durch das Gezwitscher der Vögel vor unserem Schlafzimmerfenster unterbrochen wurde. Musik in meinen Ohren. Ich räkelte mich wohlig und schaute hinüber zu Hans. Da lag er mit geschlossenen Augen, den Mund leicht geöffnet, aus dem ganz leise Atemgeräusche kamen. Seine braunen Haare verstrubbelt. Trotzdem sah man die Geheimratsecken, welche sich in letzter Zeit mehr und mehr vergrößerten, auch wenn mein Schatz ja noch relativ jung war. Ende dreißig. Ich lächelte in mich hinein, als ich an seine Versuche dachte, sein Haar so zu kämmen, dass die kahlen Stellen kaschiert waren. Jetzt, in dieser morgendlichen Idylle, lag er ganz natürlich und unverfälscht da. Meine Liebe zu ihm war so groß, dass es drinnen in der Brust fast schmerzte. An diesem ganz gewöhnlichen Sonntagmorgen, genau in dieser Allerweltssituation, war ich wunschlos glücklich. Ich sog dieses Zufriedenheitsgefühl in mich hinein und schwor mir, es nie zu vergessen, es ganz tief in meinem Herzen zu bewahren. Losgelöst von allem, was belastet. Schwerelos schwebend im Universum. So fühlte ich mich in diesen kostbaren Minuten.

Und tatsächlich gelang es mir durch all die Jahre, durch all den Schmerz, der noch kommen sollte, immer und immer wieder an diesen Morgen zu denken. Wenn auch nur als kurzen Flashback, aber dieses Hochgefühl hatte sich eingebrannt in meine Seele. Die erste Zeit nach dem Tod von Hans überwog die Verzweiflung und es fiel mir schwer, mich an glückliche Momente zu erinnern. Aber mittlerweile brauche ich nur die Augen zu schließen, an diesen Sonntagmorgen Mitte der Neunzigerjahre zu denken und kann ein paar Minuten lang ganz intensiv dieses stille Glück genießen. Ich spüre noch, wie es sich damals anfühlte, neben seinem Seelenverwandten aufzuwachen. Dann befinde ich mich für eine ganz kurze Zeit in einer Glaskugel, an der alles abprallt, was mir wehtut.

Weitere Planungen, Frühjahr 2018

Die Zeit fliegt dahin

»Am besten ist es, wir treffen uns mal wieder, oder nicht, Jolli, äh Jolanda?«, sagt Kirsten einen Tag nach ihrem letzten Anruf am Telefon. »Es ist doch viel einfacher, wenn wir von Angesicht zu Angesicht reden. Und wir müssen dringend reden. Die Zeit vergeht schneller, als man denkt. Noch vier Monate. Dann sind wir Sixties.«

Ich stimme ihr zu. Ja, in vier Monaten sind wir Sixties und ja, wir sollten langsam in die Gänge kommen. Wenn wir wirklich etwas ganz Außergewöhnliches anlässlich unserer Geburtstage machen wollen, sollte die Planung nun endlich in Angriff genommen werden. »Komm doch einfach über das nächste Wochenende zu mir«, schlage ich deshalb vor.

»Nein, nein«, erwidert Kirsten. »Du bist dran. Wir treffen uns bei mir. Daniel wird dich sicher fahren. Ich habe ihn auch schon lange nicht mehr gesehen, den Buttje.«

»Der Bub ist mittlerweile über dreißig«, kläre ich sie auf.

»Als ob ich das nicht wüsste. Schließlich ist dein Sohnemann mein Patenkind und irgendwie auch mein Kinderersatz«, sagt Kirsten mit leichtem Wehmut in ihrer Stimme. »Aber lange Rede, kurzer Sinn. Ihr besucht mich und wir machen es uns schön. Das wird bestimmt produktiv im Hinblick auf unsere Planungen. Ich hoffe nur, dass es Daniel nicht zu langweilig wird. Freue mich natürlich, ihn zu sehen. Aber so ein Wochenende mit der Mutter und der Patentante wird ihn nicht vom Hocker reißen«, flachst sie und spricht mit ihrem unverkennbar ironischen Unterton gestelzt weiter: »Wenn du fähig wärst, alleine zu mir hochzufahren, wäre das sicher hilfreich. Und da geht es doch schon los. Jolanda, fast sechzig Jahre alt, bringt es, obwohl schon seit dem achtzehnten Lebensjahr im Besitz einer gültigen Fahrerlaubnis, nicht fertig, mit ihrem Auto ihre Freundin zu besuchen, weil sie sich mit eben ihrem Gefährt nur im Radius maximal von fünfzig Kilometer um ihr Wohnhaus zu fahren traut. Im Gegenzug trägt sie sich mit dem Gedanken einer Tour durch den Dschungel, trotz Insektenphobie, einer Besteigung eines Achttausenders, trotz Höhenangst. Wie könnte mit ihr ein Segeltörn funktionieren, wenn sie sich maximal zehn Meter weit ins Meer traut und das im Tretboot parallel zum Strand? Was weiß ich, was ihr noch alles einfällt. Im Heißluftballon fliegen? Jeep-Tour durch die Wüste? Safari? Survivaltraining im abgelegenen Waldgebiet nicht zu vergessen. Und das alles, obwohl sie am liebsten im eigenen Bett schläft, nie ungeschminkt aus dem Haus geht, einen absoluten Kult um die Ernährung macht und ihr elektrisches

Glätteisen für den Wuschelkopf praktisch schon eines der drei Dinge wäre, die sie auf eine einsame Insel mitnehmen würde. Das nur von Nutzen wäre, falls es dort Strom gibt. Die beiden anderen überlebenswichtigen Utensilien wären wahrscheinlich ein Lippenstift und ein Spiegel. WOW!« Kirsten gluckst und ich fühle mich mal wieder ertappt.

»Ich hasse es, wenn du in der dritten Person von mir sprichst«, antworte ich spitz. »Außerdem bin ich gespannt, was denn die liebe Kirsten für Vorschläge hat. Über die gemeinsame Aktivität rund um den drohenden Geburtstag ist sie sich ja anscheinend einig mit der indiskutabel verwöhnten und ängstlichen besten Freundin. Ich dachte halt, es sollte etwas Ausgefallenes sein. Und, wie gesagt, ich möchte einfach einmal im Leben noch über meinen Schatten springen und mich beweisen. Im Ernst, sag doch mal du, was dir vorschwebt.«

»Grundsätzlich bin ich für alles offen, das weißt du. Aber warum mit Gewalt dieser Selbstfindungstripp oder wie auch immer du das nennen willst? Du warst mit Hans schon in vieler Herren Länder, ich hab auch schon einiges von der Welt gesehen. Zusammen haben wir ja ebenfalls einiges unternommen. Warum fahren wir nicht in ein schönes Hotel und lassen uns verwöhnen? Das würde viel besser zu dir passen und ich habe, ehrlich gesagt, keine Lust auf so einen Kraftakt, wie er dir vorschwebt. Ich brauch das in meinem Alter nicht mehr. Ein Luxushotel, gut essen und trinken, entspannte Atmosphäre. Vielleicht gesellt sich ja auch ein akzeptabler männlicher Begleiter zu uns, der zu dir passt? Es würde dir guttun, nach all den Jahren wieder jemanden zu haben.«

Ich pruste in den Hörer: »Also wirklich, Kirsten. Das ist doch die Höhe. Kehr doch mal vor deiner eigenen Türe. Immer und immer wieder versuchst du, heimtückisch und subversiv, mich zu verkuppeln. Vergiss es einfach. Wenn ich dein Programm bevorzugen würde, ginge ich auf Kur. Da hab ich all das und mittags den Tanztee mit den Herren auf Brautschau noch dazu. Das haben wir doch alles schon zigmal durchgekaut. Ich merke, so kommen wir nicht weiter.«

»Heimtückisch? Wie redest du mit mir? Ich bin deine beste Freundin, die es nur gut mit dir meint! Nimm dir ein paar Tage frei. Daniel soll dich nur herfahren. Zurück geht's dann mit dem Zug. Wie wäre das? Wir gehen alles in Ruhe durch und finden sicher irgendetwas, was uns beiden gefällt. Aber ich sag dir gleich, eine Doktorarbeit mache ich da nicht draus. Wenn wir uns nicht einig werden, machen wir eine Radtour mit anschließendem Geburtstagsessen. Basta.«

»Also gut, wir sehen uns kommendes Wochenende. Aber so schnell lasse ich mich von meinem Wunsch, ›once in a lifetime‹ etwas ganz Außergewöhnliches zu machen, wenigstens einmal im Leben, nicht abbringen. Nur damit du es weißt. Vielleicht opfert Daniel doch die paar Tage und bleibt mit mir im Norden. Du weißt, wie ich Bahnfahren hasse.«

Kirsten lacht schallend. »Ja, seit deinem ›Pantoffelheld-Erlebnis‹. Also bitte Jolanda, das war doch so lustig. Wie lange ist das her? Doch bestimmt schon drei Jahre. Das wird dich doch nicht wirklich davon abhalten, mit dem Zug zu reisen? Für das Auto brauchst du einen Chauffeur, wenn auch der Zug wegfällt, gehen dir so langsam die Transportmittel aus. Kannst ja zu mir hochtrampen oder auf das Fahrrad steigen.«

»Ja, ja, ich weiß, okay, ich spreche mit meinem Sohnemann und komme auf alle Fälle. Das mit dem Pantoffelhelden war zwar nervig und trotzdem lustig, das gebe ich zu. Aber du weißt, wer sich nicht um Zeit kümmert. Das ist die Bahn und die Natur«, flachse ich. »Ich hasse diesen Stress. Jedes Mal gibt es eine andere böse Überraschung.«

Kirsten gibt mir recht und sagt nachdenklich: »Fragst du dich auch immer wieder mal, wie die Geschichte mit diesem Pantoffelhelden ausgegangen ist? Das wüsste ich schon gerne.«

Unterwegs

Die Bahn, das unbekannte Wesen

Man könnte sich nun fragen, warum ich nicht gerne mit dem Zug reise. Das ist recht zügig erklärt.

Vor circa drei Jahren war es wieder einmal so weit. Kirsten und ich wollten eine Woche ausspannen, hatten uns schnell auf ein Reiseziel geeinigt. Es sollte auf La Gomera gehen, die zweitkleinste Kanareninsel und nicht so sehr von Touristenmassen überlaufen. Als unseren Treffpunkt hatten wir den Flughafen in Düsseldorf auserkoren. Viel lieber wären wir ab Frankfurt geflogen, das wäre wesentlich einfacher gewesen, aber ab Düsseldorf gab es ein unschlagbar günstigeres Angebot, Bahnreise dorthin inklusive. Schnell hatten wir uns ausgerechnet, dass das dadurch Ersparte für einen ganzen Tag länger Urlaub reichen würde. Perfekt! Die Herzen der sparsamen Hausfrauen schlugen hoch in Anbetracht dessen und in Vorfreude.

So weit, so gut. Da die Deutsche Bahn ein immerwährender Quell von Ärgernis und eine unkalkulierbare Konstante ist, deswegen also eher eine Inkonstante, wäre es mehr als verwunderlich gewesen, wenn diese Anreise auf Anhieb geklappt hätte. Der erste Stein wurde mir im übertragenen Sinne am Bahnhof unserer nächstgelegenen Stadt in den Weg gelegt. Dorthin reiste ich mit einem Regionalzug und wollte einfach nur umsteigen, hatte mir einen Platz im Anschlusszug reserviert und mir natürlich in weiser Voraussicht ein komfortables Zeitpolster gegönnt. Dieser Zug würde mehr als drei Stunden vor Abflug unserer Maschine gen Süden in Düsseldorf sein. Zum Umsteigen blieb eine Viertelstunde. Hörte sich entspannt an, vor allem, wenn man bedenkt, dass die Umsteigaktion am gegenüberliegenden Gleis stattfinden sollte. Ich hatte die Rechnung ohne die Deutsche Bahn gemacht. Sie ist sehr zuverlässig, zumindest bei ihren Verspätungen.

So stand ich am kleinen Bahnhof unseres Städtchens und wartete zuerst auf den Regionalzug. Er kam nicht. Mein Blick wanderte zur Anzeigetafel – acht Minuten Verspätung – müsste noch reichen! Wie gesagt, fünfzehn Minuten waren zum Umsteigen einkalkuliert. Es vergingen insgesamt zwölf Minuten, bis der Zug einfuhr. Jetzt aber dalli! Das Gefährt ließ sich von meinem Wunsch nicht beeindrucken und zottelte nach meinem Dafürhalten recht gemächlich in Richtung Stadt, wo hoffentlich der Anschlusszug auf diesen »Lahmarsch« (in meiner Aufregung und Wut fand ich noch ganz andere Betitelungen, die aber nicht druckreif sind) warten würde. Ich sprang, flink wie ein junges Reh, aus dem Zug und hetzte mit meinem Koffer durch die Unterführung auf den gegenüberliegenden Bahnsteig, um gerade noch die Schlusslichter des ausfahrenden Schnellzugs zu sehen, der mich eigentlich zum Flughafen Düsseldorf bringen sollte. Ein Wunder war geschehen. Dieser Zug war tatsächlich auf die Sekunde pünktlich gewesen.

Ich war kurz vor einer Ohnmacht. Wie sollte ich nun nach Düsseldorf kommen? Flugzeug, La Gomera, Kirsten! Meine Gedanken überschlugen sich. Ich musste dieses Flugzeug erwischen! Taxi! In Windeseile rannte ich vor das Bahnhofsgebäude, meinen Koffer polternd hinter mir herziehend. Sofort scharten sich drei Taxichauffeure um mich, erkannten meine große Not und ihre noch größere Chance auf ein gutes Geschäft. Mit Tränen in den Augen schilderte ich meine Misere. Sie nickten verständnisvoll, waren aber weit davon entfernt, sich von meiner misslichen Lage in irgendeiner Form beeindrucken zu lassen, zumindest nicht, was den Fahrpreis anging. Der war so hoch, dass mich beinahe die zweite Ohnmacht heimsuchte. Eigentlich war das doch klar, schimpfte ich mich in Gedanken. Eine Strecke mit dem Taxi zurückzulegen, für die der Zug zweieinhalb Stunde braucht, kann unmöglich preislich innerhalb meiner bescheidenen Möglichkeiten liegen. Aber ich wollte unbedingt diesen Flieger erwischen, koste es, was es wolle. Eine heftige Diskutiererei ging los, jeder der Männer wollte mit aller Gewalt diesen Auftrag. War das meine Chance? Der Preis wurde nämlich immer günstiger, sie unterboten sich permanent gegenseitig. »Ich fahre Sie pauschal für einen guten Preis!«, riefen mir die Herren abwechselnd entgegen. Ich zögerte noch. Kurz bevor die Taxifahrer sich nicht nur verbal stritten, sondern es so aussah, als würde die Situation in ein Gerangel ausarten, entschloss ich mich, Kirsten anzurufen und um Rat zu fragen.

»Kirsten, hier prügeln sich gleich drei Herren um mich, zumindest um den Fahrauftrag an den Flughafen. Was soll ich tun?«, überfiel ich meine Freundin in meiner Aufregung ohne sonstige Erklärung.

»Hä?«, war Kirstens einziger erstaunter Kommentar.

Schnell klärte ich sie über die katastrophalen Begebenheiten auf.

»Du hast aber auch ein Pech«, versuchte sie mich zu trösten, was sie mit dieser Bemerkung keinesfalls schaffte. »Ganz ruhig, Jolanda. Schau mal auf die Uhr. Es ist noch genügend Zeit. Du gehst jetzt in aller Ruhe an den Schalter und schaust nach dem nächsten Zug nach Düsseldorf. Fahren die nicht jede Stunde in diese Richtung?«

Natürlich! Ich war ja in der Stadt und nicht auf unserem kleinen Bahnhof. Da sollten die Züge öfter fahren und nicht nur gefühlt einmal am Tag. Meine Rettung!?

»Danke, was für ein Glück, dass ich immer so vorausschauend plane und zeitig losfahre. Bis später«, stammelte ich und legte auf.

Verlegen grinste ich die Herren Taxifahrer an, die während meines Telefonats verstummt waren und gespannt auf die Fortsetzung der Transport-Diskussion warteten.

»Sorry, ich habe es mir anders überlegt«, rief ich ihnen zu, winkte und staubte davon, bevor auch nur einer den Mund aufmachen konnte. Ich ersparte es mir, mich umzudrehen, hoffte inbrünstig, dass niemand der Dreien meine Verfolgung aufnahm und mich in ein Taxi zwangsverfrachtete.

Am Info-Schalter angekommen, machte ich erstmal meinem Unmut Luft, was sich derart gestaltete, dass ich schimpfte wie ein Rohrspatz. Der junge Angestellte, der die Schimpftirade abbekam, war gleichbleibend freundlich und anscheinend vollkommen resistent gegen jegliche verbale Angriffe, wahrscheinlich durch jahreslanges Training. Was hatten diese armen Ohren wohl nicht schon alles an Beschwerden zu hören bekommen?

Ich versuchte, meinerseits auch etwas freundlicher zu sein und sagte, nun da ich meinen Ärger über die Verspätung des einen Zuges und das Nichtwarten des anderen Zuges zum Ausdruck gebracht hatte, leicht resigniert: »So stehe ich nun also da und sollte eigentlich im Zug nach Düsseldorf sitzen.«

Der gutgelaunte junge Mann erwiderte: »Wann geht denn Ihr Flieger, wenn ich fragen darf.«

»Um 16:50 Uhr«, antwortete ich knapp.

»Na, da habe ich eine gute Nachricht für Sie. Um 12:55 Uhr fährt hier der nächste Zug ab. In einer halben Stunde also. Sie sind damit um 15:20 Uhr in Düsseldorf am Flughafen, haben also dann noch, warten Sie mal …«. Er rechnete und starrte in den PC. »… noch eineinhalb Stunden Zeit bis zum Abflug. Ich drucke Ihnen die Zugverbindung aus. Sie können natürlich mit der gleichen Fahrkarte fahren, haben ja sowieso den Bahnpreis bei Ihrem Flugticket inklusive. Das Einzige, was ich nicht für Sie regeln kann, ist eine Sitzplatzreservierung. Hm …«. Er starrte weiterhin wie hypnotisiert in den Computer und sagte gedehnt: »Der Zug ist erfahrungsgemäß sehr voll. Tut mir leid. Und nochmals Entschuldigung für die Unannehmlichkeiten.«

Keine Sitzplatzreservierung? Das war mir im Augenblick absolut egal. Ich schwebte schon jetzt, ohne im Flugzeug zu sitzen, auf Wolke sieben und beglückwünschte mich zu meinem frühen Aufbrechen. Immer und immer war ich deswegen von Hans, von meinem Sohn Daniel und auch von Kirsten aufgezogen worden. Schließlich musste ich in so einem Fall immer, wenn alles planmäßig lief, stundenlang am Flughafen warten, aber siehe da, manchmal ist so ein Vorgehen Gold wert.

Mein auserwähltes Nottransportmittel stand in prachtvoller Schönheit rechtzeitig auf dem vorgesehenen Gleis, was ja auch nicht selbstverständlich ist. Hat man alles schon erlebt. Fünf Minuten vor Abfahrt wurde gerne mal das Gleis gewechselt mit der kurzfristigen Ansage: »Heute fährt Zug XY nicht von Gleis drei, sondern von Gleis siebenundzwanzig«. Bravo! Heute nicht! Ich wähnte mich im Glück und hoffte, es würde anhalten. Leichte Zweifel befielen mich, als ich die Menschenmengen sah, die wohl alle mit »meinem« Zug fahren wollten. Ich war entrüstet. Neben der Entrüstung stellte sich sofort tiefe Besorgnis ein, nachdem ich durch das Fenster sah, dass die Abteile schon sehr gut besetzt waren, obwohl noch Heerscharen von Fahrgästen nach innen drängten. Okay, man hatte mich gewarnt, dass der Zug sehr voll werden würde. Augen zu und durch! Tapfer bestieg ich einen Waggon und hielt Ausschau nach einem freien Platz.

Fehlanzeige! Die Leute standen teilweise schon in den Gängen. Plötzlich sah ich durch all die Menschen einen einzigen freien Platz und versuchte, mich dorthin durchzukämpfen. Es war ein mühevolles Vorwärtskommen. Anrempeln, Entschuldigung hier, Entschuldigung da. Dann hatte ich es geschafft. In dem Moment, als ich mich erleichtert niederlassen wollte, kam ein älterer Herr aus der anderen Richtung und ließ sich seinerseits erleichtert nieder. Mit einem Blick auf mein entsetztes und empörtes Gesicht zückte er sein Ticket und hielt es mir vor mein wachsames Augenpaar. Sitzplatzreservierung! Natürlich, deswegen war der Platz ja auch noch frei. Alle anderen Mitfahrenden hatten das wohl registriert und ich fühlte mich von ihnen mit hämischen Blicken bedacht. Die Anzeige über den Plätzen signalisierte die ordnungsgemäße Reservierung. Mit Wehmut gedachte ich meiner eigenen Reservierung in dem verpassten Zug und gratulierte dem glücklichen Menschen, der diesen Sitzplatz wie ein »gefundenes Fressen« in Beschlag nehmen konnte. Es sei ihm gegönnt. Ich allerdings hatte das Gefühl, meine Gesichtsfarbe habe sich vor Neid gelblich verfärbt. Dann versuchte ich, einen hochmütigen und blasierten Gesichtsausdruck an den Tag zu legen, zerrte meinen Koffer ein Stück weiter aus dem Abteil heraus und nahm darauf Platz, genau neben der Toilette. Nun gut, diese Fahrt würde vorübergehen und falls ich dieselbe aufsuchen musste, hätte ich wenigstens einen kurzen Weg.

Der Pantoffelheld

Nach einer Stunde wurde es besser. Die Situation entspannte sich, zumindest vorläufig. Der Zug hatte sich etwas geleert und ich durfte mich endlich auf einem Sitzplatz niederlassen. Meinen Koffer brachte ich leider in den dafür vorgesehenen Fächern über den Köpfen der Fahrgäste nicht mehr unter. Das Gepäckstück war aber nicht das einzige, das im Mittelgang stehen musste, was den engen Durchgang noch enger machte. Mir war das egal. Ich überlegte, ob ich wohl die Ruhe finden würde, in den noch verbleibenden eineinhalb Stunden etwas zu lesen. Mein Blick schweifte durch das Abteil.

»Prost! Hoch die Tassen«, dröhnte es von ein paar Plätzen weiter vorne. Dort saßen vier junge Damen mit Sektgläsern in den Händen, offensichtlich in bester Feierlaune, offensichtlich schon leicht angesäuselt und offensichtlich auf Junggesellinnenabschied, wie von mir blitzschnell erkannt. Wir waren auch mal jung, dachte ich gütig. Auch mal jung! Das war die Tatsache, die manche ältere Semester einfach nicht wahrhaben wollen, vergessen haben oder eben nicht vergessen haben. Wie ich! Ich zählte mich nicht zu den Spaßbremsen, Spießern oder Spießerinnen und alten Nörglern oder Nörglerinnen, die mit zunehmendem Alter immer seltsamer wurden und die eigene Jugend und deren altersbedingtes Verhalten verurteilten. Ich war tolerant allen Altersklassen gegenüber, schließlich erwartete ich das ja auch von der Jugend mir gegenüber. Im Gegenteil, ich fühlte mich sogar oft noch dazugehörig und junggeblieben. Stolz darüber versuchte ich, über das lautstarke Intermezzo hinwegzusehen beziehungsweise hinwegzuhören, zückte mein Buch und fing an, mich darin zu vertiefen.

Nach zehn Minuten fing das permanente Gekicher, Gekreische und Zuprosten an, an meinen Nerven zu zerren, meine eben erst hochgepriesene Toleranz bekam erste Risse. Als sich der Trupp nun entschloss, seiner Begeisterung durch das Singen landläufiger Schlager noch mehr Ausdruck zu verleihen, war ich nahe davor, das Lager in Richtung Spaßbremsen und Spießer zu wechseln. Klar, ich war auch mal jung, aber so was gab es früher nicht. Wir wussten uns noch zu benehmen. Da herrschten noch andere Sitten. Durch meinen Kopf gingen all die blöden Sprüche, die ich kaum zehn Minuten zuvor im Geiste noch schwer verurteilt hatte. Kein Wunder bei Dauerbeschallung mit unsäglichen Hits à la »Atemlos durch die Nacht«, »Du hast mich 1000mal belogen«, »Das rote Pferd« und wie sie alle heißen. Ich schaute mich um und wunderte mich, dass die anderen Fahrgäste noch relativ ruhig auf ihren Plätzen saßen. Allerdings registrierte ich schon den einen oder anderen entnervten Blick, der den Feiernden zugeworfen wurde. Okay, ich würde nicht die erste hier sein, die Amok lief. Ganz ruhig, Jolanda! Konnten die Feierlustigen nicht warten, bis sie am Ballermann oder sonst wo waren? Als ich dachte, es könnte nicht mehr schlimmer kommen, stimmte die nach meinem Dafürhalten zukünftige Braut – sie trug als einzige einen Schleier, der ihr mittlerweile über das halbe

Gesicht gerutscht war – einen weiteren Song an: »Zehn nackte Frisösen«. Es stellte sich mir nun nur noch eine Frage. Sollte ich zum Tier oder zur alten Furie werden, was eigentlich auf das Gleiche rauskam?

Just im selben Moment wurde die Tür des Abteils aufgeschoben und herein kam ein Geschwader, was mir den Atem stocken ließ. Mit erstaunten Augen sah ich einen großen jungen Mann, das Haupt mit einer Krone geziert. Er trug einen Umhang mit Schleppe, einer altmodischen Übergardine aus Samt gleich. Wahrscheinlich war es eine alte Übergardine aus Samt. Um den Leib hatte er eine Schürze mit einem Latz gebunden, mit dem Aufdruck »Pantoffelheld«. In der Hand hielt er ein Zepter, was sich bei näherem Hinsehen als ein überdimensionaler Kochlöffel entpuppte. Mit Flüssigkeit wurde der Jüngling aus einem Gefäß versorgt, einer sogenannten Urinflasche. Darin steckte ein Strohhalm, an dem er heftig sog. Er war ja nicht allein. Vier Begleiter sorgten für sein Wohl. Alle steckten in Lederhosen und hatten einen Trachtenhut auf, der von einem Gamsbart geziert wurde. Einer von ihnen trug die Urinflasche, der Farbe der Flüssigkeit nach zu urteilen, gefüllt mit Bier. Zwei trugen die Schleppe und brabbelten abwechselnd irgendetwas vor sich hin, einer Litanei gleich. Der vierte Diener ging voraus und machte die Bekanntmachung.

Alle paar Schritte blieb er stehen, wedelte mit einem Tuch wie zu einer Beweihräucherung und rief: »Verneigt euch! Ihre Hoheit, der Prinz, naht!«

In meinem Abteil machte sich leichte Unruhe breit. Aber alle trugen die neuerliche Störung mit Fassung, zückten ihre Handys, lachten und klatschten Beifall. Das gab natürlich Auftrieb. Gleich war der Prinzentross auf meiner Höhe. Hoheit stieß an meinen Koffer, stolperte, stieß mit dem Flaschenträger zusammen, dem die Urinflasche aus den Händen fiel. Die Flüssigkeit ergoss sich über meinen Koffer.

»Hoppala«, riefen Prinz und Diener unisono und grinsten mich an. Als sie meinen säuerlichen Gesichtsausdruck bemerkten, wandten sie sich ab und zogen vorsichtshalber weiter. Raus aus dem Abteil. Ich schielte zu den Damen. Sie waren verstummt und beobachteten, so wie alle anderen auch, das königliche Geschehen. Nach circa zehn Minuten beehrte uns Ihre Hoheit mit seinem Gefolge auf dem Rückweg wieder. Und dieses Mal passierte, was passieren musste. Die Junggesellenabschiedsgruppe entdeckte die Junggesellinnenabschiedsgruppe. Was nicht schwer war. Mittlerweile waren die Damen aus ihrer kurzen Schockstarre erwacht und zwei von ihnen tanzten provokativ im Mittelgang zu »Er gehört zu mir, wie mein Name an der Tür …« von Marianne Rosenberg.

»Wen haben wir denn daaaa?«, posaunte einer der Diener höchsterfreut. »Darf ich vorstellen, Ihre Hoheit Prinz Pantoffelheld.«

Alle johlten, alle freuten sich, alle lagen sich in kürzester Zeit in den Armen. Der Bräutigam und sein erster Diener fanden Platz auf den beiden Sitzbänken der Mädchen. Die Schleppenträger mussten im Mittelgang stehenbleiben und standen somit für die nächste halbe Stunde den Ein- und Aussteigenden permanent im Wege. Das tat der Stimmung in keinster Weise Abbruch. Es wurde geschäkert, geflirtet, gekichert. Nach fünf Minuten trank man Brüderschaft, nicht wegen des Duzens, sondern wegen des Kusses. Nehme ich wenigstens an.

»Die jungen Leute heutzutag'«, seufzte neben mir der ältere Herr.

Sonst kamen keine Kommentare. Auch ich hatte mich mittlerweile mit dem Unabwendbaren abgefunden, beobachtete sogar interessiert die Entwicklung der Party. Die Braut und der Bräutigam in spe schienen sich sehr zugetan zu sein, standen in regem Austausch und schauten sich tief in die alkoholisierten Augen. Ob die beiden wohl wieder zu den jeweils vorgesehenen Partnern zurückgefunden haben? Vielleicht entdeckten sie gerade im Zug nach Düsseldorf ihre tiefe Zuneigung zueinander? Ich grinste. Ein gemeinsames Besäufnis kann auch verbinden, aber ob das für ein ganzes Leben reichen würde? Quatsch! Trotzdem würde es mich brennend interessieren, wie die Geschichte ausging und ob alles weiterhin ordnungsgemäß verlaufen ist. Kirsten sagte im Nachhinein, dass das ja Comedy pur gewesen sei und man normalerweise für so eine Darbietung Geld bezahlen müsse. Danke. Ich hätte gerne verzichtet.

So kam ich leicht gestresst, aber pünktlich am Flughafen an. Kirsten und ich erlebten herrliche Tage auf La Gomera. Ein schöner und harmonischer Urlaub, ganz ohne Katastrophen.

Die Planung geht weiter, Frühjahr 2018

Nordwärts

Endlich sitze ich im Auto, um von meinem Sohn zu Kirsten in den Norden chauffiert zu werden. Es ist wahr geworden und wir treffen uns für die Planung dieses Mega-Events anlässlich unserer sechzigsten Geburtstage, diese Planung, die mir langsam, aber sicher keinen wirklichen Spaß mehr macht. Je länger ich über zurückliegende Reisen, Reiseabenteuer und Reisekatastrophen nachdenke, umso mehr sagt mir mein Verstand, dass ich zu alt für solche Sperenzchen bin. In Gedanken mache ich Abstriche und aus dem Mega-Event wird ganz schnell ein Event. Genau! Warum sich unnötig das Leben schwer machen? Wir würden schon etwas finden, das uns beiden zusagt. Nichts, was man von vornherein als großartig bezeichnen würde, wo jeder denkt »Wahnsinn«, wenn er das erste Mal davon hört. Nein, es sollte etwas werden, was individuell für uns der Wahnsinn ist. Ich brauche nicht das unerfüllte Leben von irgendwem bereichern, zumindest nicht dessen Träume verwirklichen, sondern einzig und allein in mich hinein hören und in Kirsten natürlich. Nichts machen, womit ich prahlen kann, »da schau her, wie toll!«, möglichst noch mit einem Selfie-Beweis, der digital um die Welt geht. Und wenn es vorüber ist, bleibt trotzdem ein schales, unbefriedigendes Gefühl. Ich bin ich! Ich bin klein und ängstlich und backe kleine Brötchen. Aber zu meinem sechzigsten Geburtstag gelingt es mir vielleicht, zwar kein Brot, aber mindestens ein großes Brötchen zu backen, noch einmal über mich hinauszuwachsen und mich und meine Ängste zu besiegen, zumindest eine Angst dieser vielen Ängste in meinem Innern. Hans wäre stolz auf mich! Vielleicht ist es auch im Unterbewusstsein das, was mich antreibt.

Zufrieden mit mir und der Welt ob dieser Gedanken schaue ich aus dem Autofenster, stelle mal wieder fest, dass diese Zufriedenheit mit sich und der Welt das höchste Gut auf Erden ist und der Schlüssel zum Glück, und denke an den »Massenmörder«. Gerade sind wir mit dem Auto an der besagten Raststätte vorbeigekommen. Daniel wirft mir einen Blick von der Seite zu und schneidet eine Grimasse. Er hat also auch daran gedacht, wie wir uns den »Massenmörder« an Bord geholt haben.

Im Grunde war es aber eine weit weniger gefährliche Geschichte, als es sich im ersten Moment anhört. Im Gegenteil, es war nur ein kleines hausgemachtes Missverständnis. Auf Kirstens Mist gewachsen, die es, wie immer, nicht lassen konnte, mich aufzuziehen. Aber was wäre ich ohne ihre Lockerheit und ihre positive Lebenseinstellung? Wahrscheinlich platt am Boden, niedergewalzt von großen und kleinen Katastrophen. Manchmal fehlt ihr etwas das Feingefühl und die Weitsicht, was sie mit unbedachten Äußerungen anrichten kann. Dann schlägt sie gnadenlos über die Stränge. Zu allem auch noch mit einer gehörigen Portion schwarzen Humors gesegnet, kann es passieren, dass meine Freundin mir ab und zu ein »Ei legt«. Das bedeutet, statt mir etwas Gutes zu tun, schafft sie in Windeseile eine Situation, die mich zusätzlich emotional von 0 auf 100 bringt, und das nicht im positiven Sinne. Danke Kirsten!

Es war im letzten Jahr. Daniel fuhr mich, wie heute, zu meiner Freundin. Schon kurz vor der ersten Raststätte, die auf unserem Weg lag und gerade mit Kilometerangabe angekündigt wurde, drückte mich vor lauter Aufregung und Vorfreude meine altersschwache Blase. Ich traute mich fast nicht, jetzt schon um einen Stopp zu bitten.

Mein Sohn bemerkte natürlich meine Unruhe, verdrehte genervt die Augen und sagte: »Das kann doch nicht sein, Mutter. Wir sind doch erst los. Sag nicht, dass ich jetzt schon anhalten soll. Wenn du alle stillen Örtchen entlang des Weges aufsuchen willst, brauchen wir ja doppelt so lange. Zudem schüttet es gerade wie aus Eimern.«

Ich seufzte. »Tut mir leid. Aber ich muss total dringend. Man weiß ja nicht, was kommt. Vielleicht stehen wir in ein paar Kilometern im Stau. Dann habe ich die Bescherung. Ich beeile mich.«

Wortlos steuerte Daniel die Autobahnraststätte an, hielt so nahe wie möglich an der Tür zu den Toiletten und ließ mich aussteigen. Der Schirm, den ich schnell aufspannte, bot nur geringen Schutz gegen den Starkregen und ich wurde auf dem kurzen Weg zum WC trotzdem nass. Zum Glück gab es wenigstens keine Warteschlange vor den Damenklos. Kein Bus, der gerade anhielt und die Insassinnen und Insassen zur Erledigung ihrer Bedürfnisse rausspringen ließ. Hatte ich alles schon erlebt, mit diesem Szenario musste man immer rechnen. So schnell wie möglich hastete ich zurück in das wartende und schützende Auto.

Daniel wollte gerade starten, der Motor lief schon, als uns eine schwarze Gestalt vor den Wagen sprang. Ich stieß einen spitzen Schrei aus. Selbst Daniel erschrak. Das zunächst undefinierbare Wesen entpuppte sich bei näherem Hinsehen, soweit es durch die Wassermassen, die auf die Frontscheibe prasselten, möglich war, als ein wild gestikulierender Mann, komplett eingehüllt in schwarzes Ölzeug. So wird doch diese wetterfeste Kleidung genannt, wie sie Segler und ähnliche Mitmenschen tragen? Auf dem Rücken hatte er eine überdimensionale Ausbuchtung, die ihn um einen halben Meter überragte, auch bedeckt von der schwarzen Plane. Quasimodo ließ grüßen!

In einer ersten Abwehrreaktion forderte ich: »Schnell, fahr weiter!«

Daniel bedachte mich mit einem erstaunten Blick: »Wie bitte? Soll ich den armen Kerl umfahren?«

Obwohl die Situation ernst und schnelle Entscheidung angeraten war, dachte ich an das Paradoxe, welches den Begriff Umfahren auszeichnet. Daniel hatte das Wort automatisch im richtigen Sinne betont, nämlich auf der ersten Silbe. So wie es der momentanen Lage halt geschuldet war.

Natürlich sollte er ihn nicht UMfahren. UmFAHREN, was das genaue Gegenteil bedeutet, obwohl gleiches Wort, wäre da schon eher angebracht gewesen, aber nicht möglich. Keine Chance zurückzustoßen.

So betätigte Daniel hastig den elektrischen Fensterheber und rief hinaus: »Was'n los?«

Unser tropfnasses Weiterfahr-Hindernis schrie: »Könnt ihr mich bitte, bitte ein Stück mitnehmen?«

Ich hatte das Gefühl, dass sein Gesicht nicht nur vom Regen, sondern sogar von Tränen nass war. So meinte ich es aus seiner verzweifelten Stimme herauszuhören. Kurzes Innehalten im Innern unseres Autos. Daniel und ich schauten uns an. Alles in mir signalisierte Abwehr, aber im Grunde wusste ich, dass uns keine Alternative blieb, als auf diesen dringenden Wunsch einzugehen. Nicht, ohne als absolut mitleidlose, hartherzige, moralisch verwerfliche Mitmenschen dazustehen. Ich würde mich im Normalfall auch jederzeit als genau das Gegenteil beschreiben, nämlich als hilfsbereit, verständnisvoll und zuvorkommend. Aber dieser Schauplatz hier machte mir Angst und jagte mir einen Schauer nach dem anderen über den Rücken und das nicht nur, weil ich vom Niederschlag noch leicht durchnässt war. So verständigten mein Sohn und ich uns stumm und einigten uns auf das Unabwendbare.

Kurz wandte ich schuldbewusst ein: »Mist. Hätten wir nur nicht angehalten.«

Daniels strafender Blick brachte mich zum Verstummen. Stattdessen rief er nach draußen: »Steig ein«, und öffnete die hintere Tür mit einem Knopfdruck.

So schnell es unserem Fahrgast mit seinem hinderlichen Gepäck möglich war, ließ er sich erstaunlich behände auf den Rücksitz fallen. Dort lag er dann wie ein überdimensionaler Käfer auf dem Rücken und versuchte, sich zappelnd aufzurichten. Ruckzuck war es ihm gelungen und er stieß erleichtert aus: »Puh, daaaanke.« Nach kurzer Zeit hatte sich der Eindringling seines Regenschutzes und seines Rucksackes entledigt. »Jetzt können wir fahren. Das trocknet wieder«, sagte er entschuldigend, wohlwissend um den Zustand unserer Rückbank.

Sein Wunsch war Daniel Befehl und wir starteten nun zu dritt die Weiterfahrt, weitaus unentspannter als auf der ersten Etappe. Ich klappte meinen Sichtschutz herunter und schaute mir in dem kleinen Spiegel den jungen Mann an.

»Ich bin übrigens Torben«, flötete dieser in bester Laune. »Ihr habt mir das Leben gerettet.« Dieses Lob ließ mich erstaunlich kalt.

Daniel antwortete ihm: »Hallo Torben, schön, dass wir helfen konnten. Ich bin Daniel und das ist meine Mutter Jolanda.« Es kam zum Glück keine Nachfrage wegen meines Namens. Wahrscheinlich interessierte es ihn so viel wie der besagte Sack in China, der ab und zu umfällt. Daniel hakte nach: »Was hast du denn vor? Wo willst du hin?«

»Nehmt mich einfach mit, soweit es geht. Ich will mich bis zum Nordkap durchschlagen«, verkündete uns Torben stolz.

»Aha«, ließ ich mich nun verlauten.

Ich war angespannt und fühlte mich alles andere als wohl mit dem ungebetenen Jüngling auf dem Rücksitz. Laufend hatte ich das Bedürfnis, ihn per Spiegel zu beobachten. Erst als ich erstaunt feststellte, dass er nach geschätzt fünf Minuten Fahrzeit eingeschlafen war, verlangsamte sich mein Herzschlag. Von einem Schlafenden konnte keine Gefahr ausgehen. Daniel schaute zu mir herüber und zuckte mit den Schultern. Um Torben nicht zu wecken, man ist ja rücksichtsvoll, hatten wir eine etwaige Unterhaltung eingestellt. So war es mittlerweile recht langweilig. Ich beschloss, mich per WhatsApp zwischendurch einfach mal bei Kirsten zu melden. Schnell machte ich ein Foto von dem schnarchenden, temporären Fahrgast und setzte es zusammen mit einer kurzen Meldung, ohne weitere Erklärung, an sie ab: »Hallo, meine Liebe, wir kommen trotz des bescheidenen Wetters zügig voran. Und wir haben Zuwachs bekommen, schau mal!«

Ich grinste in mich hinein, wenn ich mir vorstellte, wie Kirsten ihre Stirn krauszog und rätselte, was es mit dem männlichen schlafenden Wesen wohl auf sich habe. Mir sollte das Grinsen rasch vergehen. Eigentlich war es doch klar, dass meine Freundin auf der Stelle geschickt kontern würde. Schließlich war sie immer für eine Überraschung gut. So dauerte es nicht lange, bis mein Handy den vertrauten kurzen Ton abgab, welcher eine eingehende Nachricht ankündigte. Ich las erst belustigt, dann zunehmend besorgt und als ich die WhatsApp zu Ende gelesen hatte, stand mir vor

Schrecken meine spärliche blonde Armbehaarung zu Berge. Es kribbelte mich am ganzen Körper.

Auf dem Display des Handys stand geschrieben: »Da schau her! Habt ihr euch den allseits gesuchten Massenmörder ins Auto geholt, der momentan in der Gegend sein Unwesen treibt?« Das Ganze war geziert mit einem Zwinkersmiley, der die Nachricht wohl entschärfen sollte, aber bei mir vollkommen seinen Zweck verfehlte. Beziehungsweise ich nahm ihn gar nicht wahr. Meine Augen fokussierten das Wort »Massenmörder« und das ließ mich erschaudern, gelinde gesagt. Die Temperatur im Wagen war gefühlt um zehn Grad gesunken. Schnell klappte ich wieder den Sichtschutz vor mir nach unten und suchte im Spiegel das Unwesen auf der Rückbank, das just in dem Moment die Augen aufriss und mich anschaute. Mir entfuhr ein spitzer Schrei.

Daniel rief: »Mutter, geht's dir gut?«

Torben rief: »Sorry, muss vorhin gleich eingenickt sein. Hab' letzte Nacht im Freien nicht viel geschlafen.«

Ich rief: »Alles bestens. Bin erschrocken. Ich glaube, da war ein Tier auf der Fahrbahn.«

Mein Sohn schaute zu mir herüber und runzelte die Stirn. Ich versuchte, ihm über Augenkontakt zu signalisieren, dass etwas absolut nicht in Ordnung war. Dabei ließ ich mein Augenpaar, ohne den Kopf zu bewegen, immer wieder in Richtung des mutmaßlichen Mörders schweifen. Daniel verstand natürlich nicht, was ich ihm mit dieser stummen Geste sagen wollte.

»Hä?«, sagte er leise und schüttelte sein Haupt. Mittlerweile war auch Torben aufmerksam geworden.

»Gibt's Probleme?«, fragte er.

»Nein, nein«, versicherte Daniel und schaute mich strafend an.

»Doch, doch«, hätte ich am liebsten geantwortet, blieb aber wortlos und stierte zum Vorderfenster hinaus. Nicht ohne zuvor noch einmal schnell nach hinten geblickt und mich von der Unverfänglichkeit der Situation überzeugt zu haben. Alles ruhig! Torben hatte etwas furchtbar Stinkendes und Undefinierbares zum Essen ausgepackt, biss genüsslich hinein und kaute darauf herum.

»Ein Käsesandwich«, wurden wir aufgeklärt. »Muss weg, ist schon von gestern.« Er schmunzelte, fühlte sich sichtlich wohl. Dem Geruch nach zu urteilen, schleppte er die Delikatesse schon ein paar Tage länger mit sich herum.

Mein Magen hob und senkte sich. Was sollte ich tun? Kirsten hatte mit ihrer flapsigen Bemerkung sämtliche Ängste in mir geweckt. Sie krochen nach und nach aus meinem Unterbewusstsein. Was hatte der Vater immer gesagt? Nehmt bloß keine Tramper mit! Ich erinnerte mich an Presseberichte über schreckliche Vorfälle, an gemeuchelte, gutgläubige und hilfsbereite Autofahrer oder eher Autofahrerinnen. Früher war es keine Seltenheit, dass junge Leute mit erhobenem Daumen am Straßenrand standen, Autos stoppten und dadurch versuchten, eine Mitfahrgelegenheit zu erlangen. Auf diese Weise wurden ganze Urlaubsreisen getätigt. Heutzutage kann man Derartiges kaum mehr beobachten. Nur ab und zu tummeln sich Tramper an Autobahnauffahrten oder Raststätten. Mittransport ist ihr Begehr. Ob ihr Wunsch Erfüllung findet, kann ich nicht sagen. Ich weiß nur, dass Daniel und ich naiv genug waren, uns diesen Torben an Bord zu holen. Und dass ich nun auf meinem Sitz verharrte, angespannt wie schon lange nicht mehr und Stoßgebete gen Regenhimmel schickte, wir mögen diese Reise heil überstehen.

Ich tippte eine Nachricht an Kirsten in mein Handy: »Jetzt hast du mir aber Angst gemacht. Das war doch hoffentlich ein Späßchen deinerseits, das mit dem entlaufenen Mörder.«

»Wer weiß?«, kam postwendend zurück. Wenn wir nicht umgebracht werden, bringe ich Kirsten um, wenn wir ankommen! Das schwor ich mir in diesem Moment.

So eine Person auf der Rückbank, die man nicht kennt und die man nicht im Auge behalten kann, ist in der Tat sehr unangenehm. Was machte er gerade? Er kramte wieder in seiner Tasche. Warum? Wenn er jetzt ein Messer rausholt, hätten wir keine Chance, dachte ich. Er könnte uns zwingen, von der Autobahn zu fahren und uns sonst wohin lotsen. Was würde Daniel anderes übrigbleiben, als seine Befehle zu befolgen, wenn ich von hinten ein Messer an die Kehle gehalten bekäme? Ich kam mir aber blöd vor, laufend in den Spiegel zu schauen, hatte den Eindruck, dass Torben meine Überwachung genau bemerkte, schließlich trafen sich unsere Augen jedes Mal im Spiegel. Täuschte ich mich oder war sein Blick lauernd? Wartete er auf eine günstige Gelegenheit, um zuzuschlagen, wie immer das sich auch gestalten würde? Oder war er einfach nur befangen mir gegenüber und fühlte sich in meiner Gegenwart unwohl, wie ich mich in seiner? Bestimmt kam ich total schrullig rüber. Wie eine komische alte Schachtel.

Ich scrollte durch mein Handy auf der Suche nach einer Meldung über einen geflüchteten Straftäter. Nichts! Einen Stopp zu erzwingen, indem ich einen erneuten Toilettengang vonnöten machte, kam mir auch nicht ratsam vor. Aus welchem Grund sollte ich dann verlangen, dass Torben ausstieg und wir ohne ihn weiterfuhren? Die Polizei zu rufen, wenn ich meinerseits ausgestiegen wäre, kam mir dann doch überzogen vor. Ich sollte mich mit Daniel beraten, dachte ich, aber das war schlichtweg unmöglich unter Beobachtung des Subjekts, um das sich alles drehte. Also biss ich die Zähne zusammen und hoffte, dass Kirsten nur einen ihrer unmöglichen Witze gemacht hatte.

Derweil war Torben in Erzähllaune geraten. Er und Daniel unterhielten sich blendend über alle möglichen und unmöglichen Themen. Ich schaffte es nicht, ihnen entspannt zuzuhören, konnte mich nicht konzentrieren und beteiligte mich auch nicht an dem Gespräch. Daniel schaute mehr als einmal tadelnd zu mir herüber. Ich merkte, dass er erstaunt und sauer war, weil ich den Anschein erweckte, ganz entgegen meiner sonstigen Art, schlechtgelaunt und dadurch unhöflich zu sein. Die Zeit verging, nichts passierte, es wurde weder Messer noch Pistole gezückt.

Kurz bevor wir die Autobahn verlassen mussten, sagte mein Sohn zu unserem Fahrgast: »Du Torben, an der nächsten Raststätte müssen wir dich springen lassen. Wir sind bald am Ziel.«

»Kein Problem. Ihr habt mir sehr geholfen«, war die höfliche Antwort.

Mittlerweile schämte ich mich ein wenig ob meiner abstrusen Gedanken. Als der junge Mann mit Sack und Pack ausstieg, wenigstens hatte nun der Regen aufgehört, quetschte ich ein gezwungen freundliches »Viel Glück weiterhin und viel Spaß!« hervor und sah ihm nach, wie er davon trottete und nach weiteren Mitfahrgelegenheiten Ausschau hielt.

Bei unserer Weiterfahrt traute ich mich nicht, Daniel den Grund meines Verhaltens zu erläutern. Erst später bei Kirsten sprachen wir darüber. Ich wurde von den beiden Menschen, die ich am meisten liebe, ausgelacht, nein das ist zu hart ausgedrückt, ich wurde belächelt. Das machte es nicht besser. Schließlich belächelt man diejenigen, die man nicht für ganz voll nimmt. Aber das bin ich gewohnt. Ist ja nichts Neues.

Die Massenmörder-Episode ging in die Annalen ein als ein Beispiel meiner kompletten Unfähigkeit, mit Ad-Hoc-Situationen umzugehen, wie das von einem normal denkenden Menschen erwartet wird. Für mich ist die Erinnerung daran eine Mahnung, bei Kirsten, diesem Biest, immer auf der Hut zu sein.

So bin ich gewappnet für unser Gespräch über unsere Geburtstags-Pläne. Aber wenn man es genau betrachtet, ist es bei diesem Event ja gerade andersherum. Da ist Kirsten die konservative Bremse, die am liebsten in ein langweiliges, spießiges Hotel zum Cocktailschlürfen sitzen würde. Mich dürstet nach Abenteuer, Gefahr, Herausforderung und Außergewöhnlichem. Ich fühle mich bereit dafür. Nach all dem Schmerz in meinem Leben brauche ich das zu guter Letzt als Bestätigung, dass ich noch fähig bin zu fühlen, selbst wenn es Angst ist. Und falls ich das, was immer wir uns vornehmen, schaffen sollte, könnte ich mir dadurch eine Linderung meiner Seelennöte vorstellen. Hier bin ich! Ich bin lebendig! Das Schicksal hat es nicht geschafft, mich in den zurückliegenden elf Jahren emotional totzukriegen.

Die Köpfe rauchen

So kommen wir schließlich wiederum bei Kirsten an, dieses Mal ganz ohne Zwischenfälle jedweder Art. Schon von weitem sehe ich sie an der Haustür wartend und bei unserem Anblick begeistert winkend. Auf in den Kampf! Wird bestimmt lustig!

»Ich höre!«, sagt Kirsten und schaut mich abwartend an. Mit gespitztem Bleistift, nein mit einem Kugelschreiber sitzt sie mit mir am Tisch. Vor ihr liegt ein leeres, schneeweißes Blatt, welches sie anscheinend mit Vorschlägen meinerseits zu füllen gedenkt. Daniel ist nach dem Abendessen wieder abgereist. Ich werde es am Sonntag wagen, doch mit der Bahn zurückzufahren. Kirsten und ich sind uns bei unserem Geburtstagsevent mittlerweile wenigstens insofern einig, dass eine große, aufwändige Reise in irgendeinen entlegenen Fleck auf dieser schönen Erde keine Option ist. Also dann kein Trip durch den Dschungel und auch kein Flug im Heißluftballon über die Sahara, kein Tiefseetauchen und kein Segeltörn bei Windstärke elf, was angeblich einem orkanartigen Sturm entsprechen würde. Gott bewahre! Das alles habe ich ja schon auf der Fahrt hierher im Geist gestrichen. Es ist einfach nicht das, wonach ich suche. Der Kampf mit sich selbst muss nichts Spektakuläres sein.

Kirsten hat es kürzlich erwähnt. Wir haben beide schon Traumreisen erlebt, nach einer weiteren dürstet es uns nicht. Auch wenn das jetzt dekadent und übersättigt klingt, so als hätte man an nichts mehr eine Freude, wonach andere sich alle zehn Finger lecken würden. Höher, schneller, weiter, diese Attribute brauchen wir nicht bei unserer Planung. Einen langweiligen Aufenthalt in einem schmucken Hotel mit Wellness-Bereich aber auch nicht.

»Was ist mit deinem Survival-Training, bei dem wir im Wald ausgesetzt werden?«, fragt Kirsten augenzwinkernd, um die Unterhaltung überhaupt in Gang zu bringen. Wir starren nämlich beide schon minutenlang auf das jungfräuliche Blatt Papier.

»Hm«, antworte ich mit so viel Begeisterung, wie ich einer Wurzelbehandlung beim Zahnarzt entgegenbringen würde. Man könnte es also getrost als Ablehnung interpretieren. Nein, dazu habe ich keine Lust mehr, sehe auch wenig Sinn dahinter. »Sag doch auch mal was«, fordere ich mein Gegenüber nun auf, bevor ich wieder in brütendes Schweigen verfalle.

»So kommen wir nicht weiter«, ruft Kirsten und springt auf. »Ist aber auch eine verdammt trockene Luft hier«, stellt sie noch resigniert fest und eilt aus dem Zimmer.

Zurück kommt sie mit einer Flasche Rotwein und zwei Gläsern. Wir stoßen auf unseren baldigen Geburtstag an. Nach dem Genuss eines halben Glases drängen tatsächlich die ersten zaghaften Gedanken an die Oberfläche.

»Was ich in meinem ganzen Leben nie mochte, ist Mittelmäßigkeit«, fange ich nun an zu sinnieren.

»Oh, das ging aber schnell«, stellt Kirsten erstaunt fest. »Der Alkohol bringt dich jetzt schon nach dem ersten Achtele, wie ihr im Süden sagt, zum Philosophieren.«

Ich höre ihren Einwurf gar nicht richtig und fahre fort: »Mit Hans war nichts mittelmäßig. Da war alles außergewöhnlich, alles war besonders und aufregend. Allein seine Gegenwart brachte mich zum Strahlen. Ich fühlte mich so sehr geliebt, dass ich mich oft ganz überheblich fragte, ob es so eine tiefe Verbundenheit wohl noch einmal auf dieser Welt gibt. Durch ihn hatten meine an sich ängstliche Seele und meine allgegenwärtige Unbeholfenheit keine Chance, die Oberhand zu gewinnen. Er hat mich durch alle Irrungen und Wirrungen getragen. Er hat mich ergänzt. Er hat mich nicht nur geliebt, sondern auch akzeptiert. Lieben ist leicht bei positiven Eigenschaften. Und das negative Beiwerk hat er gerne hingenommen. Das klingt nun nicht außergewöhnlich, wahrscheinlich bestätigen das alle glücklichen Paare. Dadurch ist diese Harmonie schon fast wieder langweilig und eben das, was ich verurteile, nämlich mittelmäßig.« Ich nehme einen tiefen Schluck aus dem stylischen Glas, schaue schnell auf die Seite, als ich merke, wie mir heiße Tränen in die Augen steigen. Kirsten hört mir schweigend zu. »Keine Angst«, sage ich und drücke ihre Hand, »ich weine nicht.« Schnell wische ich die verräterischen Spuren mit dem Handrücken weg. »Seit Hans tot ist, ist niemand mehr da, der mir dieses Gefühl gibt. Dieses Gefühl, dass alles möglich ist, wenn man nur will.«

Kirsten schaut mich liebevoll an. »Kleines, wir schaffen das zusammen. Du hast schon viel erreicht. Denk an die erste schwere Zeit nach dem Unfall und wie lebensbejahend du im Grunde doch wieder geworden bist.«

»Du hast recht. Es ist wieder gut. Anders gut eben«, bestätige ich mit flüsternder Stimme.

»Ich habe gerade eine Idee«, sagt Kirsten. »Wie wäre es, wenn wir ein paar Tage in ein Kloster gingen?« Und schon fliegt der Kugelschreiber über das Papier und sie schreibt diesen Einfall als ersten Punkt auf die Liste.

Kloster! Ich schaue sie zweifelnd an. »Das können wir gerne irgendwann machen. Ich weiß allerdings gar nicht, was man davon erwarten darf.«

»Einkehr. Stille. Selbstbesinnung«, zählt Kirsten auf. »Ich habe darüber einen Bericht gesehen. Das hat gar nicht unbedingt was mit bedingungslosem Glauben zu tun. Es sind die Einfachheit, das Runterkommen aus dem stressigen Alltag und das Besinnen auf Wesentliches, was so ein Klosteraufenthalt ausmacht. Gute Gespräche mit erstaunlich weltoffenen Menschen. So hatte ich den Eindruck in dieser Dokumentation. Kein großer Luxus, um nicht zu sagen überhaupt keiner. Auch die Speisen sind einfach. Aber natürlich nicht nur Wasser und Brot, es ist ja kein Gefängnis. Wahrscheinlich würden mir solche Exerzitien auch nicht schaden.«

Nun ist es an Kirsten, die Augen zu senken. Ich spüre ihre große Traurigkeit, obwohl sie immer behauptet, mit ihrer Situation zufrieden zu sein.

»O Kirsten, entschuldige. Ich bin manchmal richtig egoistisch, denke nur an mich«, stammle ich schnell. »Es tut mir wahnsinnig leid, diese unglückliche Konstellation mit dir und Georg. Würde dir von Herzen eine glücklichere Partnerschaft gönnen.«

»Ich bin glücklich. Das weißt du ganz genau. Trotzdem tut es mir gut, ab und zu in mich zu gehen und über mein Leben nachzudenken. Ich schätze, damit bin ich nicht alleine«, sagt sie tapfer und schüttelt den Kopf. »Schluss damit. Darüber möchte ich bestimmt nicht reden, momentan jedenfalls nicht.«

»Du weißt, dass du jederzeit mit mir sprechen kannst, über alles, was dich bedrückt.«

»Danke Jolanda, das ist es, was eine Freundschaft ausmacht. Das wissen wir doch beide und es ist gegenseitig, dieses Gesprächsangebot.«

Wir trinken von unserem exzellenten Wein. Ich überlege. »Die Idee mit dem Kloster finde ich gut. Diese Erfahrung würde ich gerne machen, aber nicht zu unserem Geburtstag. Da möchte ich vielleicht lieber …!« beginne ich zögernd.

»Was möchtest du lieber?«

»Ja, was möchte ich lieber? Ich überlege doch schon hin und her. Was wäre eine Herausforderung? So richtig Angst habe ich vor der Höhe, kann ja keine drei Stufen einer Leiter hoch, ohne dass ich eine Panikattacke erleide.« Ich lache freudlos.

»Dann lass uns einen hohen Berg besteigen«, schlägt Kirsten vor. »Ich bin dabei. Mir graut es bekanntlich vor nichts. Jederzeit zu allen Schandtaten bereit.« Ihre Stimme gewinnt zusehends an Begeisterung. »Und denk an dieses Zitat von Ingmar Bergman. Wie gut das zu einem Geburtstag von Hochbetagten passt.«

»Ich weiß nicht, was du meinst«, muss ich gestehen.

Sie überlegt kurz: »Mal schauen, ob ich es noch zusammenbekomme.« Sie runzelt konzentriert die Stirn. »Altwerden ist wie auf einen Berg steigen. Je höher man kommt, desto mehr Kräfte sind verbraucht, aber umso weiter sieht man.«

»Perfekt. Genauso ist es. Ab auf den Mount Everest mit uns. Von da aus sehen wir ganz weit«, rufe ich und lache schallend.

Der Weingenuss macht sich bemerkbar. Normalerweise ist in dem leicht angesäuselten Zustand Wachsamkeit geboten. Beschlüsse, wenn man nicht mehr absolut Herr oder Frau seiner Sinne ist, sind mit Vorsicht zu genießen. Kirsten holt mich ganz schnell wieder sprichwörtlich herunter vom Mount Everest.

»Nix da«, schimpft sie. »Du wirst doch nicht diesen Massentourismus auf den höchsten Berg der Erde unterstützen? Zudem fehlt uns das Geld, zumindest bin ich nicht bereit, diese Unsummen dafür zu bezahlen. Und bei aller Liebe, das traue ich dir nicht zu.«

»Dass du immer alles gleich für bare Münze nehmen musst. Ich kann auch ganz einfach irgendwo eine Leiter hinstellen und an derselben hochklettern. Höhenangst überwunden«, feixe ich. »Warte, warte, warte … gleich hab' ich es …!«

Ich will einen Gedanken festhalten, der sich gerade in meinen Kopf geschlichen hat. Das geht wahrscheinlich auch auf das Konto der Weinseligkeit, die nach und nach von mir Besitz ergreift. Aber unter Alkoholeinfluss kreativ zu werden, ist gar nicht so einfach. Am besten wäre wohl, die Diskussion und groß angekündigte Planung für heute zu beenden und morgen in alter Frische fortzusetzen. Ich gähne und plötzlich ist der Gedanke, DIE Idee da. So als hätte das Gähnen meinen umnebelten Kopf wieder freigemacht. Ich greife nach Kirstens Arm.

»Zum Diktat bitte, Fräulein Klettmann. Schreiben Sie«, fordere ich sie auf.

Meine Hobby-Sekretärin schaut mich mehr als erstaunt an, zückt aber brav den Kugelschreiber und wartet auf meinen verbalen Erguss. Kann sie haben!

»Ich, Jolanda Haberle, gelobe, im Juli 2018, Fußnote bitte: ein geeigneter Termin muss umgehend gesucht und gefunden werden.« Ich schaue auf Kirstens Niederschrift. »Geben Sie sich bitte etwas Mühe, Fräulein, dass es auch leserlich ist. Haben Sie das alles?«

Sie nickt und ich fahre fort: »… in Wien am Haus des Meeres, einem ehemaligen Flakturm, die dreißig Meter hohe Kletterwand zu erklimmen. Um mich auf diese Herausforderung gebührend vorzubereiten, werde ich in den verbleibenden Wochen einen dementsprechenden Kurs buchen. Ich bin fast im Vollbesitz meiner geistigen Kräfte, noch so genügend kraftvoll, um dieses Vorhaben hier und heute mit meiner Unterschrift zu besiegeln. Juhu! Her mit dem Wisch.«

Kirsten blickt mich erstaunlich emotionslos an, gibt mir aber den Kugelschreiber, damit ich meine Unterschrift unter ihr säuberlich verfasstes Dokument setzen kann.

»Du bist und bleibst ein verrücktes Huhn, Jolanda. Darf ich dich daran erinnern, dass wir dieses Spektakel an der besagten Kletterwand schon selbst in Augenschein nehmen konnten?«

»Selbstverständlich, liebste Kirsten. Deswegen hatte ich ja auch den Einfall.«

»Weiß die liebe Jolanda auch noch, was sie beim Anblick des überaus athletischen jungen Mannes sagte, der an dieser Fassade hochkletterte, als wäre er schwerelos? Dieser Sportler war sicher nicht dein Ebenbild, eher das krasse Gegenteil, nicht wahr? Du sagtest, nichts und niemand auf dieser Welt könnte dich dazu bringen, es ihm gleichzutun. Bei diesen Worten warst du grün im Gesicht.« Sie lacht.

»Aber …«, versuche ich zu Wort zu kommen.

»Nichts aber … du kannst das nicht, fertig. Mach dich nicht zum Affen oder doch, als Affe schaffst du es vielleicht.« Kirsten lacht nun schallend.

»Kirsten, das ist genau das, was ich gesucht habe. Ich weiß noch nicht, wie ich das machen werde, aber ich werde diese Wand hochklettern und wenn es das Letzte ist, was ich mache.«

»Wir reden über diesen Höhenflug, wenn wir beide wieder ganz nüchtern sind, okay? Oder …?«

»Oder was …?«, frage ich.

Kirsten ist in Stichellaune, das spüre ich ganz genau. »Oder hat sie gar Sehnsucht nach dem schnuckeligen Herrn Leopold, die einsame Jolanda?«

Ich suche nach einer passenden Erwiderung, bin wegen der Erwähnung von Herrn Leopold leicht aus dem Konzept gebracht, reiße ihr den kürzlich verfassten »Vertrag« aus den Händen und sage schließlich schmollend: »Vielleicht hätte ich es mir bis morgen noch einmal überlegt, aber nun ist mein Ehrgeiz endgültig geweckt. Ich probiere es auf alle Fälle. Gute Nacht, Kirsten. Nur noch eine Frage: Kommst du die dreißig Meter mit hoch oder fährst du nur just for fun mit nach Wien? Ist ja schließlich auch dein Geburtstag.«

»Ich verzichte dankend. Aber natürlich komme ich mit. Wien ist immer eine Reise wert.«

Damit ist die never ending story beendet. Die Grobplanung steht!

Bei frühsommerlichem Wetter sitzen wir am nächsten Tag zum Frühstück draußen. Hier kann man es aushalten. Mein Blick schweift durch Kirstens großen Garten. Für die Flora hat sie ein Händchen. Anders als ich, die ich mir nicht gerne die Hände schmutzig mache. In Erde wühlen. Nicht unbedingt mein Ding. Aber genießen schon. Nachdem es am Abend zuvor relativ spät geworden ist, sind wir lange in den Federn geblieben. Ausgeschlafen bei Sonnenschein und dann noch diese schöne Umgebung, das versetzt mich in eine wohlige Stimmung. Dazu die Gewissheit, dass wir mit der geplanten Wienfahrt endlich die besagten Nägel mit Köpfen versehen haben. Laut seufzend lehne ich mich zurück und blinzle in die Sonne.

»Kirsten, wo bleibst du? Soll ich dir nicht doch helfen?«, rufe ich laut.

Kirsten tritt durch die Balkontür, vorsichtig ein großes Tablett balancierend. Ich springe auf und wir platzieren das köstliche Frühstück auf dem Gartentisch. Der Kaffee und die frischen Brötchen verströmen einen verführerischen Duft. Mein momentaner Wohlfühlfaktor ist nicht mehr zu toppen. Bis jetzt haben wir den gestrigen Abend samt Resultat nicht mehr erwähnt.

»Alles gut, Jolanda?«, fängt Kirsten prompt eine neue Diskussion an. »Hast du gut geschlafen oder hat dich der Gedanke an dein hehres Vorhaben wachgehalten?« Sie zwinkert mir zu.

»Alles bestens«, bestätige ich.

»Dann ist ja gut. Jolanda, nicht dass du mich falsch verstehst. Ich bewundere dich und unterstütze dich bei allem, was du vorhast. Möchte nur nicht, dass du dich in irgendetwas verrennst und enttäuscht wirst. Ich habe auch nachgedacht heute Nacht. Und je länger ich überlege, umso besser gefällt mir die Idee, nach Wien zu fahren. Wir haben da bestimmt tolle Tage. Falls du es dir anders überlegen möchtest mit deiner Klettertour am Flakturm, wäre das kein Problem. In Wien gibt es zig Möglichkeiten, sich eine angenehme Zeit zu machen. Wir könnten …«

»Stopp!«, sage ich und schüttle den Kopf. »Ich möchte mich nicht aus der Affäre ziehen und einen Rückzieher machen, nun da ich wieder ganz nüchtern bin. Falls du darauf hinauswillst. Aber nett, dass du so verständnisvoll bist. Bei uns in der Nähe hat der Deutsche Alpenverein eine Kletterhalle. Da melde ich mich zum Training an, wenn ich zurück bin, basta.«

»Dann sei es so, du Tapferle«, imitiert Kirsten mein Schwäbisch. »Aber betrunken waren wir doch nicht wirklich. Wir haben ja nicht mal die eine Flasche geschafft.«

Ich runzle die Stirn. Mir kommt plötzlich ein Gedanke.

»Kirsten«, sage ich und schaue ihr in die Augen. »Obwohl ich nun richtig froh bin, dass wir endlich wissen, wie wir den großen Tag gestalten werden, plagt mich jetzt das schlechte Gewissen. Habe ich dich auch nicht überrumpelt? Je länger ich darüber nachdenke, umso egoistischer fühle ich mich.«

Kirsten schaut mich fragend an.

»Naja, es ist ja auch dein Geburtstag«, sage ich erklärend. »Mir kommt es so vor, als würde allein ich bestimmen, was wir unternehmen und du sagst brav zu allem Ja und Amen. Wenn du nun auch noch einen Wunsch äußern würdest, wäre das für mich der einzige Grund, meinen Plan doch noch zu ändern.«

»Es war doch von Anfang an so, dass DU das Außergewöhnliche und die Herausforderung gesucht hast. Ich wäre von vornherein mit einem schönen Geburtstagsessen zufrieden gewesen, das weißt du, Jolanda. Wir fahren nach Wien, wenn dein Herz daran hängt. Und du brauchst doch jemanden, der auf dich aufpasst. Damit bin ich reichlich beschäftigt. Das ist für mich Aufregung genug.« Sie lächelt, ich stehe auf und nehme sie kurz in den Arm.

Kirsten schenkt mir Kaffee ein. Als ich mit meinem Kaffeelöffel behutsam eine winzige Menge Milch portioniere und in mein Heißgetränk gebe, zieht meine Freundin die Augenbrauen hoch und guckt missbilligend.

»Wenn ich dich so sehe, muss ich leider schon wieder den armen Herrn Leopold erwähnen«, sagt sie schmunzelnd.

Sogleich bin ich alarmiert und schaue sie strafend an.

»Warum ist denn Herr Leopold arm? Wenn bei der Geschichte jemand arm war, dann war ich es«, antworte ich.

»Naja«, meint Kirsten, »er musste deine Launen aushalten. Du musst zugeben, dass dein Verhalten ziemlich albern war.«

Mit dieser Bemerkung hat sie es geschafft, meine gute Laune ins Gegenteil zu kehren und dafür meine Streitlust zu wecken.

»Halt mal, bleib mal schön bei den Tatsachen«, verlange ich. »Als Kundin bin ich immer Königin. Was kann ich dafür, dass man in ganz Wien keinen g'scheiten Kaffee bekommt?«

Kirsten lacht lauthals auf. »Sag das nicht zu laut, sonst kommst du endgültig in die Klapse. Wien ist DIE Stadt mit der absolut besten, wie sagt man doch gleich, genau, Kaffeehauskultur. Und du

Kulturbanause maulst über den Kaffee dort. Unglaublich.«

»Ich maule nicht, ich stelle fest, dass es nicht möglich war, dort einen Kaffee zu bekommen, wie ich ihn gerne trinke. Das ist einfach eine Tatsache. Du warst doch dabei, liebe Kirsten.«

Unsere erste Wien-Reise

Ja, Kirsten war dabei. Vor ein paar Jahren auf unserem ersten Städtetrip nach Wien. Wir beide, das Reise-Dreamteam schlechthin. Die ganze Stadt war gestern wie heute eine einzige Sehenswürdigkeit. Wir kamen schon an unserem ersten Tag aus dem Staunen nicht mehr heraus. Nach dem langen anstrengenden Sightseeing-Tag steuerten wir am Spätnachmittag erschöpft ein Café an, Kaffeehaus, wie es in Wien heißt. Mein Körper war kurz davor, in einen sogenannten »Unterkoffein-Zustand« zu fallen und das wünschte ich niemandem in meiner Umgebung. Mit letzter Kraft schleppte ich mich zu einem der wenigen freien Tische in dem stilvollen Etablissement und ließ mich nieder. Kirsten tat es mir gleich. Sofort kam ein junger, sehr hübscher Kellner herbeigeeilt und wedelte dienstbeflissen mit der Speisekarte.

Bevor er auch nur die Chance hatte, uns die Karte zu überreichen, rief ich schon: »Für mich bitte ein Kännchen Kaffee.«

Das Wiener Kellner-Sahnestückchen klärte mich umgehend auf: »Gnä' Frau, wenn Sie bitte einen Blick in unsere Karte werfen würden. Kännchen werden in unserem Hause nicht serviert. Hier finden Sie unsere Kaffeespezialitäten …« Er breitete sein Angebot vor meinen müden Augen aus. Es erstreckte sich über eine Doppelseite, in schönen, stilvollen, verschnörkelten Buchstaben verfasst. Ich las erstaunt, welche Kaffeevielfalt Österreichs Hauptstadt ihren Gästen in der Regel kredenzt: Verlängerter, Melange, Cappuccino, Mokka, Großer und Kleiner Brauner, Großer und Kleiner Schwarzer, Cafe Latte, Franziskaner und dann noch die Spezialitäten wie Eiskaffee, Fiaker, Einspänner und was weiß ich noch alles. Mir schwirrte der ohnehin ob des fehlenden Koffeins schmerzende Kopf.

Hilfesuchend wandte ich den Blick in Richtung unseres Kellners. Mein Blick fiel auf sein Namensschild am Revers, auf dem die Anrede Herr plus der Vorname stand. »Herr Leopold, bringen Sie mir bitte einen großen Kaffee, einen Pott oder wie auch immer das hier heißen mag. Einfach viel Kaffee.« Ich zwinkerte ihm zu. Kirsten verdrehte die Augen.

Herr Leopold säuselte: »Gnä' Frau, da kann ich Ihnen unseren Großen Schwarzen empfehlen oder unseren Großen Braunen.«

Ich bat um weitere Aufklärung. Nach kurzer Zeit war ich mit ausreichend Wissen gesegnet und wusste, dass man sich unter dem Großen Schwarzen einen doppelten Espresso vorzustellen habe und unter dem Großen Braunen dasselbe mit Milch, beim Servieren bereits zugefügt. Vereinfacht erklärt. Ich zog eine Schnute. Milchkaffee mag ich nicht, ebenso keinen Cappuccino, Café Latte oder ähnliches. Da ist mir überall viel zu viel

Milch drinnen. Auch die Melange, wie mir Herr Leopold kundgetan hatte, ist mit Milchschaum gekrönt. Ich möchte durchaus Milch in meinem großen Kaffee haben, jedoch sehr wenig. Hans sagte immer, diese homöopathische Menge, die ich mir in mein Getränk gebe, könne ich mir auch sparen und die Brühe gleich schwarz trinken, so wenig wie das sei. Nun gut, es ist wenig, aber so liebe ich nun mal meinen Kaffee. Da lasse ich mich auf keine Diskussion ein. Die Geschmäcker sind verschieden. Zudem zelebriere ich die Diskussion um mein präferiertes Milch-Kaffee-Gemisch mittlerweile mit wachsender Begeisterung. Da geht es schon lange nur noch um das Prinzip. Und auf einen Spleen mehr oder weniger kommt es bei mir sowieso nicht an.

Da Kirsten mittlerweile leichte Anzeichen von Ungeduld zeigte, nicht so Herr Leopold, welcher mir gleichbleibend freundlich nicht von der Seite wich und auf meine Bestellung wartete, entschloss ich mich zu dem Großen Schwarzen. Das »Groß« suggerierte mir irgendwie eine große Menge. Außerdem hoffte ich auf die kleine separate Portionsmilch neben der Tasse, wie bei uns in Deutschland gang und gäbe. Kirsten bestellte einen großen Milchkaffee, wie üblich. Ich war neidisch, weil bei ihr immer alles so einfach lief.

Herr Leopold nahm erfreut unsere Bestellung entgegen: »Sehr gerne. Kommt sofort!« Er kam tatsächlich zügig wieder und stellte eine große Tasse Milchkaffee vor meine Begleiterin und vor mich eine relativ kleine Tasse mit schwarzem Kaffee ohne das kleine »Milchchen« auf dem Unterteller.

Natürlich. Hatte er ja erklärt. Es fiel mir wieder ein. Doppelter Espresso. Das konnte ja nicht viel sein. Meinem Blick entnahm der Kellner, dass das Servierte nicht ganz meinen Wünschen entsprach.

Besorgt fragte er nach: »Ist etwas nicht in Ordnung?«

Verlegen stammelte ich: »Alles bestens. Ich hatte mir den Großen Schwarzen nur größer vorgestellt.«

Herr Leopold lächelte weise: »Entschuldigung, da hätten Sie einen Verlängerten nehmen müssen.« Dann fügte er beim Anblick meiner gerunzelten Stirn milde hinzu: »Ich habe es Ihnen doch versucht zu erklären.«

Fehlte nur noch, dass er den Satz mit »Sie kleines Dummerchen« ergänzte. Seine Ausdrucksweise zeigte mir, dass er von vornherein nicht vorausgesetzt hatte, dass ich seinen Ausführungen folgen konnte und dass dieser Versuch also gescheitert war. Mein Stolz verbat mir die Blöße, einen Fehler meinerseits einzugestehen. Zudem war ich mir sicher, dass dieses verlängerte Ding nicht Teil unserer Diskussion gewesen und mir dieser Vorschlag nicht unterbreitet worden war. Deshalb war ich leicht angesäuert. So brach ich hochmütig das traurige Intermezzo ab, nahm die Tasse zur Hand und trank. Dabei versuchte ich, genießerisch die Augen zu schließen.

Kirsten verdrehte zum x-ten Male die Augen, nachdem Herr Leopold uns in unserem Elend und mit der Tasse, die ich mit zwei Schlucken ausgetrunken hatte, allein gelassen hatte.

»Du bist aber auch kompliziert, Jolanda«, wurde ich gerügt. »Kann man nicht EINMAL über seinen Schatten springen?«

Das brachte mich endgültig auf die Palme.

»Was meinst du damit?«, fragte ich grantig.

Kirsten konterte: »Das weißt du ganz genau. Wenn man im Ausland ist, muss man halt mal Abstriche machen können. Wenn du alles wie daheim haben willst, dann bleibe daheim.«

Nun bekam ich Schnappatmung. »Das sagst du MIR?«

Meine Stimme war vor Empörung schrill und laut. Die ersten Gäste drehten ihren Kopf in unsere Richtung. Ich rechnete jeden Moment damit, dass Herr Leopold neben mir wie aus dem Nichts auftauchte und behilflich sein wollte. Das fehlte noch! So drosselte ich die Lautstärke und wies Kirsten flüsternd, jedoch umso eindringlicher darauf hin, dass sie genau um meine Probierfreude und Unvoreingenommenheit gegenüber ausländischer Küche wisse. Ich war und bin sogar begeistert davon und koste gerne unbekannte Speisen. Im Gegenteil, ich hasse die »Was-der-Bauer-nicht-kennt-frisst-er-nicht-Mentalität« aus tiefstem Herzen. Schilder im Ausland mit ›Hier deutscher Erdbeerkuchen, Schnitzel, Leberkäs und Bratwurst‹ lassen mich schaudern und können sich, ebenso wie die Konsumenten der angepriesenen vermeintlichen Delikatessen, meiner Verachtung sicher sein.

»Jetzt reg dich doch nicht so auf«, sagte Kirsten.

»Doch, ich rege mich auf bei solchen Unterstellungen.« Sogleich versuchte ich, die Situation mit einer kleinen witzigen Anekdote zum Thema zu entschärfen. »Alles habe ich immer klaglos hingenommen«, sagte ich grinsend und erinnerte sie daran, wie ich in Frankreich darüber hinwegsah, dass man dort die Kuchengabel nicht kennt. In unserem Nachbarland bekamen wir unsere Tarte aux Pommes, den klassischen französischen Apfelkuchen, mit einem kleinen Löffel serviert. »Ohne Gäbele brauchst halt immer die Flossen zum Draufschieben auf den Löffel«, stellte ich damals fest und bestellte eine Gabel, um dem entgegenzuwirken. Das Speisewerkzeug war natürlich für den Zweck des Kuchenverzehrs zu überdimensioniert. Kirsten und ich lachten in Erinnerung daran.

Nichtsdestotrotz blieb mein kleines Wiener Milchproblem. Der deutsche Kaffee mit etwas Milch, bei dem ich die Menge selbst bestimme, ist die rühmliche Ausnahme von meiner toleranten, internationalen Essenskultur. Das ist doch absolut zu akzeptieren, meiner Meinung nach. Ich spürte aber an jenem Tag, dass es besser war, den Besuch in dem Wiener Kaffeehaus unserer Wahl, bei welchem Herr Leopold in Lohn und Brot stand, zu beenden. Wir zahlten und schlichen uns freiwillig, obwohl niemand uns auf gut wienerisch mit »Schleich di« dazu aufgefordert hatte.

Aber schon am nächsten Tag, ungefähr zur gleichen Zeit, standen mir der Sinn und der Kreislauf erneut nach Koffein. Außerdem saß mir der Schalk im Nacken, meine Kampfeslust um die nach meinem Dafürhalten perfekte Tasse Kaffee war ungebrochen. So war es nicht verwunderlich, dass ich meiner Freundin mit wilder Entschlossenheit verkündete: »Lass uns ins Kaffeehaus gehen, zu Herrn Leopold.«

»Muss das sein?«, fragte Kirsten genervt. »Meinst du, heute wird das besser als gestern? Die werden wegen dir nicht ihre Getränkekarte geändert haben. Oder möchtest du dich um den Titel NERVIGSTE KUNDIN DES JAHRES bewerben?«

»Ich lass das so nicht stehen«, posaunte ich siegessicher und steuerte auf das Kaffeehaus zu.

»Seit wann zeigst du masochistische Züge, Jolanda? Das ist ja ganz was Neues.«

Ich hörte ihr schon nicht mehr zu, zog sie in Richtung des gemütlichen Cafés, das wir schnell erreichten. Schon beim Betreten erblickte ich Herrn Leopold an der Theke mit einem Tablett in der Hand. Sofort kam er angewieselt und wies abermals dienstfertig auf einen der freien Plätze.

»Meine Damen, schön, Sie wieder zu sehen«, flötete er überaus freundlich.

Wir setzten uns.

»Was darf es heute sein? Soll ich Ihnen unsere Karte bringen?«

»Nein«, sagte ich genauso freundlich und schaute ihm in die Augen.

Sah ich da Unmut? Sicher nicht. Falls er auch nur ansatzweise dachte, die frustrierte Alte - also ich - geht mir auf den Keks, so konnte er derartige böse Gedanken hervorragend verbergen.

»Herr Leopold, ich möchte keine Melange, keinen Kleinen und keinen Großen Schwarzen oder Braunen. Bringen Sie mir bitte einen Verlängerten, auch wenn bei diesem Getränk keine Milch dabei ist, hätte ich gerne welche separat dazu. Für meine Begleiterin bitte einen Milchkaffee.«

»Sehr gerne, Gnä' Frau.«

Flugs war er zurück, servierte Kirsten den langweiligen Milchkaffee und mir den Verlängerten, eine relativ dünne schwarze Brühe in einer mittelgroßen Tasse. Die Krönung war meine separate Milch, geschätzt ein Viertelliter in einem Kännchen.

»Ist es so genehm?« wurde ich gefragt. »Ich habe die Milch für Sie anwärmen lassen.«

Sollte ich mich dafür auch noch bedanken? Kirsten wollte schon in Gelächter ausbrechen, als Herr Leopold uns noch nicht einmal den Rücken gekehrt hatte. Schnell trat ich ihr gegen das Schienbein.

Kaum war der Kellner außer Hörweite, prustete sie los: »Mahlzeit! Dünner Kaffee, dafür jede Menge Milch, ganz wie du es magst.«

Ich sagte gar nichts, nahm von der Milch einen halben Teelöffel weg und rührte diese drei Tropfen in den Kaffee.

»Und was machst du mit dem Rest?«, wollte Kirsten wissen.

»War eine blöde Idee, hier wieder herzukommen«, gab ich zu und schaute unglücklich auf mein Getränk.

»Ach komm, Kleines, halb so schlimm. Wir verlassen gleich diese Stätte und werden nie mehr zurückkehren. Soll der geschniegelte Typ doch denken, was er will. Der hat doch laufend mit schwierigen Touristen zu tun.« Sie lächelte mir verschwörerisch zu. »Wir teilen uns die Milch, lassen nicht einen Tropfen stehen. Dem zeigen wir es …«

So handelten wir. Nachdem ich meinen Kaffee ausgetrunken hatte, nahmen wir uns die noch ziemlich heiße Milch vor. Ich hasse warme Milch, seit ich als Kind diese regelmäßig mit Honig vorgesetzt bekam. Angewidert trank ich meine Tasse aus. Falls sich Herr Leopold beim Abräumen über das leere Milchgefäß wunderte, und er wunderte sich mit hundertprozentiger Sicherheit, ließ er sich das nicht anmerken. Mit stoischer Miene verabschiedete er uns, wenn es nach mir ginge, auf Nimmerwiedersehen. Auch wenn bei allem, was ich in dem Kaffeehaus unternommen hatte, der Schuss nach hinten losgegangen war, gab ich ein großzügiges Trinkgeld. Die Blöße, als kleinlich und hinterwäldlerisch zu gelten, würde ich mir auf keinen Fall geben.

Für den Rest der Reise mieden wir besagtes Café, wobei es sich in vergleichbaren gastlichen Stätten ähnlich verhielt mit dem Angebot. Am letzten Tag kamen wir am ehemaligen Flakturm im 6. Wiener Gemeindebezirk vorbei.

Dort ist einer der drei Wiener Zoos beheimatet, das Haus des Meeres, eine hauptsächlich aus Meeresaquarien und Terrarien bestehende Anlage. An der Außenseite befinden sich verschiedene Kletterwände, unter anderem die dreißig Meter hohe Wand, deren Erklimmung ich ein paar Jahre später als Challenge wählen sollte. Also ein Unternehmen, das mich herausfordert, aber ohne Sicherheitsrisiko. Man ist angegurtet, kann deswegen nicht abstürzen. Bin ja nicht lebensmüde. Keine und keiner wird vergessen, wenn es um den Tod, das letzte große Abenteuer geht. Also überflüssig zu drängeln, wir kommen alle dran, manche früher, manche später. Ich kann es abwarten.

Kirstens Story

Kirstens geheimnisvolles Liebesleben

Immer wenn ich bei meiner Freundin weile, bewundere ich sie wegen ihrer vielen Fähigkeiten. Sie kann einfach alles. Kochen, Backen, das Haus und den Garten in Ordnung halten, handelt strukturiert und hat ein gutes Zeitmanagement. Trotz Fulltime-Job in einer Behörde bleibt ihr genügend Freizeit. Jeder die Bequemlichkeit liebende Mann, der immer noch an ein längst überholtes Patriarchat glaubt, würde sich glücklich schätzen, sie als Frau zu haben. Ein Leben als Pascha wäre ihm gewiss. Für jeden anderen Mann wäre Kirsten selbstverständlich auch die Traumfrau schlechthin. Aber die rührige und perfekte Kirsten ist Single, fast. Die Vermutung liegt nahe, dass sie ein NV-Liebesleben hat, wobei NV für »nicht vorhanden« steht. Weit gefehlt! Um es vorwegzunehmen, Kirstens Liebesleben ist für mich ein Buch mit sieben Siegeln. Nicht dass es wegen der Fülle ihrer Liebhaber unübersichtlich wäre. Mitnichten! Ihre Beziehung ist harmonisch und konstant, sie und ihr Partner – ob man Georg wirklich so nennen kann, weiß ich auch nicht – sind sich seit vielen Jahren treu ergeben. Was das Mysteriöse für mich daran ausmacht, ist ihre Hartnäckigkeit und ihr Beharren auf diesem einen Mann, der für sie eigentlich tabu sein müsste. Wo die Liebe hinfällt …

Ich hätte mir für sie etwas ganz anderes gewünscht. Einen liebevollen Mann, laut ihrer Aussage ist Georg das durchaus, und Kinder, das allerdings ist mit dem liebevollen Georg nicht möglich. Meiner Meinung nach, und ich kenne Kirsten ja schon richtig lange, wäre dieses Lebenskonzept genau das richtige für sie gewesen. Gutbürgerlich, möglicherweise ein bisschen spießig. Aber läuft das Leben der meisten Menschen in Deutschland nicht in diesen ruhigen Bahnen und sie sind damit zufrieden? Ich war es sicherlich: zufrieden und glücklich. Jahrelang dachte ich, dass es für meine Freundin noch nicht zu spät sei, dieses kleine Glück zu erreichen. Eine Familie zu haben, hier in dem netten Reihenhäuschen vor den Toren von Hannover. Dem Häuschen ihrer Eltern, das sie geerbt hat. Niemals hat sie auch nur im Traum daran gedacht, es zu verlassen. Ihr Bruder Ulrich war bald weg, ließ sich ausbezahlen. Kirsten dagegen ist bodenständig und loyal.

Ein kleines bisschen Egoismus spielt mit, wenn ich denke, dass es für mich von Vorteil ist, denn durch ihre Familienlosigkeit stand mir meine Freundin in meinen schlimmsten Zeiten uneingeschränkt zur Verfügung. Bevor ich aufgegeben habe, ihr permanent zu unterbreiten, was meiner Meinung nach gut oder schlecht für sie und ihr Leben sei, habe ich mit Engelszungen auf sie eingeredet. Ich habe ihr vorgeworfen, dass sie ihre besten

Jahre vergeude, diese Jahre seien wie Perlen, nutzlos vor die Säue geworfen. Sie versicherte mir stur, aber glaubhaft, dass sie Georg liebe und dass daran nichts zu ändern sei. Da könne ich noch so viele Sprichwörter und Klischees bemühen, Belehrungen könne ich mir sparen, ebenfalls sei sie meine Schimpftiraden leid, die nur dazu führen würden, dass mein Mund fusselig werde. Zu meiner Ehrenrettung muss gesagt werden, dass ich es natürlich immer nur gut meinte und meine. Das wusste und weiß Kirsten ganz genau. Unsere Freundschaft war und ist so stabil, dass sie meine Einmischung in diesen persönlichen Bereich mühelos verkraftet hat.

So weit, so gut, oder eher ungut. Ab wann lief es für die liebe Kirsten aus dem bürgerlichen Ruder? Es gab einige Beziehungen in jungen Jahren. Kurzlebige und oberflächliche, denke ich mir. Freilich habe ich hin und wieder von der Existenz männlicher Wesen erfahren. Aber große Beichten gab es nie abzulegen. Diese Tatsache allein sagt mir, dass es nichts Weltbewegendes gewesen sein kann. Sonst wäre ich als beste Freundin eingeweiht worden. Da bin ich mir sicher. Wenn es nichts zu erzählen gibt, ist es nicht wichtig. Keine Nachrichten sind in den meisten Fällen sogar gute Nachrichten.

Hans und ich waren schon ein altes Ehepaar, es war Ende der Neunziger, als ich bei einem unserer Freundinnen-Treffen jedoch eine Veränderung an Kirsten bemerkte. Kirsten und ich näherten uns bereits dem jeder Frau angstmachenden vierzigsten Geburtstag. An diesem Tag war ein Funkeln in ihren Augen, welches ich vorher noch nie bemerkt hatte. Das kühle Nordlicht strahlte.

»Was ist los?«, fragte ich neugierig.

Zu meinem Erstaunen wurde sie innerhalb einer halben Sekunde knallrot. »Äh …, hm …«, stammelte sie mit zaghafter Stimme, was mich noch mehr überraschte. Normalerweise hatte die schlagfertige Freundin immer gleich eine passende Antwort parat, war also selten derart verlegen.

»Ich glaube, ich habe mich ein bisschen verliebt und es wird Zeit, dir das heute zu sagen. Das habe ich mir fest vorgenommen«, gestand sie mir und lächelte dabei tatsächlich wie ein schüchterner Teenager.

»Kirsten!! Das ist doch wunderbar«, sprudelte ich begeistert hervor. »Dass ich das noch erleben darf«, spöttelte ich sogleich. »Erzähle mir ALLES«, forderte ich meine Freundin auf. »Ich wusste es, irgendwann findet jeder Topf seinen Deckel. Wo habt ihr euch kennengelernt? Wie heißt er? Wie alt ist er?« Ich klatschte enthusiastisch in die Hände. »Wann werdet ihr heiraten?«, ergänzte ich noch augenzwinkernd.

Kirstens strafender Blick traf mich. »Jolanda! Du bist unmöglich.«

»Entschuldige. Aber weißt du überhaupt, wie lange ich schon darauf warte, dich glücklich in einer Beziehung zu sehen? Das wurde höchste Zeit, altes Mädchen.« Ich nahm ihre Hand und drückte sie liebevoll.

»Bin ich denn als Fast-Vierzigerin schon alt?« Kirsten hob in einer gespielt verzweifelten Geste die Hände.

»Alter ist relativ. Um den richtigen Mann zu finden und eine Familienplanung ins Auge zu fassen, ist Vierzig in der Tat die Obergrenze, meiner Meinung nach. Aber jetzt sag doch endlich, was Sache ist. Ich halte diese Ungewissheit keine Minute mehr länger aus«, verlangte ich aufgeregt.

Kirsten sah mir schweigend in die Augen, bestimmt eine Minute lang. Ich bemerkte, wie sie innerlich um die richtigen Worte kämpfte und wurde langsam unruhig. Was stimmte nicht?

»Sein Name ist Georg. Er ist fünf Jahre jünger als ich …«, begann Kirsten zögernd.

»Das ist doch nicht schlimm!«, platzte ich heraus und fuhr sogleich belehrend fort: »Ich kenne glückliche Paare, da ist der Altersunterschied noch viel größer, also auch diese Konstellation: Frau älter als Mann. Ich weiß, umgekehrt ist eher die Regel. Aber du wirst dich doch nicht von so starren Klischees beeindrucken lassen, wer in einer Beziehung älter oder jünger zu sein hat?« Mittlerweile wurde meine Stimme immer schriller.

Kirsten brachte mich mit einer unwirschen Handbewegung zum Schweigen. »Jetzt halt doch mal deinen vorlauten Schnabel und höre dir alles in Ruhe an, bevor du deinen altklugen Senf dazugibst. Ich habe fast ein schlechtes Gewissen, dass ich dir noch nichts erzählt habe. Das mit Georg geht schon über ein Jahr.«

Mannomann, warum machte sie es so geheimnisvoll? Dieser Georg, von dessen Existenz ich erst vor wenigen Minuten erfahren hatte, fing jetzt schon an, an meinen Nerven zu zerren. Zwei geschlagene Stunden später, als ich alles wusste, war es um mein Nervenkostüm nicht viel besser bestellt.

Amors Pfeil traf Kirsten nicht auf der Stelle, als sie Georg zum ersten Mal sah. Love at first sight? Weit gefehlt. Es war höchstens ein kleiner Streifschuss, keinesfalls ein Treffer mitten ins Herz. Schon damals arbeitete sie in besagter Behörde im nichttechnischen gehobenen Verwaltungsdienst, hatte an einer Fachhochschule studiert und ist ihrem ersten Arbeitsplatz bis heute treu geblieben. Kirsten bekleidet in diesem Amt einen höheren Posten, hat sich permanent nach oben gearbeitet. Im Grunde ist so eine Beamtenlaufbahn ja ein Selbstläufer, wenn man sich nichts zuschulden kommen lässt. Die Beförderungen kommen nach einer bestimmten Wartezeit.

Als Georg neu in die Verwaltung kam, hatte sie schon die Leitung der Abteilung inne, war also genau genommen von Anfang an seine Chefin. Die Stelle war länger als geplant vakant gewesen und Kirsten war glücklich, als sie endlich besetzt werden konnte. Sie war deshalb nicht wählerisch und umso zufriedener beim Anblick des Neuen. Ein ruhiger, angenehmer junger Mann knapp über dreißig stand da vor ihrem Schreibtisch und gab ihr artig die Hand. Sympathie sei vom ersten Moment an im Spiel gewesen, versicherte mir Kirsten bei ihrer Schilderung der Anfänge ihrer Liebesbeziehung. Aber mehr auch nicht, obwohl sie schon ein wenig traurig war, als sie seinem Personalbogen entnahm, dass ihr neuer Mitarbeiter verheiratet war, verheiratet und Vater einer Tochter. Schade, denn der Schlag ihres Herzchens hatte prompt minimal an Tempo zugelegt, als sie ihn zum ersten Mal sah. Aber gut, dass sie schon eine halbe Stunde später beim Durchlesen seiner Vita wusste, dass Gedanken in irgendeine amouröse Richtung überflüssig waren. Er war verheiratet und tabu. Trotzdem war es für das Arbeitsklima sicher nicht von Nachteil, wenn man sich gut verstand bei der Zusammenarbeit. Georg integrierte sich nahtlos in die kleine Abteilung und kam mit allen Mitarbeitenden hervorragend aus. So war es und so blieb es ein paar Monate. So war es und so blieb es bis zur ersten Weihnachtsfeier.

Die Weihnachtsfeier im Ressort Umweltschutz war nichts Großartiges. Man traf sich zu einem festlichen Essen in einem guten Restaurant. Dabei wurde die Kaffeekasse geplündert. Der Inhalt reichte meist für die relativ kleine Abteilung, der Kirsten vorstand. Man hatte sich vor geraumer Zeit gemeinschaftlich einen Kaffeevollautomaten zugelegt. Für jede Tasse der unterschiedlichsten Kaffeespezialitäten, welche die Maschine zubereitete, wurde ein kleiner Betrag bezahlt. Nach Abzug der Wartungskosten blieb am Jahresende eine nette Bargeldsumme, die ihre Verwendung bei dem weihnachtlichen Festmahl fand. In der Regel verlief der Abend in Harmonie und Eintracht. Man kannte sich schon lange, untereinander herrschte allgemein das vertrauliche Du als Anrede, auch der Abteilungsleiterin gegenüber. Heute Abend hoffte Kerstin, dass die Stimmung wieder so locker wie immer wäre und dass sich endlich die Gelegenheit bieten würde, Georg, dem dienstjüngsten Mitarbeiter, das Du anzubieten. Nach dem Genuss des köstlichen Drei-Gänge-Menüs verteilte die Chefin eine Flasche vorzüglichen Rotwein an jeden Mitarbeitenden und bedankte sich für die gute Zusammenarbeit. In den folgenden Stunden war die Atmosphäre locker und entspannt. Auch ohne viel Alkohol, zumindest was Kirsten betraf. Sie würde sich hüten, auch nur einen Tropfen zu viel zu trinken, wollte auf keinen Fall riskieren, alkoholbedingt während eines Gesprächs nicht mehr Herrin ihrer Sinne zu sein. Nichts zu sagen oder zu tun, was ihr im Arbeitsalltag peinlich wäre. Darauf war sie sehr bedacht. Ihr war noch nie eine Situation entglitten. Mit zweitem Vornamen könnte sie locker und passend »Disziplin« heißen. Frau Kirsten Disziplin Klettmann. Nett anzuhören, aber sie wusste genau, dass sie den Spitznamen beziehungsweise den Namenszusatz »Die Eiserne« trug. Hinter ihrem Rücken wurde sie schon in jungen Jahren an ihrer Arbeitsstelle so genannt Aber das war ihr egal. Sie trug die Bezeichnung mit Würde.

Leider saß Georg während des Abends am anderen Ende des Tisches. Es ergab sich weder die Gelegenheit für die Aktualisierung der gegenseitigen Anrede noch für ein etwas persönlicheres Gespräch. Sie bedauerte es. Wäre nett gewesen, schließlich wusste sie mehr oder weniger genaue Details aus dem Leben aller Anwesenden hier, hatte auch vereinzelt privat Kontakt. Mit Rosa, ihrer Sekretärin, verband sie sogar eine nette Freundschaft. Kirsten nahm sich vor, Georg in den nächsten Tagen bei der Arbeit im Amt in ihr Büro zu bitten und das heute zwangsläufig Versäumte nachzuholen.

So neigte sich der Abend zu später Stunde dem Ende zu. Das Lokal befand sich etwas außerhalb, aber noch im Bereich von öffentlichen Verkehrsmitteln, die von den meisten heute genutzt wurden. Kirsten war mit dem Auto gekommen. Sie fand die Fahrerei mit Bus, Stadt- und S-Bahn spätabends nicht sonderlich reizvoll. Eigentlich wollte sie spontan eine Mitfahrgelegenheit anbieten, von einigen wusste sie, dass das sinnvoll wäre. Als sie aber ihr Auto vom Parkplatz hinter dem Restaurant geholt hatte, war die Gruppe vor dem Eingang schon in alle Winde zerstreut. Nur Georg stand noch da, hatte sich einen dicken Schal umgebunden und tippte auf seinem Handy herum.

»Kann ich Sie irgendwohin mitnehmen?«, fragte Kirsten durch das geöffnete Seitenfenster.

»Frau Klettmann«, rief er erfreut. »Das wäre nett. Eigentlich wollte mich meine Frau abholen, aber Clara schläft noch nicht. Sie möchte sie nicht alleine lassen, solange sie wach ist. Ich wollte mich gerade informieren, wie ich öffentlich heimkomme.«

»Steigen Sie ein, bevor Sie sich bei dieser Kälte den Tod holen.« Kirsten öffnete ihm von innen die Beifahrertür und ließ mit dieser kleinen Geste die große Liebe in ihr Leben.

»Jetzt bin ich aber richtig gespannt, wie es weitergeht«, stammelte ich atemlos und winkte der Kellnerin, um zwei Radler zu bestellen.

Wir saßen bei diesem Gespräch vor vielen Jahren, bei dem mir Kirsten ihre Liebe zu Georg gestand, im Biergarten bei spätsommerlichen Temperaturen.

»Ich habe das Gefühl, deine bisherigen Ausführungen waren nur wie eine Einleitung. Georg ist also verheiratet …«

Unsere Getränke wurden gebracht. Bis jetzt hatte ich es tatsächlich geschafft, meine Freundin nicht zu unterbrechen. Nun gönnten wir uns eine kleine Pause, tranken durstig von dem Biergemisch, selbstverständlich war es »Radler sauer«, also mit Mineralwasser gemischt, nicht mit Limonade. So wie es viele Frauen trinken und den meisten Männern ein Gräuel ist. Dann erfuhr ich den Rest, alles über Kirstens glücklich-unglückliche Beziehung.

Georg hatte bei der Weihnachtsfeier dem Alkohol mehr zugesprochen als seine Chefin. Es war aber keineswegs unangenehm für Kirsten. Er verhielt sich tadellos, versuchte in keinster Weise, ihre Zweisamkeit in dem Wagen irgendwie auszunutzen.

Wäre ja auch dämlich, wenn man es richtig überlegt, sich der Chefin gegenüber ungebührlich zu verhalten. Aber unter alkoholischer Beeinflussung ist manch einer oder eine nicht ganz zurechnungsfähig. Der Klassiker Weihnachtsfeier! Prädestiniert für Entgleisungen aller Art für Männlein wie Weiblein. Am nächsten Morgen dann das große Erwachen, die Erkenntnis, dass man Mist gebaut hat, und die verzweifelten Überlegungen in Richtung Schadensbegrenzung. Schließlich wollte und musste man auch in Zukunft zusammen arbeiten. Sich aus dem Weg zu gehen, ist auf der

Arbeitsstelle nicht nur suboptimal, sondern schlichtweg unmöglich.

Das Einzige, was der Alkohol mit Georg anrichtete an diesem Winterabend, war die Steigerung seiner Redseligkeit. Da leistete der Wein ganze Arbeit und lockerte die Zunge des an sich eher introvertierten jungen Mannes. Kirsten wollte ihn bis an die Haustür bringen. Die Adresse war ihr ja bekannt, sie wusste, dass er nicht weit weg von ihrem Haus wohnte.

Als erstes holte sie das Versäumte nach und sagte ganz einfach: »Jetzt habe ich heute doch noch Gelegenheit, das DU anzubieten. Das Arbeitsklima soll in unserer Abteilung ganz locker sein.«

Georg antwortete gleichfalls ganz einfach: »Das freut mich sehr. Ich fühle mich bei Ihnen, entschuldige, bei dir sehr wohl.«

»Danke, das höre ich gerne. Schade, dass wir momentan nicht darauf anstoßen können. Trotzdem ist diese halbstündige Fahrt doch eine gute Gelegenheit, dass ich etwas mehr von dir erfahre, Georg. Du hast eine Tochter, nicht wahr?«

»Ja, Clara, unser Sorgenkind.«

Und als wäre die Erwähnung seines Kindes das Stichwort gewesen, öffneten sich die Schleusen und Georg schüttete der Chefin in ungewohnter Offenheit sein Herz aus. Wobei sich Kirsten nicht sicher war, ob ihm in dieser Situation wer auch immer zum Reden willkommen gewesen wäre, einfach ein Mensch, der ihm zuhörte. Sie war sich genauso wenig sicher, ob dieser Redeschwall im nüchternen Zustand auch den Weg von seinem Innersten nach außen gefunden hätte. Aber das war ihr egal. Sie konnte gut zuhören und erfuhr ein sehr trauriges Schicksal.

Die Demontage einer glücklichen kleinen Familie

Georg und Susanne heirateten relativ jung mit Anfang Zwanzig, was Mitte der Achtzigerjahre nichts Außergewöhnliches war. Schwer verliebt, doch finanziell eher noch unbemittelt, suchten sie nach einer günstigen Gelegenheit, sich ein Nest zu bauen. Die ergab sich durch das Angebot von Susannes Eltern, deren Einfamilienhaus durch einen Anbau zu erweitern. Finanzielle Unterstützung bei diesem Vorhaben wurde ebenfalls zugesagt. So zog das frisch verheiratete Paar schon bald in die eigenen vier Wände. Die Vorzeichen standen auf glückliche Zukunft in leuchtenden Farben. Die beiden Turteltäubchen sprudelten förmlich über vor Freude auf das gemeinsame Leben und machten Pläne über Pläne. Kinder, mindestens drei Kinder, das war der erklärte Wunsch, von der Priorität her an erster Stelle. Diese Sehnsucht sollte bald in Erfüllung gehen. Eine Schwangerschaft kündigte sich ein Jahr nach der Hochzeit an. Tochter Clara war der erste Glücksstein auf dem Lebensweg. Gerne wollten sie in den nächsten Jahren noch mehrere Glückssteine folgen lassen. Der kleine Wirbelwind mit den hellblonden Locken begeisterte seine Eltern rund um die Uhr. Selbst schlafend schaffte es das Kind, die beiden zu entzücken, die sich nicht satt sehen konnten an dem kleinen Wesen in seinem Kinderbettchen. Die ersten beiden Jahre verliefen turbulent, aber geordnet. Mit vierzehn Monaten konnte das Kleinkind laufen und nutzte diese neue Fähigkeit mit wachsender Begeisterung. Mit vierundzwanzig Monaten wollte das Kleinkind nicht mehr laufen. Die Eltern waren ratlos. Immer öfter weinte das Töchterchen, blieb wackelnd stehen mit erhobenen Ärmchen und wollte hochgenommen werden. Auf Mamas oder Papas Arm war Clara schnell wieder zufrieden. Sie konnte sich mit zwei Jahren schon mit einfachen Wörtern ausdrücken. Georg und Susanne versuchten deshalb, den Grund für das veränderte Bewegungsmuster zu erfragen.

Am Anfang sagte Clara gar nichts dazu, machte so, als würde sie die Frage »Aber Clara, du großes Mädchen, du kannst doch schon laufen. Warum möchtest du denn getragen werden?« nicht hören oder reagierte bockig. Es dauerte nicht lange und die Kleine schrie beim morgendlichen Aufstehen laut auf, unverkennbar ein Schmerzensschrei. Bei den ersten Schritten an jenem Unglücksmorgen bemerkte Susanne, dass Clara hinkte. Sie hatte eindeutig Schmerzen beim Gehen und nahm automatisch eine Schonhaltung ein, was dazu führte, dass sie das eine Bein eigenartig nachzog. Voller Panik rief Susanne ihren Mann auf der Arbeit an. Georg war zu jener Zeit in einem Montagebetrieb beschäftigt und arbeitete Schicht. An diesem Tag, als der Anruf kam, war sein Dienstende nach einer Nachtschicht nahe. Er eilte besorgt nach Hause zu Ehefrau und Kleinkind, fand die Ehefrau in heller

Aufregung vor, das Kind hingegen ruhig auf einer Decke sitzend mit einem Bilderbuch in der Hand.

»Schau dir Claras Knie an«, schrie Susanne schon an der Haustür. Das besagte Gelenk war warm und geschwollen. Ab diesem Zeitpunkt ging es bergab.

Bei der zweijährigen Tochter wurde nach einer kurzen Ärzte-Odyssee Rheuma diagnostiziert. Georg und Susanne waren mehr als entsetzt. Sie hatten, wie so viele andere medizinische Laien, noch nie davon gehört, dass es das sogenannte Kinder-Rheuma überhaupt gibt. Landläufig waren sie der Meinung, diese entzündliche Gelenkerkrankung sei ein Leiden von hauptsächlich älteren Menschen. Sie mussten sich leider eines Besseren belehren lassen. Clara war von einer schweren Form der juvenilen idiopathischen Arthritis betroffen. Bei manchen Kindern sind die Heilungschancen bei einer rheumatischen Erkrankung gut. Sie haben im Erwachsenenalter keine Beschwerden mehr und brauchen auch keine weitere medikamentöse Behandlung. Andere wiederum müssen Medikamente nehmen und können dadurch ein beschwerdefreies Leben führen.

Clara gehört zu dem traurigen Rest, der trotz Behandlung auch noch im Erwachsenenalter mit Schüben kämpft und nach wie vor beeinträchtigt ist. Dieser Verlauf war bei der Diagnose natürlich noch nicht vorauszusehen. Dennoch reichte die bittere Wahrheit über das Leiden ihres Kindes aus, um das bisherige zufriedene und ausgeglichene Familienleben nachhaltig zu zerstören. Die Krankheit war wie eine Decke aus Zukunftsangst, Sorge,

Mitleid und permanenter Überforderung, die sich als grauer Schleier über das Dasein des Paares legte. Vor allem Susanne konnte mit der unumstößlichen Tatsache nicht umgehen.

Eine Kombination aus medikamentöser, krankengymnastischer, ergotherapeutischer und orthopädischer Therapie wurde bei dem Kleinkind zügig eingeleitet. Die medizinische Versorgung war sicherlich optimal unter den gegebenen Voraussetzungen. Trotzdem überstieg der Umgang mit der neuen Situation Susannes Kräfte von Anfang an.

Ein halbes Jahr nach Ausbruch von Claras Krankheit benötigte die Mutter zum ersten Mal selbst ärztliche Hilfe wegen einer sich anbahnenden Depression. Alle halfen zusammen: Georg, Susannes Eltern in der angrenzenden Wohnung, Therapeuten und der Freundeskreis. Georg gab den Schichtdienst auf, um in den Nächten bei seinem Kind zu sein, wenn es Schmerzen hatte, fasste langfristig eine Umschulung ins Auge in einen Beruf, bei dem er es leichter haben würde als bei der körperlich anstrengenden Montagearbeit. Susanne hatte nach der Geburt von Clara sowieso noch nicht wieder an ihrer alten Arbeitsstätte, einem Architekturbüro, gearbeitet, was sie eigentlich vorgehabt hatte. Clara war schon in einer Kindertagesstätte angemeldet, als sie krank wurde. Andererseits sollte nach den Plänen des Ehepaares ohnehin schnellstens ein zweites Kind her, sodass sie in der Tat überlegt hatten, ob es sich für die Mutter überhaupt lohne, wieder mit der Arbeit zu beginnen. Nun war an eine Fortsetzung der Beschäftigung mit dem kranken Kind an ihrer Seite nicht mehr zu denken. Sie kündigte und widmete ihre ganze Aufmerksamkeit ausschließlich der leidenden Tochter. Georg erkannte schnell, dass es für seine zartbesaitete Frau unmöglich war, in ein normales Leben zurückzufinden. Sie stritten sich mehr und mehr. Susanne warf ihrem Mann vor, egoistisch zu sein und sich nicht genügend um Claras Wohl zu sorgen. Georg warf seiner Frau vor, ihr gemeinsames Leben an die Wand zu fahren. Schließlich gebe es genügend Familien, die mit einem solchen oder noch schlimmeren Schicksalsschlag fertig werden müssten. Das Leben müsse weitergehen. So wie es momentan sei, gingen alle vor die Hunde, als erstes ihre Ehe. Schließlich fand sich ihr kleines Mädchen erstaunlich gut zurecht, war mit den Medikamenten optimal eingestellt. Er war davon überzeugt, dass sie alle in eine Normalität zurückfinden könnten, wenn sie nur wollten und vernünftig seien. Das alles predigte er seiner Susanne mal mehr geduldig, mal weniger. Oft im heftigen Streit. Als bestes Heilmittel schlug er ein zweites Kind vor. Das war allerdings das Letzte, was sie hören wollte. Selbst Susannes Eltern drangen nicht mehr zu ihrer Tochter vor und konnten sie nicht zur Vernunft bringen.

Die Angst und die Verantwortung hatten Georgs Ehefrau zermürbt. Fieberschübe, geschwollene und schmerzende Gelenke, durchwachte Nächte und die Bedenken, welche Nebenwirkungen die Medikamente in dem kleinen heranwachsenden Körper anrichten könnten – die Sorge um Clara bestimmten Susannes ganzes Denken und Handeln. Sie war in ein tiefes Loch gefallen. Lange wollte sie keine Hilfe für sich selbst in Anspruch nehmen. Sie gestand sich nicht ein, dass sie sich selbst im Wege war und dass ohne ihre seelische Gesundung ein Familienleben wie vor Claras Erkrankung nicht möglich war. Durch eine psychotherapeutische Behandlung besserte sich schließlich ihre akute Depression. Der Serotonin-Spiegel in ihrem Gehirn war durch die Medikamentengabe wieder im Gleichgewicht. Lange Gespräche mit dem Psychologen fruchteten endlich und ermöglichten ihr, besser mit dem Schicksalsschlag, der sie so sehr aus der Bahn geworfen hatte, umzugehen. Trotzdem war Georgs Susannchen, seine große Liebe, die Frau, mit welcher er den Rest seines Lebens glücklich sein wollte - und er war davon überzeugt, dass dieser Plan unter anderen Umständen aufgegangen wäre - nicht mehr dieselbe. Zwar erinnerte die zierliche, brünette Frau schon immer an ein Reh, aber früher an ein quirliges, vor Lebenslust übermütiges Waldtier. Nun waren es nur noch die großen Rehaugen, die die Umgebung scheu musterten und denen man es in dem hageren Gesicht ansah, dass sich die Trägerin am liebsten verkriechen würde. Georg gab die Hoffnung auf Besserung in irgendeiner undefinierbaren Form nie auf, was seine Ehefrau betraf und sein Kind. Er machte eine Umschulung, schlug eine Laufbahn im mittleren Beamtendienst ein und landete in Frau Kirsten Klettmanns Abteilung, als Clara zehn Jahre alt war.

Kirstens kompliziertes Liebesleben

Es setzte leichter Schneefall ein. Nach einer knappen halben Stunde bog Kirsten mit ihrem Fahrgast in die ruhige Seitenstraße ein, wo sein Wohnhaus stand.

»Da sind wir«, sagte Kirsten zu Georg, der mit dem Reden vor ein paar Minuten aufgehört hatte, und nun wie ein Häufchen Elend zusammengesunken auf dem Beifahrersitz kauerte und vor sich hinstarrte.

»Danke fürs Heimfahren und fürs Zuhören«, antwortete er leise.

»Es tut mir sehr leid, dass eure Clara so krank ist. Wenn ich irgendwie helfen kann, lass es mich wissen, Georg.«

»Ich muss da jetzt rein«, stammelte dieser. »Und wahrscheinlich bekomme ich nur Vorwürfe zu hören, weil ich es mal wieder wagte heute auszugehen. Clara ist immer noch wach«, stellte er mit einem Blick auf das erleuchtete Kinderzimmerfenster fest. »Sie hat sicherlich Schmerzen. Das ging den ganzen Tag schon so. Susanne musste sie von der Schule abholen. Wenn das Kind einen Schub hat, ist meine Frau noch angespannter und unausgeglichener als sonst. Auch ungerecht mir gegenüber. Ich kann machen, was ich will, es ist immer falsch. Kein Wunder, dass ich es oft nicht aushalte. Die Feier heute kam mir gerade recht, andererseits plagt mich das schlechte Gewissen, wenn es mich fortzieht. Aus meiner sanftmütigen und lebenslustigen Susanne ist eine verbitterte und verhärmte

Frau geworden, mit der das Zusammenleben von Tag zu Tag schwieriger wird.«

Ihm versagte die Stimme und Kirsten befürchtete, dass er zu weinen anfängt. Doch er öffnete die Autotür und stieg aus.

»Gute Nacht, Kirsten.«

»Georg, wann immer du Redebedarf hast, ich bin für dich da«, rief ihm Kirsten nach.

»Willst du mir etwa sagen, dass diese Heimfahrt der Beginn eurer Liebe war und dass das Ganze tatsächlich schon ein ganzes Jahr andauert?«, unterbrach ich meine Freundin bei ihrer Erzählung. »Wie stellst du dir denn eure Zukunft vor?«

»Keine Ahnung«, bemerkte Kirsten. »Zukunft wird es für uns nicht wirklich geben, zumindest keine gemeinsame.«

»Und damit bist du jetzt zufrieden? Mit deiner Rolle als Seelenklempnerin für einen verzweifelten Familienvater, der zuhause ein krankes Kind und ein keifendes Weib hat?«, sprudelte ich nun los.

»Jolanda«, versuchte Kirsten mich zu bremsen. »Genau das ist der Grund, warum ich mich dir erst jetzt anvertraue. Ich wusste, dass dir das mit mir und Georg nicht behagt, um es vorsichtig auszudrücken. Aber mittlerweile ist unsere Beziehung so gefestigt, dass du rumstänkern kannst, wie du willst. Wir lieben und wir brauchen uns.«

»Entschuldige, meine Liebe, er braucht DICH. Du könntest doch einen ganz anderen Mann an deiner Seite haben. Noch ist es nicht zu spät. Warum tust du dir das an? Ich gehe davon aus, dass Georg sich nicht scheiden lassen wird, oder?«

»Auf gar keinen Fall«, gestand Kirsten. »Er würde seine Frau nie verlassen. Wahrscheinlich liebt er Susanne sogar noch, obwohl sie es ihm wahrlich schwermacht. Und seine Tochter lässt er erst recht nicht im Stich. Dass du so hartherzig bist und das nicht verstehen kannst!« Sie schaute mich vorwurfsvoll an.

Sogleich fühlte ich mich in der Defensive und sah mich empört zu einer wortreichen Verteidigung genötigt.

»Ich bin doch nicht hartherzig. Selbstverständlich reicht meine Empathie, um vollstes Mitleid zu haben mit dem Schicksal dieser Familie. Erstens mit dem Kind, das vielleicht sein Leben lang mit einer chronischen Erkrankung zu kämpfen hat, zweitens mit der Frau, der man keinen Vorwurf machen kann, dass sie darüber depressiv geworden ist. Das ist auch eine chronische Krankheit, hab' ich mal gelesen: Suizid wegen einer Depression sei die zweithäufigste Todesursache weltweit. Das muss man sich mal vorstellen. Nicht zuletzt mit deinem Georg, der genauso leidet wie seine Frau, aber richtig erkannt hat, dass es nur einen Weg gibt, um weiterleben zu können. Und das sind die Akzeptanz und der Versuch, das Beste aus der vertrackten Situation zu machen. Er tut mir richtig leid, weil er ja noch zusätzlich den Druck durch seine Frau und seine Gewissensbisse aushalten muss. Eine ganz üble Sache ist das. Jetzt kommt das große Aber. Du kannst nichts dazu und opferst dich. Das gefällt mir gar nicht. Du bist meine Freundin.« Ich schaute ihr in die Augen.

»Danke für deine Freundschaft, Jolanda. Das hast du alles schön gesagt und analysiert. Aber ohne mich wäre Georg erst recht verloren. Ich bin keine Heilige und würde das sicher nicht für ihn machen, wenn ich ihn nicht aufrichtig lieben würde. Er hat mir das übrigens sehr anschaulich erklärt. Dass ein Kind für seine Eltern immer an erster Stelle kommen sollte, ist selbstverständlich. Schon allein deshalb kommt es für ihn nie in Frage, der familiären Konstellation den Rücken zu kehren. Zudem ist seine Frau für ihn in ihrer ganzen Verletzlichkeit und Hilflosigkeit wie ein zweites Kind, hat also den gleichen Status wie Clara. Braucht und verdient Liebe und Fürsorge.«

»Und welchen Status hast du?«, lautete daraufhin meine logische Frage.

»Ich bin die Geliebte!« Kirsten sagte das, als wäre es vollkommen normal, die normalste Tatsache auf der Welt und könnte gar nicht anders sein. Ihr Schicksal und ihre Bestimmung, mit der sie sich arrangiert hatte. »Georgs Geliebte, die Frau, die er liebt oder wie würdest du es formulieren? Ich werde von ihm geliebt. Ist das folglich nicht ein großes Glück, eine Geliebte zu sein, Jolanda?«

Ich konnte mir natürlich eine kleine Stichelei nicht verkneifen: »Seine Geliebte, aber bestimmt nicht die Geliebte nach landläufiger Meinung.«

Kirsten sah mich stirnrunzelnd an. »Was kommt denn jetzt wieder für ein überflüssiger Kommentar von dir, der Frau, der nichts heilig ist?«

Ich ließ mich von diesem Einwurf nicht beirren.

»Bei dem außerehelichen Verhältnis am Arbeitsplatz denkt man doch an den Klassiker. Da wäre die kleine, süße Sekretärin und der um viele Jahre ältere Chef mit der gnä' Frau zuhause, die auf keinen Fall von der Liaison erfahren darf. Ansonsten würde sie als feuerspeiender Drachen dem untreuen Gatten die Hölle heiß machen. Die naive Vorzimmerdame bekommt von ihrem Vorgesetzten das Blaue vom Himmel herunter gelogen, wird vertröstet und mit leeren Versprechungen abgespeist. So à la ›eines Tages würde er sich scheiden lassen und anstelle der Alten die Junge heiraten‹. Nach diesem Motto halt«, feixte ich.

Nein, so war es bei meiner Freundin nicht. Bei ihr wurde mit offenen Karten gespielt. Niemand machte irgendjemandem etwas vor. Es dauerte Jahre, bis ich aufgab und meinen vorlauten Mund hielt. Kirstens Liebschaft war und ist bis zum heutigen Tag ein ewig sprudelnder Quell von Bedenken und Ermahnungen meinerseits sowie Beschwichtigungen und Erklärungen ihrerseits. Jahrelang habe ich ohne Ergebnis darauf herumgehackt. Kirsten, die Eiserne, ließ sich von nichts beeinflussen und nicht von ihrem einmal eingeschlagenen Weg abbringen.

Ich seufze, als mir das alles bei meinem Aufenthalt bei Kirsten durch den Kopf geht. Meine Freundin weiß, dass sie immer der Schatten im Hintergrund bleiben wird, nie die erste, sondern nur die zweite Geige spielen darf. Zu zweit und doch allein, denn die Wochenenden und Feiertage, wenn Paare Zeit für Gemeinsamkeit haben, gehören immer Georgs Familie. Für Kirsten bleibt nur ein wenig gestohlenes Glück im Verborgenen. Sie betont immer, wie glücklich Georg und sie in ihrer kleinen Oase sind. Außer mir weiß niemand etwas über die Beziehung. Freilich war die erste Maßnahme, nachdem sich die Liebschaft gefestigt hatte, das Wechseln von Georgs Arbeitsstelle. Er bewarb sich in einer Kurklinik in der Finanzabteilung. Sollte sich jemand in Kirstens Abteilung über Georgs Kündigung gewundert haben, und das war sicherlich so, wurde diese Verwunderung nie thematisiert, wenigstens nicht der Chefin gegenüber. Auf die abstruse Idee, eben diese Chefin könnte ein Verhältnis, eine Amour fou, zu ihrem schüchternen Untergebenen pflegen, kam niemand. Davon ist Kirsten überzeugt. Es drang ihr nie etwas Verdächtiges zu Ohren. Solange Kirstens Eltern lebten, war es ausgeschlossen, sich in ihrem Haus zu treffen. Aber seit sie dort allein residiert, ist ihr Zuhause das Liebesnest der ersten Wahl. Trotzdem ist Wachsamkeit geboten. Ein großer Vorteil ist die Garage, von welcher man direkt den Wohnbereich erreichen kann. Auto rein, Garagentor zu, neugierige Augen haben keine Chance. Kirsten kann von Glück sagen, keine Nachbarin wie Frau Berta Boberich, ihres Zeichens die Neugierde in Person, neben sich wohnen zu haben. Damit bin ich gesegnet, aber das ist ein anderes Thema. Not macht erfinderisch, sagt Kirsten immer. Und schließlich haben Georg und sie es mittlerweile geschafft, dieses Liebes-Modell über zwanzig Jahre aufrechtzuerhalten. Das ist mehr als unglaublich. Clara wohnt schon lange nicht mehr bei den Eltern. Sie ist seit ihrem Studium in München daheim ausgezogen. Heute ist sie dort Lehrerin an einer Grundschule und hat einen Lebensgefährten. Ihre Krankheit hat sie soweit im Griff. Schließlich kennt sie es nicht anders. Georgs Verhältnis zu ihr ist äußerst liebevoll. Von ihrer Mutter fühlt sie sich nahezu erdrückt. Das war auch der Grund, so schnell wie möglich auszubrechen aus dieser einengenden Umgebung.

In meinen Kopf will es nicht rein, warum Georg nicht spätestens nach Claras Wegzug endlich reinen Tisch gemacht hat. Was hält ihn immer noch bei seiner Frau Susanne? Ich habe es akzeptiert und nehme es hin. Kirstens Liebesleben ist trotzdem immer mal wieder ein großes Thema zwischen uns. Aber einzig und allein ihr Wille geschehe. Jeder ist seines Glückes Schmied, muss Entscheidungen für sein Leben treffen und mit den Konsequenzen leben.

All die kleinen Glücke

Das Wochenende ist also überaus erfolgreich. Unser Hauptanliegen, die Planung, ist erledigt.

Ich wage zu guter Letzt doch noch einen Vorstoß, obwohl ich weiß, dass Kirsten dem ablehnend entgegenstehen wird. Ob es wohl möglich wäre, dass Georg mit uns nach Wien kommt? Schließlich ist es auch Kirstens sechzigster Geburtstag und ich könnte mir vorstellen, dass es für beide ein einzigartiges Erlebnis wäre, an diesem Tag zusammen zu sein. Würde es mir so sehr wünschen für sie. Ich steigere mich richtig in diesen Gedanken hinein, male es mir in leuchtenden Farben aus, wie sie endlich nach all den Jahren das stille Glück eines gemeinsamen Wochenendes genießen könnten. Ohne

Verstecken und Heimlichtuerei. Ich überlege sogar, ob es sinnvoll wäre, dass ich hinter ihrem Rücken Georg kontaktiere, und sie überrasche. Wäre das nicht toll, wenn er plötzlich auftauchte, um mit uns den großen Tag zu verbringen? Ich bliebe dezent im Hintergrund. Vielleicht würde ich Daniel mitnehmen. Ein bisschen Publikum bei meiner geplanten Klettertour wäre nicht schlecht. Dann hätten wir zwei männliche Begleiter. Der Gedanke gefällt mir immer besser. Aber ich traue mich nicht. Eine innere Stimme warnt, mich da einzumischen. Nein, das geht nicht. Fragen kostet aber nichts. So mache ich Kirsten diesen Vorschlag und sehe sofort die Ablehnung in ihren Augen. Wie erwartet, nimmt sie mir auf der Stelle den Wind aus den Segeln.

»Du kleine Romantikerin. Gib endlich auf. Ich weiß, dass du es gut meinst. Es ist okay. Georg und ich praktizieren dieses Modell einer heimlichen Beziehung nun schon seit einer halben Ewigkeit. Das ist unser Alltag, unser täglich Brot. Wir kennen es nicht anders und wollen daran nichts ändern. Wir haben nicht das große konstante Glück, aber all die kleinen Glücksmomente, die wie ein Puzzle aus wertvollen Momenten sind. Wer weiß, vielleicht ist diese heimliche Liaison sogar das Salz in unserer Beziehung? Einen Trott, in den viele Partnerschaften durch das alltägliche Einerlei und die Gewohnheit verfallen, kann es bei uns gar nicht geben. Die Schmetterlinge im Bauch flattern immer noch, ob du es glaubst oder nicht. Wir tun uns gut. Da kannst du so skeptisch schauen, wie du willst.«

»Auch auf die Gefahr hin, dass ich mich wiederhole ...« Bei diesem Einwurf muss ich lächeln, denn das ist schlichtweg eine absolute Untertreibung. Ich habe es ihr so geschätzt um die tausendmal gepredigt, mantraartig, wie in einer Endlosschleife. Würde mich nicht wundern, wenn wir bei solchen Gesprächen durch die permanente Wiederholung gähnend ruckzuck in Trance fallen würden.»… es ist halt so, dass ich den Eindruck habe, nur du gibst und Georg nimmt. Problembelastet ist ja nur sein Leben, an dem du Anteil nimmst, ihn berätst und unterstützt. Was hast du davon?«

»Schon mal was davon gehört, dass Liebe uneigennützig ist oder zumindest sein sollte? Sie sucht nicht ihren Vorteil. Kannst du alles in der Bibel nachlesen im Brief des Apostels Paulus an die Korinther.« Kirsten lächelt mich an, vollkommen eins mit sich und der Welt. Anscheinend ist da was dran, dass Zufriedenheit mit sich und der Welt der einzige Weg zum Glück ist.

Ich lächle zurück und sage: »Das brauche ich nicht nachzulesen, meine Liebe. Bei meiner Trauung mit Hans wurde auf dem Würzburger Käppele das HOHELIED DER LIEBE aus dem Korintherbrief vorgetragen. Es ist der Klassiker bei einer Vermählung.«

»Na siehste, noch Fragen?«

Ich gebe mich endgültig geschlagen. Mit der Bibel kann ich es nicht aufnehmen, denke ich fast belustigt. Dieser Gegner ist zu mächtig. Wer weiß, vielleicht haben Susanne und Georg denselben Text bei ihrer Hochzeit zu hören bekommen? Georg ist loyal seiner Frau gegenüber. Freilich betrügt er sie seit Jahren. Aber das kann man unter diesen Umständen als Selbstschutz interpretieren.

Er kompensiert die belastende familiäre Situation mit dem zeitweiligen Ausbruch aus dieser Enge. Schließlich muss er ja irgendwie überleben, ohne seelisch vor die Hunde zu gehen. Im Grunde kommt niemand zu Schaden bei der Geschichte. Überraschenderweise kann ich nach diesem Gespräch innerlich mit dem Thema abschließen. Mein Harmoniebedürfnis ist zufriedengestellt. Alle haben ihre Funktion und funktionieren tatsächlich nach einem wie immer gearteten Plan, den sich, wer auch immer, ausgedacht hat.

Es würde also kein romantisches Wochenende in einer Honeymoon-Suite eines Wiener Hotels für meine Freundin und ihren Geliebten geben. Schade! Wäre der Knaller zum Sechzigsten für sie gewesen. Ein sehr später Höhepunkt ihrer Liebschaft.

Ich weiß aber von einem vergleichbaren Date der beiden Turteltäubchen. In einem französischen Landhaus in Lothringen. Es ist viele Jahre her, es müsste um die Jahrtausendwende gewesen sein. Ich weiß so genau Bescheid, weil ich dabei war. Es war eines meiner wenigen Zusammentreffen mit dem sagenumwobenen Georg. Mein erstes Treffen mit ihm, unser Kennenlernen. Ich gab damals nicht nach, bis Kirsten mein Flehen erhörte. Im Drangsalieren bin ich gut.

»Ich-möchte-endlich-deinen-Georg-kennenlernen«, insistierte ich gewohnt heftig. »Es kann doch nicht sein, dass mir als beste Freundin der Glückliche nur vom Hörensagen bekannt ist. Ich kann kein Urteil abgeben, falls das überhaupt gewünscht ist.«

Schließlich gab Kirsten meinem Drängen nach. Vor allem auch deswegen, weil sich eine günstige Gelegenheit ergab.

»Also gut, du kleiner Wadenbeißer. Vorher gibst du ja doch keine Ruhe. Ich stelle ihn dir vor, bevor du mich mit deiner ewigen Fragerei systematisch in den Wahnsinn treibst«, sagte sie resignierend. »Wir treffen uns in einem etwas abgelegenen Haus in Frankreich. Susanne ist auf Kur mit Clara.«

Das hörte sich entspannt an, trotzdem konnte sich Georg nie ganz frei bewegen, solange die Schwiegereltern in unmittelbarer Nähe lebten. Ob sie wollten oder nicht, sie bekamen mit, was im Hause der Tochter vor sich ging. Also musste er sich selbst bei Abwesenheit der Ehefrau eine Legende einfallen lassen für seine gleichzeitige Abwesenheit. Für das Rendezvous im benachbarten Frankreich hatte er den Besuch bei einem Freund vorgeschoben, der Einzige von seiner Seite, der in Georgs außereheliche, amouröse Angelegenheit eingeweiht war. Mein männliches Pendant sozusagen. Der Plan war, dass Kirsten freitags anreiste, das gemietete Haus vorbereitete und inspizierte. Am Samstag sollte Georg nachkommen. Mein Part war, Kirsten in der Nacht von Freitag auf Samstag Gesellschaft zu leisten und dann samstags bei einem gemeinsamen Mittagessen ihren »Lover« zu treffen. Danach wäre ich dann logischerweise wieder überflüssig und würde mich selbstverständlich nach dem Kennenlernen des geheimnisvollen Freundes zurückziehen, beziehungsweise wieder abreisen. Ich freute mich sehr auf diese erste Begegnung und war mehr als gespannt. »Voulez-vous coucher avec moi ce soir?«, wie in schönstem, melodischem Französisch in einem Welthit gefragt wird. Dieser Songtitel fiel mir ein, als es damals nach Lothringen ging. Wer hier bei oder mit wem schlief, erübrigte sich zu fragen. Erst ich, getrennt von Kirsten im separaten Gästezimmer, und dann würde ich das Feld diskret dem jungen Glück überlassen, welches so selten Gelegenheit hatte und wohl noch immer hat, damit es sich ausschließlich um sich selbst kümmern konnte. Grand amour, wie schön!

Unter dem Schutz von Aimée

Das französische Landhaus hielt, was der Name versprach. Es war in Frankreich, in Lorraine, zu Deutsch Lothringen, und es war auf dem flachen Land, weitab größerer Ansiedlungen. Unsere Begeisterung war schon bei der ersten Inaugenscheinnahme groß. Ein kleines Juwel. Im unteren Stockwerk befand sich das große Wohnzimmer mit imposanten Portraits an den Wänden.

»Ob das wohl die Ahnengalerie ist?«, fragte ich Kirsten.

Unser Blick blieb an dem größten Gemälde hängen, das eine junge Frau zeigte, mit dunklen, hochgesteckten Haaren und ganz in Weiß gekleidet. Milde lächelte die Schöne von dem alten Bild herab. Staunend betrachteten wir ihr Bildnis in dem geschmackvollen Rahmen.

»Auf der Homepage steht, dass die heutigen Eigentümer lange dachten, das sei Clementine, eine

Vorfahrin der letzten Besitzer, aber sie ist es nicht«, wurde ich von Kirsten aufgeklärt.

Nachdem wir wiederum gebührend ihre geheimnisvolle Schönheit bewundert hatten, wendeten wir uns ab und dem Rest des Raumes zu. Er war wie das ganze Haus authentisch und stilvoll eingerichtet, mit viel Liebe zum Detail. Geschmackvolle Accessoires ergänzten die antiken Möbel und versprühten einen besonderen Charme. Schon die erste Besichtigung hinterließ einen tiefen Eindruck bei mir.

»Wie bist du denn an dieses schnuckelige Häuschen gekommen?«, wollte ich von Kirsten wissen.

»Tipp von einer Kollegin. Nicht ganz billig, aber das ist es mir wert. Wenn ich bedenke, dass Georg und ich nie zusammen Urlaub machen und auch nie ein gemeinsames Essen in der Öffentlichkeit genießen können. Da reut es mich mit dem Geld überhaupt nicht. Zudem ist es so schön abgelegen. Schau mal da hinüber. Dort liegt der kleine Ort, zu dem das Anwesen gehört. Es interessiert niemanden, wer sich hier aufhält, das Haus ist oft vermietet.«

Ich freute mich für die beiden und noch mehr freute ich mich, dass ich wenigstens kurz dabei sein durfte. Hans und Daniel waren heute an den Bodensee gefahren. Ich sollte morgen auf der Rückfahrt dazu stoßen. Ein perfektes Wochenende lag vor mir. Es gab momentan nichts, was meine gute Laune trüben könnte.

»Wir bleiben bis Donnerstag«, freute sich Kirsten. Sie strahlte, war ebenfalls bester Stimmung in Erwartung schöner, harmonischer Tage.

Nach einem leckeren Abendessen, das Kirsten für uns gezaubert hatte, und einem Glas französischen Rotweins war die Wohlfühlatmosphäre perfekt.

»Deine Quiche war so lecker«, seufzte ich zufrieden.

»Ich dachte, hier in Lothringen wäre eine Quiche Lorraine sehr passend«, erklärte Kirsten und schmunzelte. »Aber ich muss gestehen, dass das ein Probelauf war. Ich möchte diese Spezialität auch Georg kredenzen und wollte es einfach mal ausprobieren. Und der Salat war von den Bauern in der Umgebung hier.«

»Es ist dir alles mehr als gelungen. Aber oftmals klappt es nicht so gut, wenn es darauf ankommt«, versuchte ich, meine Freundin etwas aufzuziehen.

»Keine Bange, wir werden nicht verhungern. Notfalls müssen wir von der guten Luft und der Liebe leben.« Kirsten gab ihr glucksendes Lachen von sich. »Weißt du, was der Vermieter gesagt hat bei der Übergabe?«, fragte sie dann.

»Woher soll ich das wissen?«

»Er hat uns vorgewarnt, dass das alte Haus an allen Ecken und Enden knarrt. Wir bräuchten aber keine Angst zu haben. Das sind die alten Dielen, keine Gespenster. Man bemühe sich tatsächlich schon lange vergeblich um einen Hausgeist, der regelmäßig Präsenz zeigt.«

»O«, sagte ich nur. »Aber wenn ich es mir recht überlege, wäre damit das außergewöhnliche Ambiente perfekt.«

Kirsten stimmte mir zu: »Wer weiß? Vielleicht erbarmt sich ein Gespenst und wandelt durch die

Flure, wenn sich zwei so Hühner wie wir hier alleine befinden.«

»Hör bloß auf. Darauf kann ich verzichten. Ausgerechnet heute braucht dieser herbeigesehnte Hausgeist nicht seinen Dienst aufzunehmen.«

»Vor Geistern oder der weißen Frau habe ich keine Angst. Nur her damit. Eine Spinne könnte mich da schon eher beunruhigen und aus der Fassung bringen.«

Ich wusste von Kirstens Aversion gegen Spinnen. Das ist eine der wenigen Ängste meiner toughen Freundin.

Wir gähnten fast gleichzeitig. Die Anreise, die vielen neuen Eindrücke, das Essen, der schwere Wein und die späte Stunde forderten ihren Tribut.

»Komm, wir ziehen uns in unsere Gemächer zurück, wie man hier wohl sagt in so einem alten ehrwürdigen Kasten«, schlug Kirsten vor.

Nichts lieber als das. Schließlich wollte ich dem tollen Georg morgen einigermaßen ausgeschlafen und optisch präsentabel unter die Augen treten. Nach einer schnellen Dusche in einem der beiden erstaunlich modernen, unterschiedlich eingerichteten und sehr geschmackvollen Badezimmer, die sich auf der Etage befanden, lag ich bald zufrieden in dem bequemen Nachtlager.

Irritiert fuhr ich in meinem Bett hoch. Was hatte mich geweckt? Ich hörte ein leises Knarzen vor meiner Tür. Bestimmt ein Toilettengang von Kirsten. Dass der alte Dielenboden diese Geräusche beim Betreten von sich gab, hatte ich schon bemerkt. Zudem waren wir ja vorgewarnt. Genau! Ich lauschte und hörte, wie sich eine Tür leise schloss. Wieder Ruhe! Doch halt, irgendetwas war komisch. Ein ungewohntes Geräusch. Ist doch ganz natürlich, versuchte ich mich zu beruhigen. Hier war alles ungewohnt für mich. Eine fremde Umgebung erzeugt auch fremde Geräusche. Ich machte das Licht an und schaute auf die Uhr. Mitternacht! Auch das noch. Angestrengt lauschte ich in die Stille. Welche Stille? Es war nicht still. Ein undefinierbares Summen, Surren, Zischen, Vibrieren, Kratzen drang an mein Ohr. Was war das? Ich wusste nicht, was ich machen sollte. Aufstehen und Kirsten wecken? Versuchen, den Ursprung der nächtlichen Störung allein herauszufinden? Vorsichtig stieg ich aus dem Bett und legte mein Ohr an die Zimmertür. Nein, nichts. Das Geräusch kam nicht vom Gang her. Ich schlich vorsichtig um mein Bett ans Fenster. Der Boden quietschte bei jedem Schritt. Mit zitternden Händen schob ich die Gardine zur Seite und erstarrte.

Im Schuppen gegenüber, am Rande des Grundstücks, brannte Licht. Und nun konnte ich auch ganz genau hören, dass die Geräusche aus eben dieser kleinen Scheune kamen. Ritsch-Ratsch, Ritsch-Ratsch. Das war eindeutig eine Säge. Mir stellten sich sämtliche Härchen auf meinem Arm. Was konnte das sein? Ich blickte angestrengt in die Dunkelheit. Ritsch-Ratsch, Ritsch-Ratsch. Durch das halbblinde Fenster in dem Gebäude erkannte ich schemenhaft eine Gestalt, deren Kopf mit der Sägebewegung hin- und herging. Mir kam es so vor, als wäre der Schädel des Wesens mit irgendetwas verhüllt. Ein Schleier, ein Tuch? Die weiße

Frau? Mein Mund öffnete sich zu einem Schrei, welcher mir aber nur lautlos über die Lippen kam. Gleich wache ich auf und alles war nur ein Traum! Aber nichts dergleichen geschah. Ich war auch nicht im falschen Film. Ich war in Frankreich, es war mitten in der Nacht und es geschahen mysteriöse Dinge. Das war bittere Realität. Da half kein fieberhaftes Überlegen, was da vor sich gehen könnte. Tu irgendetwas, Jolanda, aber tu es endlich!

Als erstes sollte ich vielleicht Kirsten wecken. Schnell raus aus dem Zimmer. Wie auf Samtpfoten näherte ich mich ihrem Zimmer. Am besten wäre es, sie leise zu wecken, und dann könnten wir beratschlagen. Auf einmal hatte ich das Gefühl, als würde eine eiserne Faust nach meinem Herzen greifen und fest zudrücken. Die Luft wurde mir knapp. Was ist, wenn sie gar nicht in ihrem Bett ruhte? Was ist, wenn ich hier mittlerweile ganz allein im Haus war? Säge, Kettensäge, Meuchelmord, abgetrennte Gliedmaßen, spritzendes Blut, rollende Köpfe. Normalerweise war ich froh, mit einer blühenden Fantasie gesegnet zu sein. Nun gaukelte sie mir entsetzliche Schreckensbilder vor. Meine Freundin in den Schuppen verschleppt, gequält, gefoltert und zerstückelt. Entgegen meinem ersten Vorhaben, Kirstens Schlafzimmertür vorsichtig zu öffnen und zu schauen, ob sie im Bett lag, riss ich in wilder Panik ihre unverschlossene Tür auf, machte das Licht an und bemerkte zu meiner grenzenlosen Erleichterung ihre Anwesenheit und Unversehrtheit. Im Bett. Genau da, wo man sie angesichts der späten Stunde vermuten würde.

Kirsten fuhr wie von der Tarantel gestochen von ihrem Nachtlager hoch.

Ich schrie: »Gott sei Dank, du lebst!«

Die so unsanft Geweckte schrie nun ihrerseits ebenso laut: »Was ist los? Willst du das ändern, indem ich einen Herzschlag bekomme?«

Stockend klärte ich Kirsten über die Lage auf, erzählte von meiner Entdeckung, dem Licht und den Sägegeräuschen im Schuppen.

»Da geht etwas ganz Schreckliches vor. Die weiße Frau treibt ihr Unwesen«, flüsterte ich und ließ sie aus meinem Schlafzimmerfenster schauen. Ritsch-Ratsch, Ritsch-Ratsch. Der verhüllte Kopf bewegte sich vor und zurück.

»Vielleicht will uns der Eigentümer einen Streich spielen. Deshalb seine Anspielung auf den Hausgeist. Sozusagen ein All-Inclusive-Gruselpaket«, mutmaßte ich.

Kirsten schaute mich mehr als zweifelnd an. »Also wirklich, das würde ein zivilisierter Mensch nie tun. So ein billiges Schmierentheater! Was bitteschön sollte das denn für ein Streich sein?«

»Und Georg kann es auch nicht sein?«, fragte ich vorsichtig.

Kirsten sah mich an, als hätte ich den Verstand verloren.

»Das glaubst du doch wohl selbst nicht, Jolanda. Welchen Sinn sollte das haben? Er ist alles andere als ein Komödiant, der es nötig hat, hier eine derartige nächtliche Aufführung zu veranstalten.«

Diese Erkenntnis brachte uns auch nicht weiter. Guter Rat war teuer. Unser Prozedere stand immer noch nicht fest.

Kirsten machte einen Vorschlag: »Wir müssen nachschauen. Möglicherweise braucht jemand unsere Hilfe.«

»Und wenn wir einfach die Polizei rufen?«, fragte ich.

Kirsten antwortete mit mutiger Stimme: »Nicht bevor wir das selbst in Augenschein genommen haben. Es besteht die Möglichkeit, dass alles ganz harmlos ist. Dann machen wir uns hier zum Affen mit unserer Hysterie.«

Mir fiel hingegen nicht eine harmlose Erklärung für das Treiben am Rande des Grundstückes ein, dafür zahlreiche furchtbare Gründe, geschätzt um die fünfundzwanzig.

Wir nahmen unseren notwendigen Kontrollgang in Angriff. Schnell ins Joggingzeug und raus aus der Hintertür.

»Waffen, wir müssen uns bewaffnen«, flüsterte ich im letzten Moment.

Was könnte uns als Schutz und gleichzeitig zur Verteidigung dienen? Womit könnten wir eventuelle Angreifer abwehren?

»Wir dürfen keine wertvollen Gegenstände nehmen. Der Hauseigentümer dreht bestimmt durch, wenn wir eine seiner Uhren entweihen und einen Bösewicht damit erschlagen«, unkte Kirsten.

Die Situation war dermaßen ominös und abgedreht, dass nur tragische Ironie half, um nicht durchzudrehen.

»Ich hab's«, schlug ich vor, »wir nehmen die Billardstöcke.«

Bei der Besichtigung am Nachmittag hatte ich im großen Wohnzimmer außer dem Billardtisch die dazugehörigen Stöcke entdeckt.

Und so könnte ein möglicher Beobachter kurz darauf zwei Frauen sehen, die in einer eigenartigen Formation, Rücken an Rücken, um alle Seiten im Blickfeld zu haben, in kleinen Trippelschritten Richtung Geräteschuppen wallten, mit den Händen je einen Billardstock krampfhaft umfassend.

»Geh du voran. Alter vor Schönheit«, zischte ich Kirsten zu und spielte damit darauf an, dass die Gute ja einen Tag älter ist als ich.

Mir war nämlich grad gar nicht nach Heldentod zumute und Kirsten offensichtlich nicht nach Frotzelei. Bald hatten wir unser Ziel erreicht. Ritsch-Ratsch wurde immer lauter. Mir klopfte das Herz zum Zerbersten. Mein Mund war so trocken wie Schmirgelpapier. Was erwartete uns hinter der Tür? Hätten wir nicht doch lieber die Polizei rufen sollen? Zu spät. Ritsch-Ratsch. Jetzt! Wir schauten uns in die Augen, nickten uns zu, nahmen die Billardstöcke wie einen Baseballschläger in die Hand. In wilder Entschlossenheit stieß Kirsten mit dem Fuß die Tür auf. Ritsch-Ratsch erstarb.

Ich kreischte: »Hände hoch oder wir schießen«, und starrte auf den für diesen Zweck ungeeigneten Stab in meiner Hand. Mit dieser Drohung war die Situation natürlich endgültig ad absurdum geführt.

»Bonjour, mesdames, qui avons-nous ici?«, rief die weiße Frau, wandte sich uns zu und schaute uns ziemlich verdattert an.

»Was, was um alles in der Welt geht hier vor?«, stotterte ich und schaute sicherlich nicht minder belämmert.

»'allo, die Damen, wen 'aben wir denn da? Was für eine angenehme Überraschung!«

Die Frage wurde vom Begleiter der weißen Frau in tadellosem Deutsch gestellt.

Kirsten und ich starrten mit offenem Mund auf die bizarre Szene. Bei näherem Hinsehen entpuppte sich die weiße Frau als ein schmächtiges Jüngelchen, das in einem viel zu weiten weißen Spitzenkleid steckte. Auf dem Kopf trug es ein schleierartiges Gebilde, was mit Sicherheit eine zweckentfremdete Gardine war. Der deutschkundige Begleiter trug einen alten Anzug und hatte auf dem Kopf einen Zylinder. Die auf dem Boden liegenden leeren Bierdosen und die glasigen Augen des obskuren Paares ließen einen, gelinde gesagt, entrückten Zustand desselben vermuten. Zwischen ihnen stand der vermaledeite Sägebock, auf welchem ein fast durchgesägter Stamm lag. Die Ritsch-Ratsch-Säge steckte fest.

Ein Segen, dass der Anzugträger des Deutschen mächtig war. Dankenswerterweise hatte die Aufregung dieser Nacht nicht zum Verlust der Muttersprache unsererseits geführt und wir konnten den Sachverhalt in relativ kurzer Zeit klären.

»Aber bitte, die Damen, legen Sie die Waffen nieder«, wurden wir gebeten. »Jean will 'eiraten«, wurde uns dann verkündet. »Aber schauen Sie ihn sich an, wie, wie … äh dünn und kraftlos er ist. Wie ein Spargel.«

Jean, der Heiratswillige, der, wie unschwer zu erkennen war, kein Wort verstand, grinste uns dümmlich an. Um ihn an seinem baldigen großen Tag nicht dem Gelächter seiner Auserwählten und der ganzen versammelten Verwandtschaft auszusetzen, hatte sich sein bester Freund Marcel bereiterklärt, mit ihm das Holzdurchsägen zu üben. Man müsste nämlich mit allem rechnen. Auch dass einige deutsche Freunde der Braut, dem deutschen Brauch entsprechend, nach der Trauung einen »Holzbock« aufbauten und das junge Paar sägen ließen. Jean hatte vorher davon noch nie etwas gehört und zeigte sich im Vorfeld besorgt darüber. Auf dem Nachhauseweg von dem Junggesellenabschied hatten sie nach einem Blick durch das Fenster der Scheune den Entschluss gefasst, die Übungsstunde ad hoc zu absolvieren. Zumal dort die nötigen Utensilien vorhanden waren.

Man bot uns eine Dose Bier an, die wir dankend ablehnten. Dann zog der Bräutigam in spe, der für den großen Tag des Junggesellenabschieds von seinen Kumpeln in ein Brautkleid gesteckt worden war, mit Marcel, seinem als Bräutigam verkleideten Lehrmeister, von dannen. Unsere Ermahnung, leise zu sein, könnte sich schwierig gestalten ob des desolaten Zustands der beiden.

»Silence, s'il vous plaît! Ruhe bitte! Pssst!« Wir konnten mit dieser Ermahnung im letzten Moment verhindern, dass Jean und Marcel auf dem Heimweg »Voulez vous coucher avec moi ce soir?« sangen.

Bald hatte die tiefschwarze Nacht das schwankende bizarre Pärchen verschluckt. In Gedanken gratulierte ich der unbekannten Braut zu ihrer exzellenten Wahl, grinste in mich hinein und machte mich mit Kirsten auf den kurzen Rückweg ins Haus. Das ging wesentlich schneller als der Hinweg und vor allem weit weniger spektakulär vor sich.

Wir verschlossen und verriegelten die Tür, ließen einen tiefen Seufzer los, schauten uns kopfschüttelnd an und brachen in Gelächter aus. Logischerweise waren wir ziemlich aufgekratzt. An Schlaf war nicht zu denken. So bewaffneten wir uns mit einer Flasche Champagner und zwei Gläsern und ließen uns in der guten Stube vor dem Gemälde der Unbekannten auf dem Boden nieder. Wir wollten feiern, heute noch nicht unbedingt die Liebe, aber das Leben! Uns überkam eine rührselige Stimmung, so etwas wie romantische Lagerfeueratmosphäre breitete sich aus. Ich fühlte mich an Aufenthalte im Landschulheim in meiner Schulzeit erinnert. Prösterchen! Hoch die Tassen!

Mit magischer und geheimnisvoller Ausstrahlung schaute die Dame, rätselhaft wie eine Sphinx, von dem Gemälde auf uns herab.

»Danke Nicht-Clementine, Mona Lisa oder wie auch immer man dich nennen mag. Du hast uns gut beschützt in großer Gefahr«, sagte ich und prostete ihr zu.

»Quatsch«, meinte Kirsten, »wir befanden uns zu keinem Zeitpunkt in irgendeiner Gefahr. Ist doch lächerlich. Gut, dass uns niemand gesehen hat, als wir wie ein Sondereinsatzkommando anrückten.«

Wir kicherten und nahmen die Bemerkung aber zum Anlass, einen feierlichen Schwur abzulegen. Niemand, aber absolut NIEMAND, sollte von der grotesken nächtlichen Episode erfahren. Was geschehen ist, ist geschehen und bleibt hier im Haus. Wir fühlten uns nach der Ablegung dieses Eides miteinander verbunden, wie schon lange nicht mehr. Ganz nach bester Karl-May-Manier. Mir kam unsere Blutschwesternschaft wieder einmal in den Sinn. Wäre eigentlich an der Zeit und eine gute Gelegenheit, diese zu erneuern. Aber schlussendlich übermannte uns eine bleierne Müdigkeit. Eine nach der anderen fing an zu gähnen.

»Bevor wir wieder schlafen gehen, braucht Nicht-Clementine endlich noch einen Namen«, meinte Kirsten und sie hatte auch schon einen Vorschlag. Schließlich war sie am besten mit der französischen Sprache vertraut. »Wie wäre es mit Aimee? Das bedeutet so viel wie ›die geliebte Frau oder die Liebenswerte‹«.

Perfekt! »Gute Nacht, Aimee, und danke für deinen Schutz!« Meine Lippen formten diesen stummen Gruß. Täuschte ich mich oder hatte sie mir gerade zugezwinkert? Innerhalb kürzester Zeit lagen wir in unseren Betten und es herrschte endlich wieder Stille im Haus. Totenstille!

The one and only Georg

Als ich am nächsten Morgen mit Hans telefonierte und ihm von der nächtlichen Eskapade erzählte, spürte ich Kirstens Blicke wie Nadelstiche in meinem Rücken. Siedend heiß fiel mir unser Schwur ein. Zu spät! Eigentlich hatte ich den Schwur gar nicht gebrochen. Hans war nach meinem Dafürhalten keine dritte Person, sondern eins mit mir. Was ich wusste, durfte er auch wissen. Kirstens Lebensumstände waren ihm ja auch vertraut. Trotzdem bekam ich nach dem Telefonat wegen meines lockeren Mundwerks einen üblen Rüffel von meiner Freundin.

»Du bist und bleibst eine unkontrollierbare Plaudertasche«, rügte sie mich. »Kannst du irgendetwas für dich behalten, ohne es gleich in alle Welt hinauszuposaunen? Vor allem, wenn man ein paar Stunden zuvor noch Verschwiegenheit gelobt hat.«

Ich antwortete lieber nicht darauf, um nicht noch Öl ins Feuer zu gießen. Mir war bewusst, dass ich ein extrovertierter Mensch bin. Aber wenn es wirklich darauf ankam, konnte ich schon immer schweigen wie ein Grab. Das wusste Kirsten im Grunde. Nicht mal unter Folter würde ich ihr großes Geheimnis preisgeben. Ihr Ärger war schnell verflogen. Wir lachten schallend bei der Erinnerung an unser Treiben in der vergangenen Nacht. So etwas konnte nur uns passieren.

Der Vormittag verging wie im Fluge. Wir brauchten beide die doppelte Zeit im Badezimmer, um beim Mittagessen mit Georg einigermaßen passabel daherzukommen. Ich jammerte, weil die Zeit zu kurz war, um die Haare noch zu waschen und zu stylen.

»Was ist das Problem?«, fragte Kirsten. »Du brauchst dich nicht zu hübsch zu machen. Oder hast du vor, mir meinen Georg auszuspannen?«

»Wer weiß?«, stichelte ich und grinste schelmisch. »Keine Angst, Kirsten, ich bin bedient. Neben Hans könnte es keinen anderen geben. Da ist kein Platz.« Sicherlich strahlten meine Augen, als ich das sagte.

Wir fuhren in das Restaurant, das Kirsten für das Mittagessen ausgesucht hatte. Dann ging die Tür auf, ich hatte tatsächlich Herzklopfen, warum auch immer, und Georg kam herein. Vor mir stand ein großer, etwas schlaksiger Mann, nichts Auffälliges an ihm, eine absolut durchschnittliche Erscheinung, sicherlich kein Womanizer, aber durch sein sympathisches, offenes Lächeln durchaus jemand, den man gerne mit einem zweiten Blick bedachte und der ihn auch verdiente.

Die anfängliche leichte Befangenheit legte sich schnell. Ich neige dazu, in derartigen Situationen noch mehr zu plappern als normal, um meine Unsicherheit zu überspielen. Das tat ich nun natürlich auch, war aber immer auf der Hut, die Themen unverfänglich zu halten. Kein Aperitif, der meine Zunge noch mehr lockern würde. Wir sprachen über die Arbeit, er fragte nach unserer Apotheke, kannte sich auf vielen Gebieten gut aus.

Was mich sehr beeindruckte, war seine zurückhaltende Art. Er fiel uns nie ins Wort, ließ mich und Kirsten immer ausreden und spielte sich nicht großspurig mit seinen Unterhaltungsbeiträgen in den Vordergrund. Wir hatten bei diesem Essen eine entspannte und harmonische Atmosphäre. Georg war mir sympathisch.

Selbstverständlich war ich eine aufmerksame Beobachterin und sehr neugierig darauf zu sehen, wie die beiden miteinander umgingen. Mein Wunsch war ja, meine Freundin in guten Händen zu wissen. Trotz aller suboptimalen Umstände, die ihre Liebe begleiteten. Es gab nichts zu meckern. Sie wirkten sehr vertraut und doch distanziert. Außenstehende würden wahrscheinlich kein Paar in ihnen vermuten. Das machte sicher das lange Training, sich in der Öffentlichkeit unverfänglich zu zeigen. Ich als Eingeweihte bemerkte die verliebten Blicke und die kurzen Momente, wenn Georg zärtlich Kirstens Hand drückte. Hier in Frankreich war für die beiden relativ sicheres Terrain. Es war nicht zu erwarten, dass jeden Moment Bekannte zur Tür hereinkamen.

Nach dem Essen wurde das Gespräch persönlicher und verlor etwas seinen lockeren Smalltalk-Charakter. Georg erzählte sogar das eine oder andere von seiner Familie. Mir gingen dabei so viele Gedanken durch den Kopf und mir wurden Aspekte ihrer Beziehung klar, an die ich vorher gar nicht gedacht hatte. Sie befanden sich immer im Abseits, im Halbschatten. Keine Chance, Kontakt aufzunehmen, wenn sich der eine mal nicht meldet. Ich hatte keine Ahnung, welche Absprachen die beiden für den Fall einer Erkrankung getroffen hatten. Wie sollte Kirsten an Infos kommen, wenn Georg im Krankenhaus liegen würde? Sie könnte unter einem Vorwand bei Susanne anrufen und nach seinem Befinden fragen. Wäre aber schon eine komische Situation, als Ex-Chefin übertriebenes Interesse an einem ehemaligen Angestellten zu zeigen. Als Kontaktperson für derartige schwierige Fälle käme eventuell Georgs eingeweihter Freund in Frage. Genauso würde Georg von mir Informationen bekommen, falls Kirsten etwas zustoßen sollte.

Ich seufzte und ärgerte mich fast ein bisschen, weil ich es einfach nicht lassen konnte, mir schlimme Szenarien auszumalen, zwar mir nahestehende Menschen betreffend, und da ist es ja normal, dass man sich sorgt, aber ich sollte solche Gedanken einfach sein lassen. Kirsten und Georg waren erwachsene Menschen. Ihr Leben und ihr Schicksal lagen komplett außerhalb meines Einflussbereiches. Ich sollte mich nicht darum sorgen. Punkt. Aber mein Gedankenkarussell ließ sich einfach nicht stoppen. Wenn man sich dermaßen zugeneigt ist wie meine Freundin und ihre große Liebe, wenn so tiefe Gefühle im Spiel sind, können Enttäuschungen und seelische Verletzungen doch unmöglich ausbleiben. Wie verkraftete es Kirsten, wenn Georg heimging zu seiner Frau? Ging das komplett ohne Eifersucht ihrerseits? Diese Fragen stellte ich mir damals und danach immer wieder.

»Was hast du denn, Jolanda?«, fragte mich Kirsten. »Du hast gerade den Kopf geschüttelt.«

»Hab ich das tatsächlich? War mir gar nicht bewusst.«

Wir waren im Aufbruch. Jetzt war das Geheimnis also gelüftet. Oft traf ich Georg in den folgenden Jahren nicht. Das lag an der Natur der Sache. Aber ich dachte nichtsdestotrotz sehr viel über die beiden nach. Und obwohl ich so viele Bedenken und Einwände gegen diese Beziehung hatte, zog ich grundsätzlich ein positives Fazit. Bei unserem nächsten Telefonat berichtete mir Kirsten begeistert von ihren Tagen im Liebesnest in Frankreich. Ich versicherte ihr, dass ihr Verhältnis mit Georg in Ordnung sei, weil ich wusste, wie viel Wert sie auf meine Meinung legte. Und es entsprach der Wahrheit. Georg war mir absolut sympathisch.

»Meinen Segen habt ihr!«, erklärte ich salbungsvoll.

»Zu gütig!«, antwortete Kirsten.

Trotzdem erlaubte ich mir in den folgenden Jahren, ab und zu noch mit den Gesamtumständen zu hadern. Das darf für die beste Freundin ja wohl noch erlaubt sein.

Von allen guten Geistern verlassen, April 2018

Mister Easy-Peasy

Zurück von dem äußerst produktiven Wochenende im Norden, sehe ich mich genötigt, nicht wortbrüchig zu werden. Am dritten Tag nach der Rückkehr habe ich zum wiederholten Mal in Folge den Telefonhörer in der Hand, um beim DAV, dem Deutschen Alpenverein, anzurufen. Der Verein betreibt über zweihundert Kletterhallen in Deutschland. Eine Einrichtung in der Nähe zu meinem Wohnort ist schnell gefunden. Dort möchte ich mein hehres Unternehmen starten, das Training für das Erklimmen der Kletterwand am Haus des Meeres. Die Zeit drängt und das nicht wenig. Es müsste ein Super-Turbo-Speed-Training sein, welches es schafft, einen kleinen Hasenfuß mit großer Höhenangst in gut zwei Monaten so in Form zu bringen, physisch und psychisch, um eine dreißig Meter hohe Kletterwand zu bezwingen. Weiß der Kuckuck, ob die dergleichen anbieten und ob ein Trainer oder eine Trainerin überhaupt in der Lage ist, so eine Leistung zu vollbringen. Dieser erbarmungswürdige Mensch verdient schon heute mein ganzes Mitgefühl. Alle guten Geister, von denen ich anscheinend verlassen wurde, sollen diesem Mitmenschen gnädig sein.

Mittlerweile bin ich nicht nur tatsächlich wieder nüchtern, sondern auch ernüchtert, was mein Vorhaben angeht. Ich zweifle sogar an meinem Verstand. Was hat mich geritten, dieser Herausforderung nicht nur zuzustimmen, sondern sie darüber hinaus vorzuschlagen? Der Plan ist auf meinem eigenen Mist gewachsen und nun habe ich den Salat. Das zarte Pflänzchen, diese erste kleine Idee, ist zu einem monströsen Gewächs mutiert. Mildernde Umstände durch den Alkoholgenuss während der Vertragsphase greifen nicht. Dafür habe ich ja leichtsinnig durch die Klausel »im Vollbesitz meiner geistigen Kräfte« gesorgt. Als ob ich jemals im Vollbesitz derselben gewesen wäre. Mein Ehrgeiz und das zu erwartende hämische Grinsen meiner Freundin, möglicherweise gepaart mit dem Ausspruch, dass sie es gleich gewusst habe, dass ich es nicht schaffe, verbieten es mir, die Segel zu streichen und einen Rückzieher zu machen. Das kommt nicht in Frage, unter keinen Umständen. Zudem mangelt es ja bekanntlich an Alternativen. Wir müssten wieder von vorne anfangen mit Beschlussfassungen. Nur mein Ableben würde ein Aussteigen rechtfertigen. Und das ist es mir dann doch nicht wert. Zudem wäre mein Dahinscheiden eh »the worst case«, also das schlimmste Szenario, das eintreten könnte. So kann ich das größenwahnsinnige Projekt auch starten und abwarten, was passiert, ob ich überlebe oder nicht. Mit diesem Sarkasmus im Hinterkopf und auf gutem Wege, dem Wahnsinn endgültig zu verfallen, wähle ich die Telefonnummer und mache einen Termin zur Vorbesprechung in der Kletterhalle aus.

Das ist flugs erledigt. Ich soll einfach einen Tag später vorbeischauen und zusammen mit dem Auserwählten, Termine gibt es noch bei Herrn Lennard Reimann, genannt Lenny, die Lage inspizieren. Für Geld kriegt man bekanntlich alles, auch ein Super-Turbo-Speed-Training und wahrscheinlich werden auch aussichtslose Fälle wie ich angenommen und mit Versprechungen ruhiggestellt. Diesen Eindruck habe ich jedoch beim ersten Kontakt nicht. Im Gegenteil! Lennys Anblick lässt mein Herz auf der Stelle höherschlagen. Nicht wegen seines angenehmen Äußeren, das in der Tat nichts zu wünschen übrig lässt. Nein, meine große Freude, als wir uns das erste Mal gegenüberstehen, weckt allein seine kraftstrotzende Statur und das auch nur im Hinblick darauf, dass ihm seine Muskelpakete rein optisch die absolute Kompetenz für seine Aufgabe verleihen. Lenny sieht aus, als könne er mich mit nur einem Arm sonst wo hochziehen und auch wieder herunterlassen.

»Alles easy-peasy«, bekomme ich prompt bestätigt, als ich mein Anliegen vorbringe. »Jolanda, das machen wir zusammen«, bekräftigt mich der höchstens Fünfunddreißigjährige augenzwinkernd. »Du kletterst da hoch wie eine Bergziege, wirst schon sehen. Es kann auch absolut nichts passieren. Du bist angebunden. Und selbst wenn du ohnmächtig werden solltest … brauchst nicht zu erschrecken, ich sag dir das nur zur allgemeinen Info … also, selbst bei Ohnmacht lass ich dich sicher wieder herab. Wie lange haben wir Zeit? Zwei Monate? Krieg ich hin. Du kommst zweimal die Woche zum Training. Augen zu und hoch. Ich zeig dir gleich noch die Wände, an denen wir trainieren. Komm, schlag ein. Gib mir High five!«

Er hebt seine Hand, um in meine erhobene Handfläche zu schlagen. Unser Pakt ist besiegelt. Ich weiß gar nicht mehr, warum ich solche Bedenken hatte. Wie kindisch. Ich strahle Lenny an und er strahlt zurück. Diese gehobene Stimmung meinerseits hält genau zehn Minuten an, bis ich vor der fünfzehn Meter hohen Kletterwand stehe und mir fast das Genick verrenke, als ich die Höhe in Augenschein nehme. Ich schlucke. Obwohl Kopfrechnen nicht meine Stärke ist, habe ich blitzschnell erkannt, dass fünfzehn nur die Hälfte von dreißig ist. Das bedeutet, dass die Wiener Wand doppelt so hoch ist.

Ich frage ganz überflüssig, dafür umso nervöser: »Da soll ich hoch? Und das ist eigentlich nur der halbe Weg?«

Lenny antwortet vergnügt: »Wenn das mit den dreißig Metern so stimmt an diesem Haus des Meeres, dann wird das wohl so sein. Mach dir keinen Kopf. Ist doch easy-peasy.«

Meine gute Laune droht zu kippen, allein schon wegen des ewigen easy-peasys. Doch dann gibt er mir eine grundlegende Information, die ich so als Kletter-Laie noch nicht kannte, welche mir aber vom ersten Moment an äußerst sympathisch ist und mir sogleich etwas von der Anspannung nimmt. Freilich muss man hochklettern, aber es gibt verschiedene Schwierigkeitsgrade. Es kommt auf die Größe der Klettergriffe an und auf die Abstände der Halterungen zueinander. Demzufolge gibt es schwere Routen und leichtere für Zeitgenossinnen in meiner Riege. Bravo! Trotzdem darf man so ein kühnes Unterfangen, wie es mir vorschwebt, nicht unterschätzen. Es bleibt nach wie vor die Höhenangst. Aber für das körperliche Unvermögen, die mangelnde Fitness und die fehlende Ausdauer ist so eine weniger anspruchsvolle Strecke natürlich immens von Bedeutung. Schließlich bin ich alles andere als eine Hochleistungssportlerin.

Und schon sagt mein neuer Wegbegleiter: »Wir schauen mal, dann sehen wir.« Erneut kurzes Augenzwinkern. »Vielleicht schaffst du den zweiten Grad, wenn nicht, auch nicht schlimm. Kommt darauf an, wie viel Kraft du in deinen Ärmchen und Beinchen hast. Um das zu optimieren, ist die Zeit in der Tat etwas kurz. Einen signifikanten Muskelaufbau werden wir in der Kürze nicht mehr erreichen. Der wäre ausschlaggebend für die Griffkraft und das Abstoßen mit den Beinen. Für eine leichte Route wird es aber okay sein. Alles … gut.«

Unter meinem strengen Blick verkneift er sich das easy-peasy. Ich schaue derweil bekümmert an mir herab, auf meine Ärmchen und Beinchen. Wenn Lenny sagt, sie werden der Herausforderung gewachsen sein, wird es wohl passen. Blieben die Überwindung und der Respekt vor der Höhe. Aber ich bin bereit. Ich werde diese Challenge annehmen. Der Gong ertönt. Der Kampf gegen mich selbst ist eingeläutet.

Und die Vorbereitung läuft richtig gut. Das hätte ich nie gedacht. Bei regelmäßigen Kontrollanrufen von Kirsten kann ich sie getrost vom optimalen Fortschritt überzeugen. Die ersten Stunden sind jedoch happig.

»Schau nach oben, nicht nach unten«, muss Lenny permanent schreien, wenn ich der Versuchung nicht widerstehen kann, seinen Blick zu suchen, um mich zu vergewissern, dass auf dem Boden alles seine Richtigkeit hat.

Ich hänge fest im Klettergurt und werde von meinem Trainer routiniert gesichert. Da kann nichts schiefgehen. Auch meine anfängliche Angst, sobald ich mich mehr als zwei Meter über Grund und Boden befinde, hat sich gelegt. Du bist angebunden, muss ich immer wieder zu mir selbst sagen. Trotz allem bleibt es unvorstellbar, dass ich es fertigbringe, am Tag X in naher Zukunft mein Vorhaben erfolgreich absolvieren zu können. Diese Unsicherheit kommt daher, dass es eben nur die Hälfte der tatsächlichen Strecke ist, was wir hier üben. Als ich das erste Mal die fünfzehn Meter erklommen habe, also quasi unter dem Dach der Halle hänge, fühle ich mich trotzdem unbeschreiblich gut. So, als hätte ich etwas vollbracht, was vor mir noch kein anderer Mensch leisten konnte.

»Das ist die richtige Einstellung«, lobt mich Lenny.

Meine Bedenken, dass ich vorhabe, doppelt so hoch zu klettern, wischt er mit einer Handbewegung zur Seite.

»Nach eins kommt zwei. Mach es so, wie es dir möglich ist. Du startest die Tour und wartest ab, wie es läuft. Es ist keine Schande, wenn es dir nach fünfzehn oder zwanzig Metern zu viel wird. Dann wirst du wieder heruntergelassen. Jeder Meter von Anfang an ist ein Sieg über dich selbst. Lass dich nicht beirren, lass dir nichts einreden und nichts vorschreiben. Du bist die Chefin. Körperlich traue ich dir die dreißig Meter mittlerweile zu. Vom Kopf her auch. Du hast den nötigen Biss und den Willen.«

Ich strahle und überlege, ob ich des Lobes tatsächlich wert bin und ob ich diesem Vertrauen, das Lenny in meine Kräfte setzt, gerecht werden kann.

Lenny fährt fort: »Ich selbst hatte ein Schlüsselerlebnis, das mich seinerzeit angespornt hat. Ich erzähle es jedem Schützling von mir. Die Story um die bittere vierte Runde ist Teil meiner Strategie zum Angstabbau und zur Motivation. Sie soll zeigen, dass jeder klein anfangen muss und groß enden kann.

Wie du weißt, ist neben der Kletterei das Laufen mein großes Hobby. Mittlerweile habe ich wahrhaftig einen Marathon gefinisht. Es war ein steiniger Weg. Mein erster Zehnkilometer-Wettkampf war eine Qual. Der Lauf ging über viermal zweieinhalb Kilometer, also viermal die gleiche Strecke. Die vierte Runde war der bitterste Moment in meiner bisherigen Laufkarriere. Aber er hat gezeigt, wozu ich fähig bin, wenn ich etwas unbedingt will. Und das geht nicht nur mir so. Das Geheimnis des Könnens liegt nämlich im Wollen. Wer will, der kann. Das hat ein schlauer Italiener mal gesagt, Guiseppe Mazzini.«

»Was war denn dann so bitter, wie du dich ausdrückst?«, will ich wissen.

»Ich war als Kind eher unsportlich, auch als Teenager hatte ich alles andere im Kopf, als mich sportlich zu betätigen. Als ich Anfang zwanzig war, lernte ich meinen Partner kennen, der in seinen jungen Jahren schon um die fünf Marathons gelaufen war. Das hat mich schwer beeindruckt. Und man lässt sich ja immer beeinflussen, wenn man jemanden kennenlernt, will mithalten und dem anderen gefallen.«

Hatte ich es doch gewusst! Lenny lebt in einer gleichgeschlechtlichen Partnerschaft. Wieder einmal stelle ich fest, dass homosexuelle Männer charmanter und höflicher gegenüber dem anderen Geschlecht sind als die übrigen Herren. Aufmerksam und gespannt lausche ich seinen Worten, wie die Geschichte seines ersten Laufes wohl weitergeht.

»Ich beschloss also, es meinem Freund gleichzutun. Aber anstatt Steven um Rat zu fragen und zu versuchen, von seiner Erfahrung zu profitieren, fing ich klammheimlich an zu trainieren. Wobei trainieren eine absolute Übertreibung ist. Ich joggte mehr schlecht als recht ab und zu ein paar Kilometer und dachte großkotzig, kann ich, alles kein Problem. Dann las ich von diesem Zehnkilometer-Lauf in der Nähe, einem relativ kleinen Lauf im Rahmen eines Volksfestes mit ein paar Hundert Teilnehmern.«

Wieder musste ich innerlich lächeln. Aha, da hat der Mister Easy-Peasy anscheinend teures Lehrgeld bezahlen müssen.

»Ich stellte mir das so vor, dass ich Steven überrasche und freue mich darauf, ihm stolz meine Teilnehmer-Medaille und Urkunde präsentieren zu können. Es war relativ warm an diesem Tag und ich machte schon auf der ersten der vier Runden, wie ich heute weiß, den typischen Anfängerfehler. Anstatt mir meine Kräfte, die, wenn man es genau nimmt, gar nicht vorhanden waren, irgendwie einzuteilen, rannte ich los wie von Furien gehetzt. Das Resultat war, dass ich nach den ersten zweieinhalb Kilometern schon fertig wie ein Schnitzel war. Mein Blick auf die Uhr zeigte eine hervorragende Zeit, die ich hochrechnete und auf eine erstaunliche Finisherzeit kam für einen Debütanten.« Lenny lacht sein sympathisches Lachen. »Aber vor mir lagen noch siebeneinhalb Kilometer. Die zweite Runde ging ja noch einigermaßen, obwohl ich deutlich langsamer war. Meine zu erwartende Endzeit war schon weit weniger glorreich. Auf der dritten Runde war endgültig die Luft raus. Ich bekam Seitenstechen, musste stehenbleiben, bekam Wadenkrämpfe, musste wieder stehenbleiben. Die Hitze machte mir zu schaffen. An den Getränkeständen schüttete ich das Wasser in mich hinein und über mich drüber. Die eiskalte Flüssigkeit tat mir gar nicht gut. Mein Magen rebellierte und ich musste mich am Wegrand übergeben. Rennen konnte man meine Fortbewegungsart schon lange nicht mehr nennen. Ich trabte schlurfend weiter, wurde permanent überholt. Mir selbst fiel nichts mehr ein, womit ich mich motivieren könnte. So eine Scheißidee, dieser Lauf, fluchte ich. Aber das Schlimmste kam noch. Meine Zeit war mittlerweile so miserabel, dass schätzungsweise fünfundachtzig Prozent der Läuferinnen und Läufer schon ihre vier Runden gelaufen waren und rechts in Richtung Ziel abbiegen durften, als ich gerade mal die dritte Runde rum hatte. Der bedauernswerte Rest, mich eingeschlossen, musste links abbiegen und hatte nochmals zweieinhalb Kilometer zu absolvieren.«

»Oje«, sage ich nur mitleidig.

»Das kannst du laut sagen, Jolanda. Das Lustige war, dass die Zuschauerinnen und Zuschauer am Wegrand anscheinend dachten, ich hätte mich quasi verlaufen, es könnte nicht sein, dass ich so langsam und erst am Ende der dritten Runde war, als ich mich auf zur vierten machte. Einer packte mich sogar am Arm und meinte, ich sei falsch. ›Hey Lenny, Kumpel‹, sagte er, ›falsche Richtung. Das Ziel ist dort‹, und zeigte in Richtung des zu durchlaufenden Bogens."

»Kannte er dich?«, frage ich verwundert.

»Nein, nein, die Teilnehmer haben an ihren Trikots doch ein Schild mit Startnummer und Vornamen befestigt«, sagt Lenny erklärend und fährt fort: »Dieser nette Kumpel war nicht der einzige Mensch, der mich rausziehen wollte. weil er dachte, es kann nicht sein, dass so ein junger, kräftiger Kerl dermaßen langsam ist, dass er sich mit einem traurigen Rest von ein paar unsportlichen Typen, Spaßläuferinnen und -läufern sowie gutgelaunten Hausfrauen, die sich während ihrer gemächlichen Joggerei angeregt unterhielten und sich ansonsten einen feuchten Dreck um ihre Endzeit kümmerten, noch auf diese verflixte vierte

Runde machen muss. Aber so war es. Freilich hätte ich aussteigen können, aber das kam mir komischerweise nicht in den Sinn. Ich war wie in einem Tunnel und mein Tunnelblick war auf das Ziel gerichtet, in das ich zu torkeln gedachte.

Auf dieser besagten vierten Runde lernte ich Demut und Bescheidenheit und Respekt und was weiß ich noch alles. Ich lernte mich und meine Grenzen richtig kennen. Aber ich möchte diese Erkenntnisse der bittern letzten Runde und frag mich nicht, wie es mir körperlich dabei ging, auf keinen Fall missen. Sie hat mich geprägt und meine Einstellung zu mir selbst verändert. Eine absolut positive Erfahrung hatte ich auf diesen zweieinhalb Kilometern aber auch. Das waren die kollektiven Lenny-Lenny-Rufe der wenigen Schlachtenbummler, die noch an den Seiten ausharrten. Vorher hatte ich ihre Anfeuerungsrufe gar nicht so wahrgenommen, da war es überall einfach nur laut. Aber nun waren nicht mehr viele da und ihre motivierenden Zurufe pushten mich ins Ziel, das ich schwankend, mehr tot als lebendig, erreichte. Als ich hinter der Ziellinie wie ein Käfer auf dem Rücken lag und mit den Gliedmaßen wedelte, fühlte ich mich wie ein Sieger. Es kam sogar ein Sani angerannt und kümmerte sich um mich, aber das war nur ganz kurz nötig. Ich versicherte ihm, dass es mir gut ginge und er mich nicht unter ein Sauerstoffzelt oder was auch immer befördern müsse. Ich hatte mich auch ruckzuck so weit erholt, dass ich aufstehen und mir meine Medaille umhängen lassen konnte. So sehen Sieger aus!

Steven konnte es übrigens nicht fassen, auf was für ein unüberlegtes und hirnrissiges, wie er sich ausdrückte, Unternehmen ich mich mit diesem Lauf eingelassen hatte. Ich bekam einen Vortrag, was ich alles falsch gemacht hätte, über das Laufen an sich und über das richtige Training. Mein schlimmster Fehler war anscheinend das Overpacen. Den Ausdruck hatte ich noch nie gehört, wusste nun aber durch Erfahrung am eigenen Leib, dass es das zu schnelle Losrennen ist. Die paar Leute, die man dadurch am Anfang in der Euphorie überholt, würden einen am Ende alle einholen. Einen langen Lauf würde man durch das Overpacen also schon am Start verlieren. Blablabla. Aber Steven hatte recht. Diese ganzen Binsenweisheiten über Kräfte von Anfang an so einteilen, dass man am Ende noch welche hat, und ähnliche Sprüche, stimmen alle.«

»Wie war im Endeffekt deine Zeit über die zehn Kilometer?«

»Das sag ich nicht.« Er hebt hilfesuchend und theatralisch die Hände wie zum Gebet gen Himmel.

»Aber Lenny, jetzt aber. Mir kannst du es doch sagen.«

»Ich brauchte eine Stunde und zwanzig Minuten. Das schafft man normalerweise bei einem strammen Marsch auch.«

»Es war ein Sieg über dich selbst, mein Lieber.«

»So ist es. Das hast du ganz richtig erkannt. Du hast schon viel bei mir gelernt. Und ich von Steven. Nachdem er mich nach diesem etwas unglücklichen Start meiner Laufkarriere unter seine Fittiche nahm, lief ich eineinhalb Jahre später meinen ersten Marathon. In einer einigermaßen respektablen Zeit von drei Stunden und fünfzig Minuten.«

»Glückwunsch. Das ist großartig.«

»Danke Jolanda. Und nun kommen wir zu meinem Schlussplädoyer. Auch wenn man Klettern und Laufen nicht wirklich vergleichen kann, kommt es, wie bei vielen anderen Sportarten auch, auf Training und Vorbereitung an. Ich glaube, das habe ich nun ausdrücklich und eindringlich genug geschildert und es sollte in deinem Köpfchen angekommen sein. Was ich nun am Ende noch sage, ist wichtig wegen deiner Befürchtung, weil du noch kein einziges Mal diese geplante Höhe real erklommen hast. Also spitz deine Öhrchen.«

Ich bin ganz Ohr und lausche voller Aufmerksamkeit Lennys letzten wichtigen Anweisungen.

»Lass dir gesagt sein, dass ein Läufer vor seinem ersten Marathon nie die komplette Strecke zurücklegt. In der Vorbereitung trainiert er nur bis zu Kilometer 30, maximal 35. Ein Trainingslauf über die gesamten 42 Kilometer würde viel zu viel Kraft kosten. Diesen unnötigen Verschleiß könnte er nie kompensieren, wenn sein Ziel, auf das er trainiert, der Marathon, schlussendlich da ist und gelaufen werden möchte. An diesem einen Tag braucht er seine ganze Erfahrung aus der Vorbereitung. Eben diese Kraft muss er dann abrufen können. So ähnlich ist es bei dir. Die Weichen sind gestellt. Du weißt, auf was es ankommt. Du kannst dem großen Tag ganz ruhig entgegensehen. Du bist stark, eine starke Frau, die weiß, was sie will. Und du hast deine Erwartungsängste verloren.«

Lennys Worte machen mich zum wiederholten Male unheimlich stolz. Mir kommen fast die Tränen. So mental gestärkt beende ich ein paar Tage vor unserer Wienfahrt mein hartes Training.

»Am liebsten würde ich dich mitnehmen, Lenny. Zu dir habe ich absolutes Vertrauen«, sage ich beim Abschied wehmütig zu meinem Trainer.

Er beruhigt mich. »Ich habe mir die Sache in Wien im Internet mal angeschaut. Da sind hochprofessionelle Leute, bei denen du gut aufgehoben bist, Jolanda. Mach's gut, meine Kleine. Bin schon gespannt auf deinen Bericht. Schreib mir eine WhatsApp, wenn es vorbei ist. Schick ein Bild.«

Wir umarmen uns und ich bin in die raue Wirklichkeit entlassen.

»Du schaffst das!«, versichert mir Lenny.

»Na klar. Alles easy-peasy«, sage ich, verlasse die Stätte meiner Vorbereitung und freue mich auf einmal unbändig auf das große Ereignis. Die guten Geister sind wieder bei mir und werden mir helfen.

Unsere 60. Geburtstage

Der große Tag naht – 11.07.2018

Plötzlich ist es soweit. Es ist wie an Weihnachten. Man weiß genau, wann das christliche Fest stattfindet, schließlich ist das seit rund 2000 Jahren so. Ob die Geburt Christi tatsächlich an diesem Datum stattfand, entzieht sich allerdings meiner Kenntnis, dafür bin ich kirchengeschichtlich nicht bewandert genug. Aber jedes Jahr fiebert die Menschheit auf den 24. Dezember hin, man trifft Vorbereitungen für das große Ereignis, die Zeit verfliegt wie im Nu und es ist hektisch. Schlussendlich fasst man es nicht, wenn der große Tag wie aus dem Nichts blitzartig vor der Tür steht.

So geht es mir mit unseren Geburtstagen. Als unser Plan endlich stand, vergeudeten wir keine unnötige Zeit. Akribisch genau liefen die Vorbereitungen.

Mein Training ist nun beendet, ich fühle mich stark und motiviert. Kirsten hat ein schönes Hotelzimmer in Wien gebucht. Meine Klettertour ist beim Betreiber des Kletterparks am »Haus des Meeres« angemeldet. Sogar das Wetter verspricht uns hold zu sein, laut Vorhersage maximal fünfundzwanzig Grad, perfekt für einen Städtetrip.

Was soll also schiefgehen? Selbst ich als notorische Schwarzseherin und Panikschieberin bin zufrieden und sehe dem Event ruhig entgegen. Gelassen wäre übertrieben, ein wenig Anspannung und Nervenkitzel sind immer gut, aber meine Vorfreude ist ausnahmsweise nicht gepaart mit ängstlichen, aus der Luft gegriffenen Befürchtungen. Dass ich diese Entspanntheit meinerseits noch erleben darf!

Kirsten und ich haben uns letztendlich trotz schlechter Erfahrungen für die vermaledeite Bahn entschlossen, um uns in Österreichs Hauptstadt verfrachten zu lassen. Wir beide allein, ganz für uns. Morgen ist Kirstens Geburtstag und übermorgen meiner. Übermorgen soll es also hoch hinaus gehen für mich. Dass es ein Freitag ist und zudem noch der Dreizehnte, deute ich als gutes Omen. Ich habe nun mal am 13. Juli Geburtstag. Seit sechzig Jahren und hoffentlich noch viele Jahre lang. Da waren schon immer viele Freitage dabei. Und irgendwie passt das für so ein besonderes Datum ja auch. Es soll eben statt eines Unglückstages ein Glückstag werden. Also, alles in trockenen Tüchern, minutiöse Planung, beginnend mit Kirstens Ankunft, auch mit dem Zug. Zwischenstation bei mir im Schwabenland, bevor wir einen Tag später weiter gen Süden ziehen wollen. Mein Köfferchen ist gepackt. Ich habe meine legendären selbstgemachten Maultaschen vorbereitet, die nur noch warmgemacht werden müssen, wenn meine liebe Freundin eingetroffen ist. Einen leckeren Kartoffelsalat, lauwarm mit Brühe zubereitet, wie es hier im Süden üblich ist, soll es als Beilage geben. Kirsten mag diese Variante viel lieber als die nördliche Version mit Mayonnaise. Zufrieden lasse ich mir meine kleine To-Do-Liste noch einmal durch den Kopf gehen und mache in Gedanken Häkchen an die einzelnen Posten. Es ist nicht mehr viel zu tun. Alles ist gerichtet. Vor zwei Stunden ist Kirstens WhatsApp angekommen, dass sie an Bord ist. Es würde also noch circa zweieinhalb Stunden dauern, einmal Umsteigen mit eingerechnet, bis ich sie hier an unserem kleinen Bahnhof in Empfang nehmen kann.

Da klingelt das Telefon. Es wird ja immer wieder behauptet, man könne manchmal schon dem Klingeln anhören, dass der Anruf Ungemach bringt. Zögernd schaue ich auf das Display. Kirsten! Hm?

»Ist dir etwa langweilig auf der Fahrt?«, platze ich heraus, ohne mich mit Namen zu melden. Kirstens Stimme klingt ungewöhnlich zaghaft und irgendwie so, als würde das Sprechen sie anstrengen.

»Jolanda, mir ist grad gar nicht gut.«

»Wie nicht gut? Du sitzt bestimmt verkehrt, also so, dass du rückwärts fährst, nicht in Fahrtrichtung. Das vertrage ich auch nicht. Weißt du, was ich meine?«

»Ja.«

»Kirsten, was ist los?« frage ich nun und eine kleine Alarmglocke in meinem Hinterkopf fängt an zu läuten.

»Ne, passt schon«, antwortet sie. »Wenn ich bei dir bin, lege ich mich erst mal ab, okay? Hab Bauchschmerzen.«

»Du hast heute bestimmt noch nichts Gescheit's gegessen. Da muss ich wohl meine Maultaschen als Wunderwaffe einsetzen«, versuche ich zu scherzen.

Kirsten geht nicht darauf ein, es kommt nur ein zaghaft leise gehauchtes »Dann bis später« und sie legt auf.

»Kirsten!«

Die Alarmglocke wird laut und lauter, mein Kopf dröhnt. Was war denn das? Ganz untypisch für meine Freundin, untypischer geht es fast nicht mehr. Da stimmt was nicht. Sie würde auch auf keinen Fall hier anrufen und mich unnötig in Unruhe versetzen. Warum auch? Für einen Boykott meines Vorhabens ist es ebenfalls zu spät. Auch wenn sie die Idee anfangs nicht prickelnd fand und sie mir auszureden versuchte, würde sie zwei Tage zuvor nicht irgendeine Farce abziehen. Kirsten ist für eine kleine Posse ja immer zu haben. Ich denke an den »Massenmörder«. Aber dieser Anruf gerade eben klang bei Gott nicht nach einem Scherz. Im Gegenteil! Er klang so, als wäre etwas absolut nicht in Ordnung und Kirsten würde das, was auch immer nicht stimmen sollte, eher herunterspielen. Natürlich rufe ich sofort zurück, höre aber nur die nervige Ansage der Mobilbox. Mein Anruf kann nicht entgegengenommen werden. Die Sorglosigkeit, die harmonische Stimmung und die Vorfreude sind dahin. Stattdessen machen sich Angst, Unruhe und Sorge in mir breit. Was soll ich tun? Mir bleibt nichts anderes übrig, als Kirstens Ankunft abzuwarten und immer mal wieder zu probieren, ob ich sie ans Handy bekomme. Ich schaue auf die Uhr.

Noch Zeit. In einer guten Stunde müsste sie umsteigen, um dann dreißig Minuten später hier am Bahnhof einzutreffen, wo wir uns voller freudiger Erwartung in die Arme schließen wollen. So ist zumindest der Plan. Ich drücke auf die Wahlwiederholungstaste und wähle erneut Kirstens Handynummer. Mein stummes Flehen um eine Reaktion am anderen Ende der Leitung wird erhört. Ich bemerke, dass abgenommen wird, höre jedoch nur ein unangenehmes Knacken.

»Kirsten«, rufe ich erleichtert. Ein schwaches Hallo dringt an mein Ohr.

»Kirsten«, rufe ich erneut mit schriller Stimme. »Was ist los? Warum hast du vorhin angerufen?«

Dann sagt sie etwas, was mir einen eiskalten Schauer über den Rücken laufen lässt.

Kirsten flüstert mit matter Stimme: »Angerufen? Ich habe nicht angerufen. Wer ist dort bitte?«

Dann ist die Leitung tot. Mir fällt vor Schreck fast das Mobiltelefon aus der Hand. Eine geschlagene Minute stehe ich da, wie vom Donner gerührt. Aber ich könnte sowieso nichts tun. Nichts, was Sinn macht. Ich muss abwarten, bis dieser Zug ankommt. Der Körper zwar wie gelähmt, überschlagen sich dafür meine Gedanken umso mehr. Soll ich versuchen, zum Bahnhof zu fahren, an welchem Kirsten umsteigen muss? Diesen Plan B verwerfe ich schnellstens wieder. Die Zeit ist zu knapp. Außerdem möchte ich unter diesen Voraussetzungen, in meiner derangierten, mentalen Verfassung, auf keinen Fall jene Strecke mit dem Auto zurücklegen. Es wäre eine Premiere. Ich bin schließlich noch nie in die Stadt gefahren, bewege mich mit dem fahrbaren Untersatz nur in einem Radius von ungefähr zwanzig Kilometern. Es hält mich keine Sekunde mehr zuhause. In Windeseile verlasse ich mein Heim und eile im Schweinsgalopp zum örtlichen Bahnhof. Dort muss ich fast noch eine Stunde warten, bange sechzig Minuten, die Höchststrafe für so einen nervösen Zipfel wie mich. Schon unter normalen Umständen ist Warten nicht meine Stärke. Aber in dieser Situation kommt es einer Folter gleich. Das Schlimmste ist, dass ich mich nicht damit beruhigen kann, indem ich mir harmlose Gründe für Kirstens seltsames Verhalten einrede. Ich habe nämlich nicht die leiseste Ahnung, was hier abgeht, habe keine einzige harmlose Erklärung auf Lager und hoffe inbrünstig, dass sich die ganze Angelegenheit in Wohlgefallen auflösen möge. Gleichzeitig schwöre ich Stein und Bein, mit Kirsten zu brechen, falls sich das mysteriöse Geschehen als schlechter Scherz entpuppen sollte. So aufgebracht, brabble ich eine deftige Standpauke vor mich hin, während ich auf dem Bahnsteig auf und ab gehe. Mit diesem Gebaren ernte ich den einen oder anderen erstaunten Blick, erwecke sicher den Eindruck der geistigen Umnachtung. Als der Zug schließlich einfährt, habe ich mich dermaßen hineingesteigert, dass ich dem Irrsinn wahrscheinlich wirklich nicht mehr fern bin.

Meine Schimpftirade kann ich mir hingegen sparen, denn unter den paar Fahrgästen, die das Schienengefährt ausspuckt, ist definitiv keine Kirsten. Ich traue meinen Augen nicht, laufe zusehends panisch wie ein aufgescheuchtes Huhn am Zug entlang, der hier jedoch nur ein paar Minuten hält, und versuche, ins Innere zu blicken, indem ich hochhüpfe wie eine Geiß, aber eine altersschwache. Es ertönt ein Signal und das Fahrzeug setzt sich in Bewegung. Nun gilt es, einen oder mehrere der überschaubar wenigen Passagiere zu erwischen, bevor sie davongeeilt sind. Ich muss an eine Information kommen. Niemand kann mir helfen. Niemand hat beim letzten Halt die von mir beschriebene Frau gesehen, weder in den Regionalzug einsteigend, noch aus dem Zug, von Hannover kommend, aussteigend. Es gab keinen Unfall, Gott bewahre und keinen Suizid, Gott bewahre auch.

»Sorry … kann Ihnen leider nicht helfen … nein, die Frau ist mir nicht aufgefallen … nein, ich bin nicht mit dem Zug aus Hannover gekommen, sondern aus der anderen Richtung, aus München … ja, ich war in dem Zug aus Hannover, nein die Frau habe ich nicht gesehen … tut mir leid.« Kirsten, das Phantom.

Ich verfluche die Deutsche Bahn auf ein Neues. Früher gab es hier an unserem kleinen Bahnhof Personal, das Gebäude war in Betrieb mit einem freundlichen Beamten an einem Schalter. Heute ist der Bahnhofsbau halb verfallen, die Fenster sind mit Brettern vernagelt. Fehlen nur noch das Schild SALOON über dem ehemaligen Eingang, eine quietschende Schwingtür und eine Straße, auf welcher der Wind den Staub aufwirbelt. Allgemein sieht es hier aus wie in einer Geisterstadt im Wilden Westen. Mich würde es nicht wundern, wenn jeden Moment eine alte Lok dampfend und fauchend einfahren und sich am Horizont eine

Reitergruppe nähern würde. High Noon! 12 Uhr mittags ist es nicht mehr, sondern schon viel später. Und es vergehen weitere wertvolle Minuten, während ich hier halluziniere. Wie gesagt, es ist niemand da, den ich fragen, der mir eine Erklärung liefern könnte. Der hinter seinem Schalter ein Telefon zur Hand nimmt, irgendwo anruft, wo ein ebenso kompetenter Mitarbeiter sitzt, eine befriedigende Auskunft erteilt, die mir beruhigend unterbreitet wird. Hier werden Sie geholfen! Thank you for travelling with Deutsche Bahn! Von wegen! Verzweifelt gebe ich auf, blicke ein letztes Mal über die verwaisten Gleise und wende mich zum Gehen. Nicht ohne vorher dem Fahrkartenautomaten, dem einzigen Kommunikationsmittel hier vor Ort, einem seelenlosen Monster, in meinem Frust einen Tritt verpasst zu haben.

Nun ist guter Rat teurer als je zuvor. Ich würde weiterhin versuchen, Kirsten zu erreichen und ansonsten bei Misserfolg auf dem kleinen Polizeiposten um eine Handy-Ortung bitten, in der Hoffnung, dass so etwas einfach vonstattengehen kann. Im Fernsehen klappt das immer. Für eine Vermisstenanzeige ist es sicher zu früh. Zudem ist Kirsten eine erwachsene Frau, die ihren Aufenthaltsort frei wählen kann. Deshalb ist zu befürchten, dass es mit der Anzeige grundsätzlich nicht klappt ohne Verdacht auf ein Verbrechen. Mich schaudert. Sowas nur zu denken! Das alles weiß ich auch aus dem Fernsehen. Soll noch mal einer sagen, Fernsehen würde nicht bilden. Ich habe die Idee, bei Georg anzurufen, natürlich auf dem Handy. Das habe ich noch nie gemacht, aber schließlich handelt es sich um einen Notfall. Oder eine WhatsApp schreiben. Gut möglich, dass er im Gegensatz zu mir von abweichenden Plänen unterrichtet ist. Wie unwahrscheinlich das ist, will ich nicht wahrhaben. Schließlich war Kirsten auf dem Weg zu mir, wollte mit mir nach Wien fahren und hätte bei plötzlichen Gründen, die dem entgegenstehen, zuerst mich kontaktiert. Ich muss in irgendeiner Form tätig werden, sonst werde ich verrückt. Der Gedanke, mit Georg zu sprechen, baut mich auf. Er beflügelt mich. Gleich bin ich zuhause. Ganz wohl ist mir aber nicht. Ein falscher Alarm würde ihn unnötig belasten. Ich mache ungern die Pferde voreilig scheu. Deswegen zögere ich auch noch.

Verdammt, wo steckt Kirsten? Das gibt es doch gar nicht! Zumindest genauso geheimnisvoll wie ihr Verbleib ist ihr Verhalten am Handy. Das ist eigentlich das absolut Erschreckende. Daran darf ich gar nicht denken, denn sonst drehe ich vollkommen durch. Bitte melde dich! Ich bin überzeugt, klammere mich an die Zuversicht, dass sie das jeden Moment tut und lachend von einem Missgeschick oder Ähnlichem erzählt. Bekanntlich stirbt die Hoffnung zuletzt. Aber weit gefehlt. Es passiert nichts. Kein erlösendes Klingeln des Handys. Keine erklärende WhatsApp. Ich betrete mein Haus, sehe den gedeckten Tisch und breche in Tränen aus. Erschöpft lasse ich mich auf der Couch nieder, stehe wieder auf, lasse mich wieder nieder, stehe wieder auf, laufe hin und her wie ein Raubtier in seinem Käfig, hungrig auf eine erlösende Nachricht. Zu guter Letzt sitze ich lethargisch und dumpf vor mich hinbrütend am Tisch. Als ich die Hoffnung schon aufgegeben habe, irgendwann ist man beim Warten ja soweit, dass man nicht mehr an ein Ende der Qual glauben kann, schnelle ich wie elektrisiert hoch. Im ersten Moment bin ich vollkommen desorientiert, habe mittlerweile jegliches Zeitgefühl verloren und traue meinen Ohren nicht. Aber doch, da ist es! Das so sehr herbeigesehnte Geräusch durchdringt die Stille, mein Festnetzapparat macht das, was seine Bestimmung ist und wofür er da ist. Er klingelt!

Meine Hand umklammert den Telefonhörer so sehr, dass mir die Finger schmerzen. Ich muss mich aber an irgendetwas festhalten. Was ich zu hören bekomme, treibt mir nämlich endgültig den Angstschweiß aus allen Poren und macht aus meinen Knien Gummi. Meine Nerven flattern noch mehr als zuvor.

»Ich komme sofort«, schreie ich voller Panik und lege auf. Fünf Minuten später springe ich, ohne zu überlegen, in mein Auto und starte in Richtung Stadt. In einer knappen halben Stunde habe ich die Stadtgrenze erreicht. Ich könnte nicht mehr sagen, wie ich bis hierhergekommen bin. Am Ziel bin ich indessen immer noch nicht.

Noch nie bin ich so schnell durch die Stadt gefahren. Überhaupt bin ich ja noch nie allein mit dem Auto durch die Stadt gefahren. Mein Herz hämmert in meinem Brustkorb. Mit quietschenden Reifen treffe ich vor dem Krankenhaus ein. Ich halte im absoluten Halteverbot, aber das ist mir egal, springe aus dem Auto und renne wie von

Furien gehetzt in das Gebäude. NEIN, NEIN! Alles in mir verkrampft sich. Ich will nicht wahrhaben, was gerade geschieht. Mühsam meine Panik niederringend, frage ich an der Anmeldung nach, damit ich nicht kopflos und dadurch Zeit verlierend durch die Krankenhausgänge renne. Man beschreibt mir den Weg zur Intensivstation. INTENSIVSTATION! Mein ohnehin beängstigend galoppierendes Herz setzt kurz aus, der Mund wird mir noch trockener. Ich weiß nicht mehr, wie ich den kurzen Weg zurückgelegt habe. Dann stehe ich vor der großen Schiebetür und rüttle wie von Sinnen an dem Griff. Nach einer gefühlten Ewigkeit wird sie geöffnet.

»Sie müssen die Klingel drücken«, klärt mich eine junge Krankenschwester mit sanfter Stimme auf. Dann fragt sie nach: »Sind Sie Frau Jolanda Haberle?« Als ich bejahe, darf ich eintreten.

Am liebsten wäre mir, ich hätte Scheuklappen auf, damit ich das Elend links und rechts nicht sehen müsste. Patientinnen und Patienten jeden Alters liegen in separaten Nischen in Betten, angeschlossen an furchterregende Maschinen und Apparate. Es piept und blinkt an allen Ecken und Enden. Die meisten der bemitleidenswerten Menschen haben die Augen geschlossen, atmen mehr oder weniger schwer. Ich halte den Kopf gesenkt und folge der Schwester.

»Hier herein«, sagt sie und bugsiert mich sachte in eines der kleinen sichtgeschützten Séparées.

Vorsichtig hebe ich den Blick und starre entsetzt auf die Person vor mir. Kirsten liegt wie alle anderen hier auch auf dem Rücken in einem Intensivbett, Augen zu, ein Wirrwarr von Kanülen und Drähten an ihrem Körper, überwacht von Bildschirmen, die ihre Körperfunktionen dokumentieren. Ich habe eine unerklärliche Scheu, mich ihr zu nähern. Kirsten wirkt so fremd in dieser Umgebung. So vital und stark sie immer ist, jetzt liegt sie da wie tot, bleich mit eingefallenen Wangen. Mir wird kurz schwindlig. Die aufmerksame Krankenschwester packt meinen Arm und zieht mich auf einen Hocker.

»Geht's wieder, Frau Haberle?«, fragt sie verständnisvoll.

Ich schaue sie umso verständnisloser an und stammle: »Was ist passiert?«

»Das kann ich Ihnen leider auch nicht genau sagen. Frau Klettmann kam vor circa drei Stunden als Notfall mit dem Rettungswagen hier an. Blinddarmdurchbruch. Sie wurde gleich operiert und ist seit ein paar Minuten hier auf der Station. Sind Sie eine Verwandte? Man hat mir gesagt, falls eine Frau Haberle auftaucht, soll ich sie zu der Kranken lassen. Aber nur kurz. Sie sehen ja selbst, dass alles andere heute keinen Wert hat.«

Ich kann ihr kaum folgen, habe dutzende Fragen, sehe aber ein, dass die Gute mir dieselben wahrscheinlich eh nicht beantworten könnte. Deswegen stelle ich nur zwei der dutzenden Fragen, die zwei wichtigsten.

»Frau Klettmann ist meine Freundin. Können Sie mir bitte sagen, ob sie die Operation gut überstanden hat und ob sie wieder gesund wird.«

Meine Stimme wird immer leiser. Mit angsterfüllten Augen warte ich auf die Antwort.

»Ich denke schon.« Beruhigendes Tätscheln meines eiskalten Händchens. »Jetzt warten wir mal die erste Nacht ab. Die Operation ist gut verlaufen, aber mit einem Blinddarmdurchbruch ist nicht zu spaßen. Da gelangen Eiter und Bakterien in den Bauchraum. Kann eine lebensbedrohliche Bauchfellentzündung nach sich ziehen. Aber Frau Klettmann ist rechtzeitig operiert worden und davon muss sie sich nun erholen. Wir lassen sie ein paar Tage hier auf Intensiv, geben ihr ein hochdosiertes Antibiotikum und Schmerzmittel.«

»Dann komme ich morgen wieder vorbei«, sage ich und umarme die Schwester vor Erleichterung.

Falls sie wegen meiner überschwänglichen Reaktion erstaunt sein sollte, lässt sie sich das nicht anmerken.

Sie drückt mich nur sanft von sich weg, tätschelt mir zum zweiten Mal beruhigend die Hände und meint: »Das ist eine gute Idee. Dann wird Frau Klettmann wach sein und Sie können sich selbst ein Bild von ihrem Zustand machen.«

»Tschüss, Kirsten. Erhol dich gut. Bis morgen«, flüstere ich und streiche Kirsten über den Kopf. Sie hat die Augen immer noch geschlossen und ich habe Tränen in den Augen bei diesem kleinen Abschied. Auf diese momentane Tränenblindheit schiebe ich es auch, dass ich beim Verlassen von Kirstens kleinem Bettenabteil prompt in die falsche Richtung laufen will.

»Frau Haberle, hier geht's raus«, bremst mich die Intensivschwester und drängt mich zum Ausgang.

Sie spricht so laut und langsam, wie man mit einer verwirrten, alten Person redet, welche die Orientierung verloren hat. Genauso fühle ich mich auch, verwirrt, kopf- und planlos.

Und unser Plan A hat sich in Luft aufgelöst. Einen Plan B gibt es noch nicht. Zuerst gilt es nun, die Wogen zu glätten, die das heutige schreckliche Geschehen aufgewühlt hat. Ich bin dazu außerstande. Selbst für die Heimfahrt in meinem Auto habe ich plötzlich keine Nerven mehr. Mist! Die Karre parkt ja im absoluten Halteverbot. Auf wundersame Weise steht sie da immer noch, ist nicht abgeschleppt worden und wird auch nicht von einem Strafzettel an der Frontscheibe verunstaltet. Glück im Unglück! Schnell fahre ich den Wagen auf einen der regulären Parkplätze und löse ein Parkticket. Dort lasse ich ihn stehen und nehme den Bus heimwärts. Zuhause rufe ich sofort Daniel an. Ein Telefongespräch mit ihm soll als Rettungsanker dienen. Ich baue darauf, dass er mir sagt, was in der desolaten Situation alles zu erledigen ist. Kaum hat er den Hörer abgenommen, falle ich wortreich sprudelnd über ihn her.

»Mutter«, unterbricht er mich mit erstaunter Stimme. »Was ist denn mit dir los? Geht es dir gut?«

Daniel spricht ebenso langsam und laut wie die Schwester im Krankenhaus. Sollte ich mir etwa allmählich Gedanken machen, wie mein Umfeld mich behandelt? Erwecke ich plötzlich den Eindruck einer dementen Seniorin? Und das mit noch nicht einmal sechzig Jahren, allerdings nicht mehr weit davon entfernt?

»Du brauchst nicht mit mir zu reden, als hätte ich sie nicht mehr alle«, weise ich den Sohnemann rüde zurecht.

»Jetzt mal schön der Reihe nach, Mutter. Ich meine es nur gut. Du rufst hier an, sprichst wirres Zeug. Komplett konfus, ohne Punkt und Komma. Da kriegt man ja einen Herzkasper. Ich weiß immer noch nicht, was du mir überhaupt sagen willst.«

Ich versuche, meine galoppierenden Gedanken zu bremsen und zu sortieren. Es gelingt mir, die Geschehnisse einigermaßen verständlich zu schildern.

Daniels Stimme ist nicht mehr so forsch, als er mir antwortet: »Jetzt hast du mir aber erst recht einen Riesenschrecken eingejagt. Also, damit ich es richtig verstanden habe. Kirsten liegt nach einer Blinddarmoperation im Krankenhaus. Ihr könnt eure geplante Reise nicht antreten und du möchtest wissen, was du tun sollst, stimmt das so?«

»Ja«, sage ich kleinlaut.

»Hast du einen Zettel?«

»Ja«, antworte ich wiederum.

Er diktiert mir die dringendsten Punkte.

»Hast du alles notiert?«

»Nein«, muss ich gestehen.

Das Ende vom Lied ist, dass Daniel erledigt, was getan werden muss. »Das hat so keinen Wert. Leg dich hin und ruh dich aus, Mama«, sagt er fürsorglich. »Ich ruf bei eurem Hotel an und storniere auch dein Kletterevent.«

Mir bleibt nur, Georg zu informieren. Per WhatsApp bitte ich um seinen Anruf zu einem ihm passenden Zeitpunkt. Das Telefon klingelt umgehend. Er ist verständlicherweise geschockt. Das ist einer dieser gefürchteten Fälle, wo er keine Handhabe und Möglichkeiten hat, zu seiner Geliebten zu gelangen und keine Rechte, im Krankenhaus Informationen zu erhalten. Ich verspreche, ihn auf dem Laufenden zu halten. Sobald er kann, würde er Kirsten daheim besuchen.

Unsere Reisepläne sind aufgeschoben, hoffentlich nicht aufgehoben. Plan B muss her! Aber erst muss Kirsten gesund werden. Alles andere ist zweitrangig. Höhere Gewalt, es hat nicht sollen sein. Diese Wienfahrt ist uns nicht vergönnt! Dem Himmel sei Dank, dass es uns anscheinend vergönnt sein soll, dass wir wenigstens die Geburtstage erleben. Das haben wir bei der Planung vorausgesetzt. Und wie erschreckend ist es nun festzustellen, dass man diese Tatsache nicht als Selbstverständlichkeit ansehen darf. Darüber denke ich voll Dankbarkeit nach, als ich an diesem unglückseligen Tag allein bin und nichts mit mir anzufangen weiß, als Trübsal zu blasen und zu sinnieren. Andererseits, denke ich, kann man ja auch nicht jeden Tag so leben, als sei er der letzte und als sei es das einzige Tagesziel, sich abends noch lebendig ins Bett legen zu können. Der Comic-Hund Snoopy von den Peanuts traf die Feststellung, dass alle Menschen eines Tages sterben werden. Eines Tages, aber an allen anderen Tagen eben nicht. Zudem leben wir nicht nur einmal, wir sterben nur einmal, wir leben jeden Tag. Ich bin mal wieder erstaunt über so viel Weisheit in einem Cartoon. Diese Gedanken nehmen mir etwas von meiner inneren Anspannung. So begebe ich mich notgedrungen zeitig auf mein Nachtlager, wohlwissend, dass ich Kraft tanken muss für die kommenden Tage.

Besuche auf der Intensivstation – 12.07.2018

Nach einer unruhigen Nacht bin ich schon früh auf den Beinen. Ich habe das Gefühl, überhaupt nicht geschlafen zu haben, nur immer wieder vor Erschöpfung kurz eingenickt mit Schreckensbildern vor Augen. Die Träume waren so wirr, dass ich noch eine Stunde nach dem Aufstehen neben mir bin. Erst nach einer Dusche und zwei Tassen Kaffee kann ich einigermaßen klar denken. Groß zu überlegen, was ich machen soll, brauche ich nicht. Mich zieht es ins Krankenhaus zu meiner Freundin. Allerdings muss ich mich bremsen, nicht schon um sieben Uhr das Haus zu verlassen und mit dem Bus zu ihr zu fahren. Ich habe keine Ahnung von Besuchszeiten, gehe aber davon aus, dass auf der Intensivstation sowieso andere Regeln gelten.

Heute ist Kirstens Geburtstag! Dass wir diesen Tag zusammen verbringen würden, war klar. Aber bitte doch nicht auf der Intensivstation eines Krankenhauses, sondern im wunderschönen Wien, wo unsere Ankunft um die Mittagszeit geplant war. Danach im Hotel einchecken, frischmachen und Richtung Prater starten. Dort haben wir uns für das Abendessen etwas ganz Spektakuläres ausgedacht. Schließlich soll nicht nur mein Geburtstag im Vordergrund stehen. Ich will die außergewöhnliche

Herausforderung und Kirsten ein gemütliches Event, auch gerne außergewöhnlich. So kam uns bei der Feinplanung vor ein paar Wochen die rühmliche Idee, am Vortag der Wandbesteigung ebenfalls in die Höhe zu gehen. Für teures Geld kann man in einem Waggon des Riesenrades im Wiener Vergnügungspark ein Dinner genießen, ein leckeres Mehr-Gänge-Menü in einer exklusiven Atmosphäre. Wien bei Nacht würde es im Juli zwar erst gegen 21 Uhr geben, aber immerhin beim Dessert könnten wir ein Lichtermeer bewundern, das sich unter uns erstreckt. Ein »Dinner in the Sky«, etwas, was man sich nur zu besonderen Anlässen gönnt und leisten kann. Diese Attraktion ist mein Einfall gewesen und ich bin ein bisschen stolz darauf. Vor allem auf Kirstens Begeisterung und Vorfreude. Schließlich hat mich schon länger das schlechte Gewissen geplagt, weil ich das Gefühl habe, dass sich dieser ganze Geburtstagswirbel ausschließlich um mich dreht und Kirsten in ihrer Gutmütigkeit zu kurz kommt.

Der Gedanke daran und der Gedanke daran, dass es nun abgesagt werden musste und meine beste Freundin im Krankenhaus liegt, lässt mein Herz schwer und schwerer werden.

Schnell pflücke ich im Vorgarten ein paar Heckenrosen und versuche, sie zu einem kleinen, ansehnlichen Strauß zu binden, was mir nur bedingt gelingt. Kritisch schaue ich auf das Geburtstagssträußlein, das seine Blüten eigenwillig in alle Richtungen streckt, und denke, dass Schönheit immer im Auge des Betrachters liegt und der gute Wille da war. Eine Floristin ist an mir nicht verloren gegangen. Nun aber los!

Eine andere Krankenschwester als gestern, eine sehr beleibte Dame mit einem fürsorglich mütterlichen Gesichtsausdruck, lässt mich auf die Intensivstation und bestätigt auf meine Nachfrage, dass es Kirsten den Umständen entsprechend gut ginge. Das ist ja die Floskel schlechthin in so einem Fall. Sie wäre schon wach gewesen und hätte auch nach mir gefragt. Mein Herz macht einen kleinen Freudensprung und ich trete in die kleine, abgeteilte Nische, wo sie seit gestern darniederliegt. Kirsten ruht in ihrem Bett, als hätte sie sich keinen Zentimeter bewegt seit meinem Besuch am Vortag. Sie hat nach wie vor die Augen geschlossen. Ich merke, wie der Kloß in meiner Kehle, der sich seit gestern dort eingenistet hat, anschwillt. Das Schlucken fällt mir schwer.

Vorsichtig nehme ich Kirstens Hand, drücke sie leicht und stammle: »Alles Liebe zum Geburtstag. Noch nie hast du Glückwünsche so gut gebrauchen können, oder?«

Vor Aufregung und weil keine Reaktion kommt, weiß ich gar nicht, was ich noch von mir geben soll und sage deshalb, was wahrscheinlich neunundneunzig Prozent der Menschen in so einer Situation fragen, eigentlich eine ziemlich blöde Frage: »Kirsten, mein altes Mädchen, was machst du denn für Sachen?«

Liebevoll streichle ich ihre Hand, immer auf der Hut, um nicht irgendwelche Kanülen zu berühren.

Voller Erleichterung sehe ich, wie Kirstens Augenlider flattern.

Bevor sie die Augen vollends öffnet, kommt es ganz leise und mühsam über ihre Lippen: »Lolly!«

Ich sehe ob der Gesamtumstände großzügig über die erneute Verhunzung meines Namens hinweg und muss an mich halten, sie nicht zu umarmen, was wegen der vielen Schläuche eher ungünstig wäre.

So verleihe ich meiner großen Freude und Erleichterung durch ein unter Tränen geflüstertes »Kirsten, Gott sei Dank, wie geht es dir?« Ausdruck und ziehe den einzigen kleinen Hocker im Raum an ihr Bett. Wieder Stille, aber ich merke, dass die bemitleidenswerte Gestalt auf dem Bett unruhig wird. Endlich öffnet Kirsten die Augen und dreht suchend den Kopf hin und her.

»Hier bin ich, Kirsten«, sage ich leise, weil hier auf der Intensivstation alles ruhig ist, wie schallgedämmt, und nehme ihre Hand in meine.

»Jolanda, schön, dass du da bist. Was ist denn passiert?«

»Gute Frage, nächste Frage«, sage ich, »das wüsste ich gerne von dir.«

»Ich weiß, dass ich im Krankenhaus bin, aber ich kann mich nicht erinnern, wie ich hierhergekommen bin.«

»Das fällt dir schon wieder ein. Darüber reden wir heute noch nicht. Heute hast du doch Geburtstag.«

»O nein, ich habe alles verbockt. Wir wollten doch … « Kirsten wird ganz fahrig und ich habe Angst, dass eine Infusion verrutscht.

»Psst, nicht aufregen, bitte. Das ist alles nicht wichtig. Wichtig ist, dass du … «

… lebst, wollte ich sagen, aber das wäre vielleicht zu dramatisch. Ich habe schließlich keine Ahnung, wie ernst Kirstens Zusammenbruch war und wie ihre Verfassung momentan ist. Falsche Bemerkungen zur falschen Zeit würden sie unnötig beunruhigen. Dabei habe ich selbst die Geschehnisse als sehr nervenaufreibend empfunden. Nach meinem Eindruck war Kirstens Zustand wenigstens gestern sehr kritisch. Deswegen habe ich alles Mögliche geschworen und versprochen, wenn sie am Leben bleibt. Ich befürchte, diese vielen Versprechen zu Lebzeiten nicht einlösen zu können. So lange würde ich gar nicht mehr leben. Aber nun gut. Niemand war Zeuge meiner zahlreichen Schwüre. Sicherlich würde ich aber bei nächster Gelegenheit zu einer Mariengrotte bei uns in der Nähe pilgern und Kerzen entzünden, um zu danken und um für Wohlergehen in der Zukunft zu bitten. Ist es nicht erstaunlich, dass manche Menschen in Notsituationen anfangen zu beten? So ein Mensch bin ich anscheinend auch. Eine Spende an ein Kinderkrankenhaus habe ich in meiner Angst um Kirsten auch in Erwägung gezogen. Das wäre, ich will nicht unbedingt sagen, sinnvoller als nur zu beten, aber mindestens so ratsam und sehr nützlich. Also werde ich das auch ins Auge fassen.

»Wichtig ist, dass du … wach bist«, vollende ich den Satz. »So kann ich dir endlich richtig gratulieren und die Blümchen überreichen. Meinen herzlichsten Glückwunsch zum sechzigsten Geburtstag.«

Ich nehme die Heckenrosen, eingewickelt in ein feuchtes Papierküchentuch, aus meiner Tasche, packe sie aus und überreiche sie dem Geburtstagskind, das sie leider nicht entgegennehmen kann, wenigstens symbolisch.

»Ich schau gleich mal nach einer kleinen Vase. Sie sind nichts Besonderes. Aus dem Vorgarten auf die Schnelle gepflückt.«

Meine Freundin wirft einen Blick auf das Sträußchen, dem der Transport in meiner Handtasche den Rest gegeben hat, was die Ästhetik angeht.

»Meine Liebe, das sieht mir aus wie eines deiner typischen Blumenarrangements«, spottet Kirsten mit matter Stimme.

Ich lache schallend, halte mir sogleich die Hand vor den Mund, weil man hier ja leise zu sein hat, und lache eben leise, aber nicht minder herzlich, weiter. Es tut so gut, einen Hauch der Kirsten, wie sie normalerweise leibt und lebt, zu spüren. Ich bin so froh. In dem Moment weiß ich, dass alles gut wird.

Und prompt kommt die Schwester angewackelt, um den Grund der Ruhestörung zu eruieren.

»Was haben wir denn hier für eine Party?«, fragt sie mit hochgezogenen Augenbrauen. »Und die Deko dazu«, sie wirft einen giftigen Blick auf die kümmerlichen Heckenrosen, »bitte ich schnellstens zu entfernen. Meine Damen, Sie befinden sich auf der Intensivstation eines Krankenhauses. Keine Blumen, kein Lärm und nur Kurzbesuche, wenn ich bitten darf. Frau Klettmann, ich freue mich, dass es Ihnen besser geht. Aber nun ist Schluss. Ihre Freundin kann morgen wieder kommen. Vielleicht sind Sie dann schon auf der normalen Station. Nachher kommt die Ärztin, dann sehen wir weiter.«

Meine Bitte nach einer Vase hat sich hiermit erübrigt. Ich stecke den armseligen Strauß wieder ein, um ihn daheim zu entsorgen. Das ist mir angesichts der guten Aussichten, Kirsten morgen einen richtig langen Besuch abstatten zu können, absolut egal.

»Sag bloß, du bist alleine mit dem Auto hierhergefahren?«, hänselt mich Kirsten noch zu guter Letzt, als ich die Autoschlüssel beim Abschied in der Hand halte. Das Sprechen strengt sie noch an, das merkt man, aber ich werte es als gutes Zeichen, dass sie schon wieder zum Scherzen aufgelegt ist.

»Gestern, in Panik«, gestehe ich, »dann mit dem Bus zurück und mit dem Bus wieder her. Und jetzt muss ich die Kiste heimfahren.« Die Begeisterung darüber scheint mir im Gesicht zu stehen.

»Das schaffst du, Jolanda«, sagt Kirsten und hat dabei schon die Augen zu. »Komm morgen wieder, ich freue mich.«

»Ich mich auch. Erhol' dich gut.«

Ich mache mich mit meinem Auto auf den Heimweg und stelle fest, dass es gar nicht so schlimm ist. Man wächst anscheinend an den Herausforderungen, die das Leben für einen bereithält. So bin ich auf gutem Weg, im knackigen Alter von sechzig Jahren meine Fahrkünste zu komplettieren. Lieber spät als nie.

Kirstens Beichte – 13.07.2018

Der große Tag ist da und nichts, rein gar nichts, entspricht der peniblen, wochenlangen Planung. Zu kein Glück kam bei uns halt auch noch Pech dazu. Bei Missgeschicken heißt es oft, Hauptsache gesund. Nicht einmal das greift hier. Obwohl man zufrieden sein muss. Kirsten geht es deutlich besser. Sie hat vorhin angerufen und gesagt, wo ich sie finden kann, wenn ich im Krankenhaus eintreffe. Nicht mehr auf der Intensivstation. Das ist doch schon mal was. Für mich in Anbetracht der ganzen Misere das schönste Geburtstagsgeschenk, das ich mir für heute vorstellen kann, denke ich voller Demut, als ich mich auf den Weg mache.

Kirsten liegt nun in einem normalen Krankenhauszimmer, als Privatpatientin in einem Einzelzimmer. Wir sind also ungestört bei meinem Besuch. Ich habe ein bisschen gehofft, dass wir an dem kleinen Tisch vor dem Fenster zusammen Kaffee trinken können und von dem Kuchen essen, den ich unterwegs besorgt habe. Sachertorte, um dem Tag wenigstens etwas Wien-Flair zu geben. Aber die Arme hängt immer noch am Tropf. Da werde ich ihr die süße Delikatesse wohl füttern müssen, denke ich amüsiert.

Kirsten sagt schmollend: »Ich brauche weiterhin das Antibiotikum. Ab morgen hoffentlich in Tablettenform. Eine Woche werde ich hier wohl noch einsitzen beziehungsweise einliegen müssen.«

»Ich komme jeden Tag, das stehen wir durch. Kann Georg dich auch besuchen?«

»Er ruft täglich an. Wenn ich daheim irgendwo im Krankenhaus liegen würde, wäre es einfacher. So ist es umständlich und er müsste sich wieder irgendeine Ausrede für seine Frau einfallen lassen. Das möchte ich nicht.«

»Verstehe ich vollkommen. Du gefällst mir heute übrigens wesentlich besser«, sage ich zufrieden.

»Soll das ein Witz sein? Ich möchte lieber nicht in den Spiegel schauen.«

»Das hat mit äußerer Schönheit nichts zu tun, das weißt du. Ich freue mich so über deine gute Verfassung.«

»Na hör mal, schließlich ist heute dein Geburtstag, da gebe ich selbstverständlich alles. Mehr habe ich auch nicht zu bieten. Nicht mal ein halbverwelktes Sträußchen, wie es bisweilen gerne zum sechzigsten Geburtstag überreicht wird«, spottet Kirsten.

Wir lachen, dann fängt sie endlich an zu erzählen und ich erfahre die Hintergründe und die Hinderungsgründe, warum wir hier sitzen und nicht in Österreichs Hauptstadt.

»Es ging mir schon ein bis zwei Tage zuvor überhaupt nicht gut«, beginnt Kirsten mit ihrem Bericht.

»Warum hast du mir das nicht gleich gesagt? Ich hätte … «, unterbreche ich sie empört.

Kirsten hebt die Hand und bringt mich damit zum Schweigen: »Verschon mich mit deinen Einwürfen und Bekundungen, wie schlimm das war, bis ich fertig bin. Ich lege gesteigerten Wert darauf, dass du mich nicht laufend unterbrichst.«

»Ja«, sage ich ganz artig und nicke mit dem Kopf.

»Also, mich plagten bereits seit Anfang der Woche Bauchschmerzen. Aber ich dachte, das wird schon wieder, wollte auf keinen Fall, dass deswegen unser schöner Kurzurlaub gefährdet ist.«

Ich stehe abermals empört auf und setze zu einem Protest an.

»Schweig und setz dich wieder hin«, verlangt Kirsten mit erstaunlich fester Stimme. »Am Dienstag waren die Schmerzen ziemlich stark und ich war hin- und hergerissen, ob ich dich anrufen soll. Ich war am Boden zerstört. Dann beschloss ich, die Nacht noch abzuwarten. Ob wir dienstags oder mittwochs das komplette Event stornieren würden, würde ja keinen Unterschied machen. Und tatsächlich ging es mir am nächsten Morgen besser. Ich dachte, im Laufe des Tages würde sich sicherlich alles quasi in Luft auflösen. Irgendein quersitzender Furz, der mich geplagt hatte. So machte ich mich auf den Weg. Im Zug ging es dann leider so richtig los. Die Schmerzen kamen mit voller Wucht zurück. Ich hatte Schweißausbrüche, mein Puls raste. Da bekam selbst ich leichte Panik.«

Ich halte es fast nicht mehr auf meinem Stuhl neben ihrem Bett aus, will unbedingt etwas sagen, strecke die Hand hoch und schnipse wild mit den Fingern wie ein übereifriges Schulkind.

»Gleich«, sagt Kirsten, »in dieser Situation rief ich dich an.«

»Ja, das war wirklich ein komisches Telefonat«, platze ich dazwischen.

»Ich weiß«, bestätigt Kirsten, »obwohl ich mich nicht mehr daran erinnern kann, was ich gesagt habe.«

»Richtig schlimm wurde es für mich, als ich dich zurückrief und du irgendwann endlich dran gingst.«

»Ernsthaft? Davon weiß ich überhaupt nichts mehr«, gesteht sie.

»Du wusstest nicht, dass du schon einmal angerufen hattest, warst total neben dir. Diesen Eindruck hatte ich zumindest.«

»Mir ging es immer schlechter. Ich merkte, dass mein Bauch ganz hart war. Einem Fahrgast neben mir, ich weiß nicht einmal mehr, ob Männlein oder Weiblein, glaube aber, es war ein Mann, ist mein Zustand natürlich aufgefallen, aber was sollten wir tun? Dieser hilfsbereite Mensch half mir beim nächsten Halt, wo ich, glaube ich zumindest, umsteigen sollte, aus diesem Zug und führte mich in die Bahnhofshalle auf eine Bank. »Ich rufe Ihnen sofort einen Arzt«, hat er gesagt. Aber anscheinend bin ich dort kollabiert. Als ich wieder zu mir kam, lag ich verkabelt in einem Bett. Kann das sein, dass du da schon bei mir warst?«

»Ja, das war ich, aber da hast du tief und fest geschlafen. Es war gestern an deinem Geburtstag, als du wach geworden bist und mich wahrgenommen hast. Kirsten, ich bin entsetzt, dass du so leichtsinnig warst und dein Leben riskiert hast. Im Endeffekt, gemessen an deiner Gesundheit, wegen einer Lappalie. Das war es definitiv nicht wert. Wärst du gleich zum Arzt, als die Beschwerden kamen …«

Kirsten unterbricht mich: »Schluss damit. Hinterher ist man immer schlauer. Es ist alles soweit gutgegangen. Ich komme wieder auf die Beine.«

»Warum waren die Schmerzen eigentlich fast weg und sind dann so massiv wieder gekommen?«, frage ich noch.

»Das wollte ich heute Morgen auch von der Ärztin wissen. Sie hat es mir so erklärt: Man hat Schmerzen, weil der Blinddarm entzündet ist. So war es ja auch bei mir am Anfang der Woche. Wenn eine Blinddarmentzündung in den Bauchraum durchbricht, können die Bauchschmerzen für eine kurze Zeit nachlassen, werden dann aber wieder stärker. Nun sollte rasch etwas geschehen, bevor sich die Entzündung im Bauch ausdehnt. Während der Bahnfahrt hatte ich wegen des Durchbruchs einen Kreislaufkollaps. Die Ärzte handelten schnell bei der Einlieferung ins Krankenhaus. Durch Ultraschall kann man rasch eine Diagnose stellen, ich wurde operiert und nun muss die Entzündung noch abklingen. Bei einer normalen Blinddarmentzündung mit Operation kann man nach drei bis fünf Tagen schon wieder heim. Ich muss nachsitzen und bleibe einfach ein paar Tage länger in diesem netten Etablissement.«

Mir wird ganz anders bei dieser Schilderung und ich bin zum wiederholten Male heilfroh, dass Kirsten so glimpflich aus der Sache herausgekommen ist. Dankbar bin ich auch dafür, dass Kirsten diesen Notfallausweis bei sich trägt, in dem ich mit Kontaktdaten und Telefonnummer eingetragen bin. So wusste man im Krankenhaus, an wen man sich wenden konnte, als die arme Kirsten als bewusstlose Notfallpatientin eingeliefert wurde. Wer weiß, wie lange ich noch im Ungewissen hätte verweilen müssen? Dann doch lieber dieses Ende mit Schrecken als ein Schrecken ohne Ende. Zwar hatte mich dieser Anruf aus der Klinik erst recht in Panik versetzt, aber für eine weiter andauernde Ungewissheit wäre mein Nervenkostüm definitiv zu schwach gewesen.

Ich bleibe noch ein bis zwei Stunden hier in diesem Krankenzimmer. Dann wird Kirsten müde und ich gehe mit dem Versprechen, morgen und die nächsten Tage wieder zu kommen.

Den Rest des Tages verbringe ich an Handy und Telefon, wo zahlreiche Glückwünsche eintreffen. Da ich heute ja eigentlich fernab weilen wollte, ist ein Besuch Daniels nicht eingeplant. Kurzfristig kann er leider nicht kommen, um mir an diesem Abend Gesellschaft zu leisten. Wir hätten uns in einem schönen Restaurant ein leckeres Geburtstagsessen gegönnt. Auf ein Treffen der eher oberflächlichen Art mit Bekannten habe ich keine Lust. So sitze ich mit dem obligatorischen Glas Rotwein allein auf der Terrasse und denke mal wieder über Wege und Umwege in einem Menschenleben nach. Wenn der Tag nicht dein Freund war, so war er dein Lehrer. Über diese alte Erkenntnis, wen auch immer sie irgendwann überkam, denke ich nach. Anscheinend fügt sich alles und ergibt einen Sinn, den wir nicht sofort erkennen. Dass dieser Tag nicht mein Freund war, dürfte klar sein. Aber die Lehre daraus? Da braucht man viel Fantasie. Vielleicht dass man demütig und dankbar sein sollte, wenn sich das Schicksal trotz einer unerwarteten Wendung gnädig zeigt.

Lebensträume

Genau an derselben Stelle sitze ich eine Woche später abends mit Kirsten. Am Morgen wurde sie aus dem Krankenhaus entlassen. Ich freue mich sehr, sie noch eine Woche hier zu haben. So lange ist sie mindestens noch krankgeschrieben.

»Bei mir wirst du wieder so richtig aufgepäppelt«, sage ich und schiebe den Teller mit Canapés in ihre Richtung. »Greif zu.«

»Das habe ich befürchtet. Ich möchte keine Mastkur machen, liebe Jolanda. Und große Mengen an Essen vertrag ich sowieso noch nicht.«

»Das sind doch nur Häppchen mit verschiedenen leckeren Aufstrichen. Nichts Schweres«, verteidige ich die Platte mit den Schnittchen.

»Sehr fein, trotzdem muss meine Verdauung erst mal wieder richtig funktionieren.« Sie streicht sich über ihren Bauch. »Da drin ist noch ganz schön Unruhe. Übermorgen fahre ich übrigens zurück. Susanne geht auf einen Ausflug mit irgendeinem Verein, ich glaube Wandern mit ihrer Walking-Gruppe. Da kann Georg mich bequem besuchen.« Sie strahlt glücklich über diese angenehmen Aussichten nach all dem Schrecken.

»Übermorgen schon? Ich dachte, du erholst dich hier bei mir bis nächste Woche. Wie willst du denn heimkommen? Mit der Bahn hoffentlich nicht. Das ist viel zu anstrengend mit deinem Gepäck. Schwer heben solltest du noch eine Zeitlang bleiben lassen.«

»Georg meldet sich morgen früh. Dann weiß er Näheres. Ich hoffe, dass er mich abholen kann.«

»Das wäre schön. Habe ihn schon lange nicht mehr gesehen.«

Kirsten hebt ihr Glas mit dem sommerlich leichten Weißwein und prostet mir zu.

»Auf uns und das Leben, das sich an keine Regel hält! Tut mir übrigens sehr leid, dass unser ganzes Unternehmen geplatzt ist. Lebenstraum ade.«

Ich schüttle den Kopf. »Als Lebenstraum würde ich dieses Hochklettern nicht bezeichnen, also bitte. Zudem ist aufgeschoben nicht aufgehoben. Werde du wieder fit, dann machen wir neue Pläne.«

Ich stoße mit meinem Glas an ihres. Wir schauen uns in die Augen.

»Darf ich dich küssen?«, fragt Kirsten.

»Jetzt machst du mir aber Angst«, entgegne ich, grinse breit und schaue sie fragend an.

»Ich habe gerade an unsere Blutsschwesternschaft gedacht, die wir vor vielen, vielen Jahren mit einem Kuss besiegelt haben. Sollten wir die erneuern?«

»Warum denn? Unsere Freundschaft hält schon über vierzig Jahre. Darauf können wir stolz sein. Wir brauchen keine neuen Schwüre, Küsse oder sonstige Formalitäten.« Ich werfe ihr eine Kusshand zu. »Das muss reichen.«

Dann werde ich nachdenklich.

»Apropos Lebenstraum. Weißt du übrigens, dass meine Mutter ein Musterbeispiel für ein unerfülltes

Leben war? Viele Träume, viele Flausen im Kopf, aber nie in der Lage, diese Träume Wirklichkeit werden zu lassen.«

»Manchmal ist es schöner, Träume bleiben Träume. Wie wäre es, wenn alles in Erfüllung ginge, was man sich wünscht? Von was soll man dann träumen?«, fragt Kirsten. »Deine Mutter kam mir aber nie so vor, als würde ihr etwas fehlen.«

»Sie hat ja auch immer alles dafür getan, eine Fassade aufrechtzuerhalten. Aber im Grunde ihres Herzens war sie eine unzufriedene und verbitterte Frau, als sie starb. Mir war sie oft ein Rätsel. Wir haben es auch nie geschafft, ein herzliches Verhältnis zueinander aufzubauen, wie man es erwarten dürfte zwischen einer Mutter und der einzigen Tochter.«

»Das tut mir leid, Jolanda.«

»Ich wurde nie das Gefühl los, dass sie mich sogar für ihr verpfuschtes Leben verantwortlich machte.«

»Na, das ist jetzt aber eine sehr gewagte Behauptung, findest du nicht? Wie kommst du darauf? Entschuldige, wir haben nicht oft über unsere Eltern gesprochen. Zumindest nicht tiefergehend. Warum kommt dir das ausgerechnet jetzt alles in den Sinn?«

»Habe auch keine Idee, warum mir das gerade heute im Kopf herumgeht. Das hängt bestimmt mit unserem verflixten sechzigsten Geburtstag zusammen. Ich bin mit meinen sechzig Jahren nicht mehr so sehr weit von dem Alter entfernt, als sie starb. Sie war fünfundsechzig, als der Krebs sie holte. Mir kam sie wesentlich älter vor. Ich kann es nicht glauben, dass wir beide in fünf Jahren so alte Frauen sein sollen, wie ich Mama in Erinnerung habe.«

»Mit dieser Erfahrung bist du nicht allein, liebe Jolanda. Die Generation der Eltern ist gefühlt schon immer alt, wenn du weißt, was ich meine. Da macht man sich wenig Gedanken darüber. Gerade, wenn man selbst noch relativ jung ist. Ob Vater und Mutter vierzig, fünfzig oder sechzig sind, ist da vollkommen egal. Der Nachwuchs ist jung, die Eltern sind alt. Ins Grübeln kommt man eben erst, wenn diese Generation nach und nach das Zeitliche segnet. Wenn die Eltern weg sind, ist man plötzlich nicht mehr Kind, sondern selbst an der Spitze angelangt. Weiter oben ist niemand mehr, man kann nur noch zurückschauen auf die nachkommenden Generationen, die einem auf einmal erstaunlich jung vorkommen, selbst, wenn sie vierzig oder gar fünfzig Jahre alt sind. Also alles eine Frage der Perspektive.«

»Meine weise Kirsten«, sage ich. »Je älter ich werde, umso mehr denke ich über Mutter nach, versuche ihr Verhalten zu analysieren und komme zu dem Schluss, dass sie unzufrieden und schwach war. Sie war ihr Leben lang unglücklich, machte aber immer die anderen dafür verantwortlich. Und mich speziell dafür, es nie in die große weite Welt hinausgeschafft zu haben.«

»Du meinst, weil sie mit dir schon so jung schwanger wurde? Da bist du wohl die Letzte, der man daraus einen Vorwurf machen könnte.«

»Indirekt doch. Mama war in jungen Jahren eine Schönheit, die Allerschönste, zumindest in dem

Nachbarkaff, aus dem sie stammte. Man könnte sie somit als Dorfschönheit bezeichnen. Ich habe nach ihrem Dafürhalten und zu ihrem Bedauern mein Äußeres übrigens vom Vater. Das musste ich mir mehr als einmal sagen lassen. Dumm war Mama auch nicht, aber dumm genug, sich mit achtzehn schwängern zu lassen. Und damals, Ende der Fünfzigerjahre, war es nun mal so, dass man dann heiratete, oder nicht? Heiraten MÜSSEN! Das ist für uns beide doch ein Begriff, den man kennt.«

»Ja, und ein Schwachsinn. Ich glaube, kein Mensch würde heute nur wegen eines Kindes heiraten, schon gar nicht mit achtzehn. Freilich gibt es heutzutage auch frühe Schwangerschaften und möglicherweise sind sie ab und zu auch noch der Grund für eine Eheschließung, aber grundsätzlich geht man anders damit um.«

»Damals nicht. Mein Vater musste also meine Mutter heiraten, selbst gerade erst zwanzig geworden. Aus seiner Sicht war das Unglück, glaube ich, nicht so groß. Ich hatte immer den Eindruck, dass er sie abgöttisch liebte. Mama allerdings fühlte sich gefangen in dieser Ehe und in unserer ländlichen Struktur. Ach, was hat sie mir immer vorgeschwärmt, was aus ihr hätte werden können, wenn sie nicht so früh hätte heiraten müssen. Alle Möglichkeiten verbaut, keine richtige Berufsausbildung genossen, sie ging nach der Volksschule noch auf die Handelsschule, wie diese Schultypen damals hießen. Nach deren Beendigung kam die Schwangerschaft dazwischen und machte alle weiteren Pläne zunichte. Immer wieder bekam ich das gebetsmühlenartig zu hören, die ganze Leier. Ein

Studium, Ärztin, Tierärztin, Journalistin, Dolmetscherin, oder wenigstens Fremdsprachensekretärin waren nur einige ihrer bevorzugten Berufswünsche, die nie Realität geworden sind. Aber bitte nicht ›mea culpa‹.«

»Natürlich war das nicht deine Schuld. Man ist als Kind nie für das Glück oder Unglück der Eltern verantwortlich. Das wäre ja noch schöner. Nicht zu verwechseln mit Kümmern und Sorgen, wenn sie alt geworden sind. Ganz übel finde ich es, wenn Eltern von ihren Kindern das erwarten, was sie selbst nicht erreicht haben.«

»Da hatte sie auch eine gewisse Erwartungshaltung. Sie war mir sehr böse, als ich die Schule abbrach und in Würzburg eine Ausbildung anfing. Das hat sie mir nie richtig verziehen. Ich weiß auch nicht, was ich hätte vollbringen müssen, um ihren Träumen gerecht zu werden. Irgendetwas, was mich von allen anderen abheben würde. Wenn es schon nicht möglich war, sich im eigenen Glanz zu sonnen, so hoffte sie bestimmt, sich in meinem Glanz sonnen zu können.« Meine Stimme zittert.

Kirsten beugt sich vor und nimmt mich kurz in den Arm.

Ich seufze laut. »Wenn man permanent das Gefühl hat, die Wünsche der Mutter nicht erfüllen zu können und ihren Erwartungen nicht gerecht zu werden, dann zieht man sich automatisch zurück, natürlich nicht, ohne sich vorher vergebens bemüht zu haben, von ihr Lob und Anerkennung zu bekommen. Das war mir als Kind und als Teenager wichtig. In dieser schweren Zeit der Selbstfindung ließ sie mich alleine. Ich war in ihren Augen immer nur Durchschnitt. Aber mir genügte es.«

»Das ist doch das Wichtigste. Hake es ab.«

»Dann starb sie, war Gott sei Dank nicht lange krank, wie du weißt. Und kurz darauf starb mein Papa an gebrochenem Herzen.«

Kirsten drückt meine Hand. »Ja, auch das war eine schwere Zeit für dich. Und wenn ich mir vorstelle, dass du den Tod deiner Eltern und von Hans innerhalb weniger Jahre verkraften musstest. Es waren furchtbare Jahre.«

»Durch die du mir geholfen hast. Im Nachhinein tut mir vieles leid. Warum habe ich mir nicht mehr Zeit für Mama genommen? Sie hat es mir aber, wie gesagt, auch nie leicht gemacht. Ich muss so oft an ein Gespräch zwischen uns denken. Das einzige Gespräch übrigens, das mir positiv im Gedächtnis geblieben ist. Da war sie schon krank und wusste, dass sie sterben muss, also in absehbarer Zeit. Sterben müssen wir schließlich alle. Dieses letzte große Abenteuer bleibt wohl keinem erspart.«

»Ich kann es getrost abwarten und hoffe, diese Abenteuerreise ist noch in weiter Ferne. Da gehe ich lieber nicht auf Reisen und bleibe daheim. Bin doch dem Tod erst von der Schippe gesprungen, als ich auf Reisen war«, sagt Kirsten schmunzelnd.

»Darüber macht man sich nicht lustig«, rüge ich sie. »Bei diesem besagten Gespräch sagte Mutter etwas sehr, sehr Trauriges. Daran muss ich immer wieder zurückdenken. Und ich hatte zum ersten Mal nicht das Gefühl, dass sie es vorwurfsvoll meinte. Sie klagte, wie furchtbar es doch sei, wenn am Ende eines Lebens nur der Gedanke bleibt, man hätte das und das noch machen sollen. All die Zeit, die sie vergeudet habe mit Sinnlosigkeiten, mit Warten und einer naiven Zuversicht vor Augen, irgendetwas wird noch kommen, etwas, was dem Leben Sinn gibt. Aber es kam nichts mehr, außer der tödlichen Krankheit. Ich glaube, in diesem Moment habe ich sie aufrichtig geliebt, vielleicht war es auch Mitleid und Reue meinerseits, mich nie auf sie eingelassen zu haben. Ich habe nie den Versuch unternommen, mich in sie hineinzuversetzen und zu verstehen, warum sie so war, wie sie war. Verstehst du, was ich meine? Und dann war sie weg und in mir ein Gefühl der Leere, das ich bis zu diesem Zeitpunkt nicht kannte. Ich hatte zum ersten Mal das Empfinden, dass es zu spät ist und dass man Zeit nicht zurückholen kann. Verpasste Chancen. Aber wie könnte es möglich sein, sinnlos verstrichene Jahre in kürzester Zeit nachzuholen? Jetzt, wo ich fast so alt bin, wie sie war, als sie sterben musste, sehe ich vieles mit anderen Augen. Und vielleicht wären wir uns mit den Jahren näher gekommen. Wie gesagt, das Verständnis für das Verhalten der Eltern wächst mit dem eigenen Älterwerden. Als Hans starb, träumte ich oft von Mama und wie es wäre, von ihr getröstet zu werden. Ich träumte von einer sanften Hand, die mich streichelt. Das war reines Wunschdenken, keine Erinnerung an reales Erleben in der Kindheit. Dieses Fallenlassen in eine schützende und verständnisvolle Umarmung stellte ich mir vor, als wäre es das Allerweltsheilmittel. Obwohl ich diese Erfahrung selten machen durfte, wusste ich, dass es funktionieren würde, wie in dem Kinderlied ›Heile-Heile

Gänsle, es wird schon wieder gut …‹ Kennst du das? Kind sein und wissen, da ist jemand, der dich in den Arm nimmt und sagt, dass alles wieder gut wird. Sei es das aufgeschlagene Knie oder der erste Liebeskummer. Meine Mutter war niemals in dieser Form für mich da und als sie tot war, vermisste ich es, obwohl ich es nie so erfahren habe. Ist das nicht komisch?

In all meiner Sehnsucht nach ihr tröstet mich die Gewissheit, dass der Tod am Ende als Freund kam, mit einem gütigen Antlitz, nicht mit seiner hässlichen Fratze, die er oft genug zeigt. Kein Todeskampf, sondern sanftes Hinüberdämmern in die andere Welt. Das wünscht sich doch jeder.«

Kirsten stimmt mir zu: »Die meisten Menschen haben keine Angst vor dem Tod an sich, sondern vor dem Sterben, dem Übergang.«

Ich muss unwillkürlich an Hans denken und dass ich in seinen letzten irdischen Momenten nicht bei ihm war und deshalb nicht weiß, welches seiner Gesichter der Tod für ihn parat hatte. In meinem Hals steckt ein dicker Kloß. Ich seufze erneut tief und schenke uns von dem Wein nach.

»Vielleicht kommen mir die Erkenntnisse meiner Mutter am Ende ihres Lebens als Warnung plötzlich in den Sinn, eine Warnung, es besser zu machen. Mittlerweile habe ich sogar die Vermutung, dass Mama für mich durch ihre negative Lebenseinstellung Abschreckung und Motivation zugleich ist. Motivation, nicht die gleichen Fehler zu machen und auf dem Sterbebett auch sagen zu müssen: hätte ich nur, wäre ich nur, warum habe ich nicht.«

»Das ist doch ein positives Resümee«, bestärkt mich Kirsten. »Und wenn ich recht darüber nachdenke, sehe ich sogar Parallelen zu meiner Mutti. Das klingt wahrscheinlich nun etwas lächerlich, aber Mutti träumte zeit ihres Lebens von einer Reise nach Südamerika zu einer entfernten Kusine. Frag mich bitte nicht, warum sie es nie in Angriff genommen hat. Das Geld war da, der Wunsch war da, aber sie kam nicht in die Gänge. Ich hatte immer den Verdacht, dass mein Vater sie in der Hinsicht ausbremste. Aber selbst nachdem Vati tot war, wäre es noch möglich gewesen vom Alter und von ihrer gesundheitlichen Verfassung her. Mein Eindruck war, dass sie jemanden braucht, der sie an die Hand nimmt und sagt, das machen wir so oder so. Möglicherweise hat sie im Stillen gehofft, dass ich diejenige bin. Ich habe das nicht erkannt und es haben auch Signale von ihrer Seite gefehlt. So wie bei dir, sind mir leider auch erst im Nachhinein ein paar Lichtlein aufgegangen. Und falls diese Reise ihr Lebenstraum war, ist er verpufft und nie in Erfüllung gegangen.«

»Kirsten, das klingt überhaupt nicht lächerlich. Im Gegenteil, es bestärkt meine Ansicht, dass jeder seines eigenen Glückes Schmied sein sollte und es ein Fehler ist, andere für sein Glück oder Unglück verantwortlich zu machen. Was bringt es, ewig seinen Wünschen hinterher zu jagen, nie aus der Passivität herauszukommen und endlich den Mut zu finden, Lebensträume Wirklichkeit werden zu lassen oder es zumindest zu versuchen? Das Geheimnis des Könnens liegt im Wollen, meine Liebe. Hab ich von Lenny gelernt.« Beim Gedanken an ihn schleicht sich ein Lächeln auf mein Gesicht.

»Dann machst du ja momentan alles richtig, liebe Jolanda«, stimmt mir Kirsten zu. »Ich bin stolz auf dich, wie du dich nach dem Tod von Hans zurückgekämpft hast. Aber das habe ich dir ja schon oft gesagt. Und deine Vorbereitung für die Klettertour soll nicht umsonst gewesen sein. Das holen wir nach, ganz großes Ehrenwort.«

Ich kann mit Müh und Not ein Gähnen unterdrücken. »Was haben wir doch heute für Themen! Unser Gespräch gerade eben war wie eine Reise in die Vergangenheit für mich.«

»Aber nun Ende mit der Grübelei. Diese Gedanken, was man alles hätte anders machen können, darf man gar nicht zulassen. Sonst steckt man in einem Hamsterrad, ohne die Möglichkeit, auszusteigen. In unserem Alter sollte man nach vorne schauen und sich ausschließlich um sich selbst kümmern. Die Vergangenheit können wir nicht mehr ändern. Lassen wir sie ruhen und die Toten auch. In dir ist einfach zu viel Empathie. Verschwende deine Kraft nicht sinnlos, investiere sie in dich selbst.«

»Hab ich doch schon getan oder meinst du, ich wäre sonst noch hier? Hier bei dir, nach allem, was geschehen ist? Nach dem schrecklichen Unfalltod von Hans? Danach brauchte ich sehr viel Kraft und irgendwann konnte ich auch wieder nach vorne schauen. Kirsten, ich hätte es nicht ertragen, nach Hans auch noch dich zu verlieren. Ich hatte solche Angst um dich.«

Kirsten umarmt mich.

Das Ende der Leichtigkeit

Ein pechschwarzer Frühlingstag

Wie kann es sein, dass an einem solch strahlenden Tag das Leben eine derart 180-Grad-Wendung nimmt? Von einem ruhig dahinplätschernden glücklichen Dasein zu plötzlichem absoluten Chaos? Von 0 auf 100? Dass nichts mehr ist wie zuvor?

Nichts deutete vor elf Jahren in irgendeiner Weise auf eine Katastrophe hin, keine Anzeichen, keine Vorahnung, keine Warnung. Keine innere Stimme, die mir zurief: »Jolanda, Hans, verkriecht euch. Haltet euch an den Händen und lasst euch heute bitte nicht los! Haltet euch ganz fest, bis der Tag vorüber ist, und ihr werdet glücklich sein, bis an das Ende eurer Tage. So wie ihr es vor dem Altar geschworen habt.« Aber es passieren Dinge, die jenseits unseres Einflusses liegen. Wir können schwören, beschwören, lachen, weinen, fluchen, beten, ängstlich sein, uns in Sicherheit wiegen. Der Holzhammer kann kommen, täglich, auch an einem jubelnd schönen Maitag. Es braucht dafür keinen nebelverhangenen, unheilschwangeren Herbsttag, der sich schon am frühen Morgen wie eine Eisenklammer um Herz und Gemüt legt.

Herbstdepression, weil das Licht fehlt, die Sonne und das Leuchten. Ein Tag, an dem das Lachen schwerfällt, an dem man nur hofft, diese dunklen, schwermütigen Stunden seien bald vorüber. Das Unglück, welches uns in Form des besagten Holzhammers niederschlägt, richtet sich nicht nach der Jahreszeit und unserer Erwartungshaltung. Manchmal ist es ihm genehm, mitten in das pralle, pulsierende, glückliche Leben zu schlagen und ein Trümmerfeld zu hinterlassen, in dem wir niemals mehr alle Steine finden können, geschweige denn fähig sind, sie in der ursprünglichen Form wieder aufzubauen. Es gibt dann einen Murks von mühsam zusammengesetzten Elementen, schief und schräg, mit Löchern und Macken. Derangiertes Arrangement, was man mühsames Weiterleben nennt.

Es war der 1. Mai 2007, ein Dienstag, und damit nach dem Montag gleich wieder ein freier Tag, der nicht sonniger und ruhiger hätte sein können. Hans und ich hatten zuerst keine konkreten Pläne für diesen sehr willkommenen Feiertag, wollten ihn wie immer verbringen. Sich einfach treiben lassen, morgens gemütlich frühstücken auf der Terrasse, wenn möglich, und an jenem Tag war es möglich bei bereits zwanzig Grad um 10 Uhr. Dann einen Spaziergang, im Liegestuhl lesen, später zum ersten Mal im Jahr den Grill anwerfen. Ein perfekter Tag. Tolles Programm. Erholung.

»Nichts mit Menschen«, beschlossen wir oft, wenn wir über das Programm am Wochenende oder an einem Feiertag redeten. Hans hatte in seiner Apotheke Stress genug und war genauso den ganzen Tag im Trubel, wie ich als eine seiner Angestellten auch. Manch einer unserer Bekannten wunderte sich, wie wir das aushielten, im Job tagtäglich zusammen und im Privatleben auch noch diese enge Zweisamkeit. »Unerträglich« hieß es dann. Wir lachten darüber. Man kann sich auch zuhause aus dem Weg gehen, muss nicht permanent zusammenstecken oder gar reden. Zusammen schweigen, die Stille genießen, jeder mit einem Buch in der Hand im Garten sitzen. Anschließend eventuell darüber diskutieren. Wir brauchten in der Freizeit, zumindest am Wochenende, diese idyllische Oase. Unter der Woche hatte jeder nach der Arbeit seine Hobbys, Sport, Singen. Das war uns genug Ablenkung.

An jenem 1. Mai, von dessen Tagesablauf ich niemals auch nur eine Minute vergessen werde, hatte Hans nach dem Frühstück plötzlich die Idee zu einer kleinen Radtour.

»Ach nein«, entgegnete ich auf diesen Vorschlag. »Keine Lust. Lass uns doch hier im Garten bleiben. Ich möchte mich ausruhen. Du weißt doch, dass morgen ein anstrengender Tag ist. Immer nach einem Feiertag. Und nächstes Wochenende haben wir Bereitschaft.«

Hans lachte: »Liebe Jolanda, und du weißt, dass wir uns im Winter vorgenommen haben, mehr Fahrrad zu fahren. Sei nicht so faul. Wir drehen eine Runde bei diesem herrlichen Wetter, könnten zusätzlich auf einem Maifest das erste Steak in diesem Jahr essen. Dann sparen wir uns die Grillerei.«

»Das könnte dir so passen! Und die leckeren Salate, die ich schon vorbereitet habe? Das Fleisch ist auch eingelegt. Sag nicht, dass du allen Ernstes ein Steak oder eine Grillwurst auf einem Dorffest vorziehst?«

»Du möchtest doch bloß nicht mit, weil du dir einbildest, dich selbst zum Fahrradfahren oder für ein Dorffest irgendwie herrichten zu müssen, was absoluter Quatsch ist, meine Naturschöne.«

Er duckte sich vorsorglich, als ich spielerisch zu einer imaginären Ohrfeige ausholte. Stattdessen legte ich meine Hand auf seinen Hinterkopf und zog ihn zu mir herunter. Ich strich ihm zärtlich über die Wange und gab ihm einen langen Kuss.

Wir standen auf unserer Terrasse und bewunderten die aufbrechende Blütenpracht rings um uns herum. Eine verschwenderische Fülle. Die Natur steuerte mit geballter Kraft Richtung Sommer. Alles war im Werden, die Knospen kurz vor der Blüte. Unberührt, jungfräulich. Leben pur. Keine Zeichen von Vergänglichkeit und Sterben, wie es der Herbst mit sich bringt, bevor die Winterstarre sich wie ein Leichentuch über alles Lebendige legt. Nein, jetzt war Frühling. Alle Kräfte waren gesammelt nach der langen, kalten Winterpause. Fröhlichkeit, Unbeschwertheit und Lebenslust machten sich breit bei Mensch und Tier.

Und ich wünschte mir in den folgenden Jahren nichts sehnlicher, als dass Hans an jenem 1. Mai vor elf Jahren einfach mit mir hiergeblieben wäre. Wir würden seitdem jeden Frühling auf unserer Terrasse stehen, die Natur bewundern, wir wären noch zusammen, das Schicksal hätte keine Chance gehabt, so unerbittlich zuzuschlagen. Oder doch? Sind die Fügungen des Schicksals unausweichlich? Sind unser Leben und unser Sterben vorherbestimmt? Fatalismus oder reiner Zufall? Sind alle Ereignisse unseres Lebens unabwendbar, egal wie wir uns abmühen? Strampeln wir wie ein Hamster im Käfig in seinem Rad und sind dort gefangen, ohne Chance anzuhalten, wenn wir aussteigen wollen?

Seit unserer Geburt vergeht Jahr für Jahr dieser eine Tag im Jahr, der einmal unser Sterbetag werden wird. Gepaart mit einer Jahreszahl, die wir auch noch nicht kennen. Das Datum unseres sicheren Todes. Es geht vorbei wie jeder andere Tag unseres Lebens. Irgendwann wird der Lebenszug an diesem Tag anhalten, dieses Datum wird auf unserem Grabstein stehen. Ist es ganz nah oder in weiter Ferne? Die beiden wichtigsten Daten in unserem Leben. Unsere Geburt und unser Sterben. Alles vorherbestimmt? Wenn ich das glauben könnte, hätte ich in den vergangenen elf Jahren nicht über die Maßen hadern müssen, hätte mich ergeben fügen und das Schicksal annehmen können. Hätte nicht laut schreien, klagen und weinen müssen. Warum? Warum? Warum? Der Wind trug jedes Mal mein Rufen fort, es wurde immer schwächer, blieb ungehört, verhallte. Die Leichtigkeit war dahin, von mir genommen an diesem Frühlingstag im Mai 2007.

Warum gab es keine Vorwarnung, warum signalisierten mir meine eigentlich empfindlichen Sensoren, was das betrifft, keine eindeutigen Signale?

Totalversagen. Das Unglück warf keine langen Schatten voraus. Warum habe ich zu Hans nicht gesagt, er solle hierbleiben an diesem Tag, bei mir im Garten. Es wäre so einfach gewesen, dem Schicksal diesen Streich zu spielen. Ätsch! Dem Tod von der Schippe gesprungen.

Stattdessen zwitscherte ich in vollkommener Ahnungslosigkeit und totaler Naivität meinem Liebsten kokett ins Ohr: »Deine kleine Naturschönheit ist zu einem Kompromiss bereit. Wir machen uns doch sowieso keine Vorschriften, oder? Du drehst deine Runde mit dem Rad. Ich aale mich im Liegestuhl und ruhe mich aus. Wer weiß, auf was für Gedanken ich da komme und wie schön wir den Tag dann ausklingen lassen können?«

Hans drückte mich so fest an sich, dass ich fast keine Luft mehr bekam.

»Jolanda, das ist doch mal ein Angebot.«

Und er sprach tatsächlich diese Worte, die alles geändert hätten: »Mein Schatz, sollen wir das Ganze abkürzen? Ich kann gerne dableiben und wir setzen deine Gedanken gleich in die Tat um.«

Ich kicherte: »Am helllichten Tag? Wir sind ein Ehepaar im gesetzten Alter. Ab aufs Rad. Ich warte hier auf dich. Sehnsüchtig!«

Im Nachhinein fühlte ich mich so, als hätte ich ihn weggeschickt. Warum habe ich ihn nicht zurückgehalten?

So kam es, dass Hans, dessen Todestag also an diesem Morgen um circa 11 Uhr längst angebrochen war und niemand hatte auch nur die leiseste

Ahnung davon, alles, was er tat, zum letzten Mal machte. Er ging zum letzten Mal ins Haus, betrat zum letzten Mal unser Schlafzimmer, öffnete den Schrank, zog sich seine Radklamotten an. Dann ging er zum letzten Mal in die Küche, um sich eine Saftschorle in eine Radplastikflasche zu füllen. Er trat durch die Balkontür, gab mir zum letzten Mal einen Kuss, ganz flüchtig auf die Wange.

Zum letzten Mal hob er die Hand, winkte mir zu und rief seine Abschiedsworte: »Tschüss mein Schatz, bis später, ich freu mich schon auf unseren gemeinsamen Abend.« Dann fügte er noch hinzu: »Bleib mir gewogen!«

Das war unser Spruch, den wir uns beim Abschied, sei er auch noch so klein, immer zuriefen. Ein running gag eigentlich, ich weiß auch gar nicht mehr, wann wir damit anfingen. Es ist ein Spruch, der früher als romantischer Abschluss in Briefen benutzt wurde. Absolut nicht mehr zeitgemäß. Wer schreibt heute noch Briefe? Aber wir benutzten diese Floskel liebend gerne. Wobei diese Aufforderung per se überflüssig war. Natürlich blieben wir uns immer gewogen. Nichts anderes wäre uns in den Sinn gekommen.

Ja, Hans, ich bleibe dir gewogen, bis an mein Lebensende! Wenn ich diese Chance noch hätte, dir, meiner großen einzigen Liebe, gewogen zu bleiben. Oder die letzte Chance zu sagen: BLEIB BITTE HIER.

Hans ging und kam nicht wieder. Aus! Ende! Vorbei!

Fatales Zusammentreffen

Auch in Familie Neugebauer ging es an diesem 1. Mai 2007 um das Hierbleiben.

Aber Julians Mutter, Frau Kathrin Neugebauer, sprach von ihrer Küche aus, nachdem sie ihren Sohn mit den Inline-Skates in der Hand an der Haustür erblickt hatte, keine Bitte aus, sondern einen Befehl: »Julian, du bleibst hier! Du gehst auf keinen Fall noch mit den Inlinern raus. Untersteh dich! Wir wollen um zwölf los in den Zoo. Geh sofort auf dein Zimmer und zieh dich um, bring deinen Rucksack mit für die belegten Brote. Aber Dalli, wenn ich bitten darf.«

Egal, ob als Bitte oder als Befehl formuliert. Der Satz stieß auf taube Ohren, da ihr Sohn ruckzuck zur Haustür raus war, auf der Treppe saß und sich die Inliner umschnallte.

Er hörte die zeternde Stimme seiner Mutter, konnte ihr Anliegen ahnen, ignorierte es geflissentlich, rief allerdings lauthals in Richtung des Wohnhauses, bereits im Begriff loszufahren: »Nur kurz! Ich fahr schnell rüber zu Nico. Wegen heute Abend. Wir müssen noch etwas besprechen.«

Dann sauste er los. Er hatte sowieso keine Lust auf den Zoobesuch. Ätzend. Seine kleine Schwester, er und die Mutter. Na toll. Sowas machte man nicht mehr mit vierzehn Jahren. Aber er hatte keine Chance. Die Mutter bestand auf diesen Familiennachmittag. Nun gut, dafür würde er sich heute Abend mit Freunden in der Kiesgrube treffen. Die Planungen waren so gut wie abgeschlossen. Nico sollte am Nachmittag noch versuchen, Isabelle und

Jessica zu überreden, auch zu kommen. Das würde die Party perfekt machen. Die hübsche Isabelle! »Yes!«, rief er und fühlte jetzt schon die Aufregung.

Routiniert bog Julian in die schmale abschüssige Gasse ein, noch zwei Minuten, nur noch über die Dorfstraße, dann wäre er bei Nico und sie könnten kurz über die beiden Girls sprechen. Schon dutzende Male hatte er die bevorrechtigte Straße überquert, kurz geschaut. Nach links und nach rechts. Immer gut gegangen.

»Pass bloß auf, dass dich kein Auto erwischt. Fahr langsam den Buckel runter! Und schau, ob was kommt!« Wie oft hatte die Mutter diese Ermahnung gegeben. Eigentlich jedes Mal, wenn sich der halbwüchsige Filius auf den Weg machte mit den Inline-Skatern, das Nonplusultra für die Jugend um den Jahrtausend-Wechsel. Die sorgenvollen Befürchtungen der Mutter, die wie jede Mutter bemüht war, ihre Kinder heil durch die sorglosen Teenagerjahre zu bringen. Sorglos aus Sicht der sich oft zu Unrecht oder gefühlt übertrieben bevormundeten Brut.

»Ja, ja, Mutter!« Zum einen Ohr rein und zum anderen wieder raus.

Nicht zur Kenntnis genommene Worte, die aus Sicht der Erziehungsberechtigten nicht oft genug gesagt werden können, immer in der Hoffnung auf Einsicht und auf einen Schutzengel, der seiner Aufgabe gerecht wird. »Breit deine weiten Flügel …« sang Kathrin Neugebauer regelmäßig in der Kirche und meinte damit Flügel über ihre Kinder, die sie mit ihrem Gesang innig flehend dem Schutz eines höheren Wesens anvertraute.

Julian war kein Jugendlicher, der über die Stränge schlug und seiner alleinerziehenden Mutter permanent das Leben schwermachte. Im Gegenteil. Er war ein ganz guter Schüler. Das zeitweilige Aufbegehren und das Messen seiner Möglichkeiten innerhalb der mütterlichen Toleranz waren absolut altersgerecht. Kathrin konnte sich nicht beschweren. Natürlich ärgerte es sie, dass ihr Großer sich ihr heute widersetzt hatte, aber er würde gleich wieder da sein. Kein Drama. Eine unnötige Schimpftirade und Julians Laune wäre bezüglich des Zoobesuchs noch schlechter als ohnehin. So ließ sie sich Zeit mit den belegten Broten, holte den Rucksack selbst aus dem Schrank im Kinderzimmer und packte alles Notwendige ein.

»Sarah, bist du demnächst bereit? Wir fahren bald los«, rief sie in Richtung Kinderzimmer ihrer Tochter.

Julian gewann auf der abschüssigen Gasse an Fahrt, wollte die Dorfstraße überqueren. Er stoppte kurz. Kein Auto von links, kein Auto von rechts. Er holte aus, um weiterzufahren. Noch bevor er in der Straßenmitte angekommen war, spürte er einen harten Aufprall und wurde zu Boden gerissen. Hässliche scheppernde Geräusche drangen an sein Ohr. Die Welt stand kurz still und das Grauen legte sich auf diese Straßenszene am Maifeiertag 2007.

Aus dem Polizeibericht (anonymisiert)

Am 01.05.2007, um 11:47 Uhr, fuhr der 14-jährige Julian N. in Oberwelmbach mit Inline-Skates auf der abschüssigen Veitsgasse in Richtung Dorfstraße. Ohne auf den vorfahrtsberechtigten Durchgangsverkehr zu achten, überquerte er die Dorfstraße. Dort näherte sich zu diesem Zeitpunkt von links der 51-jährige Hans H. auf seinem Rennrad. In der Straßenmitte kam es zu einer Kollision, infolge welcher beide Verkehrsteilnehmer zu Fall kamen. Der Jugendliche, der keinen Helm trug, zog sich bei dem Sturz schwere, aber nicht lebensgefährliche Verletzungen zu und musste ins Krankenhaus nach Märkingen gebracht werden. Der Radfahrer mit Helm wurde bei dem Aufprall gegen eine Hauswand geschleudert und erlitt einen Genickbruch. Für ihn kam jede Hilfe zu spät. Er starb noch an der Unfallstelle. Die Polizei und der Rettungsdienst wurden unverzüglich durch Anwohner alarmiert.

Die Dorfstraße war während der Unfallaufnahme für drei Stunden komplett gesperrt. Zur Klärung des genauen Unfallhergangs wurde ein Unfallsachverständiger hinzugezogen.

Der Ehefrau des tödlich Verunglückten wurde durch ein Kriseninterventionsteam der Polizei die Todesnachricht überbracht. Die Mutter des Julian H. war an der Unfallstelle.

Das Überbringen einer Todesnachricht

Man kennt das Szenario aus Filmen. Das kann ein Krimi, ein Kriegsfilm oder sonst ein Film sein. Wenn jemand stirbt, muss diese entsetzliche Tatsache den Angehörigen möglichst schonend beigebracht werden. Alle wollen sich davor drücken, aber irgendjemand muss es tun.

Ich kann mich zu diesem Thema an einen amerikanischen Kriegsfilm erinnern. Die Familie, von der erzählt wird, wohnt auf einer abgelegenen Farm. Durch das Küchenfenster sieht die Mutter, wie sich zwei Jeeps mit Militärangehörigen über die staubige Einfahrt nähern. Da lässt sie vor Schreck schon ein Glas fallen und eilt voller böser Vorahnung auf die Veranda. Die Zuschauerinnen und Zuschauer können nicht hören, was gesprochen wird, sondern sehen nur, wie der armen Frau, die immer nur den Kopf schüttelt, ein Schreiben überreicht wird, mit dem ihr mitgeteilt wird, dass der Sohn im Krieg gefallen ist. Dann bricht sie weinend zusammen. Ein Soldat hilft ihr hoch, während die anderen mit gesenktem Kopf danebenstehen, die Mütze in der Hand, ehrfürchtig und respektvoll vor dem unbeschreiblichen Leid. Eine dunkle Wolke schiebt sich vor die Sonne, die Stimmung wird düster und hoffnungslos. Die Kamera schwenkt um in den Garten zu den dort wachsenden Heckenrosen, die von einem Windstoß erfasst werden. Rosafarbene Blütenblätter flattern davon, mit ihnen wehen die Klagelaute der Mutter in die Ferne.

Auch in anderen Filmen sieht man bisweilen, wie zwei Beamtinnen oder Beamte, manchmal ein ganzes Geschwader, mit einem Geistlichen im Schlepptau angerückt kommen und an der Haustür klingeln. Die Person, welche öffnet, erbleicht bei diesem Anblick und wartet mit schreckgeweiteten Augen auf das, was ihr gleich unweigerlich verkündet wird. Eine Nachricht, die sie im Innersten schon kennt, aber die sie nicht wahrhaben will. Ihr wird schlagartig bewusst, dass sich das Leben in den nächsten Sekunden ändern wird, dass gleich alles anders sein wird, da helfen kein Kopfschütteln und kein schnelles Türschließen. Der Horror lässt sich nicht austricksen und bleibt nicht vor der Tür stehen, sondern dringt mit Wucht in das Innere und dadurch in das Leben von Menschen, um gnadenlos chaotische Verwüstung anzurichten.

Bei mir war der äußere Rahmen anders. Auch ich kannte bis zu jenem unglückseligen 1. Mai so eine Situation nur von der Leinwand oder aus dem Fernsehen. Wenn ich vielleicht bereits auf Hans gewartet hätte, was durchaus schon vorgekommen war, wenn er mal wieder die Zeit vergessen hatte, dann wäre ich unruhig gewesen, hätte laufend auf die Uhr geschaut und mir Schreckensszenarien ausgemalt. Bei so einer Warterei wäre ich beim Blick aus dem Fenster und im Anblick eines herannahenden Polizeiautos sicherlich in Nullkommanix einer Ohnmacht nahe gewesen.

Aber ich war im Liegestuhl eingenickt und es dauerte nur wenige Minuten und geschah ohne jegliche Vorwarnung und Vorahnung, um aus einem sorglos dahinplätschernden, hellen Tag im Garten einen Horrortrip in den Abgrund zu machen.

Nachdem Hans gestartet war, richtete ich noch das eine oder andere für unsere kleine Grillparty zu zweit. Ich war bester Laune. Das herrliche Wetter und die Aussicht auf das geplante, gemütliche

Beisammensein in der Natur, die in den Startlöchern für den Sommer stand, sorgten für eine ausgelassene, fast schon euphorische Stimmung. Was könnte an so einem perfekten Tag auch passieren? Ich schlenderte Richtung Liegestuhl, nahm mein Buch zur Hand und sank zufrieden seufzend nieder. Schon nach ein paar Seiten merkte ich, wie mir die Augen zufielen. Ich spürte noch das angenehm warme Sonnenlicht auf meinem Gesicht, dann döste ich ein.

Keine Ahnung, was mich hochschrecken ließ. Ganz benommen blickte ich um mich und überlegte, wie spät es wohl war. Eine Armbanduhr hatte ich nicht um, gefühlt waren bereits Stunden vergangen. War Hans schon zurück und ich hatte es nicht mitbekommen? Komisch, dachte ich und erhob mich schnell, um ins Haus zu laufen und auf die Uhr zu schauen. Es war doch noch nicht so spät, wie ich befürchtet hatte. Kurz nach 14 Uhr, also circa zweieinhalb Stunden, nachdem Hans losgefahren war. Sicherlich stand er oben unter der Dusche, hatte mich schlafend im Garten entdeckt und nicht wecken wollen. Ich lauschte. Nichts. Keine Geräusche aus der oberen Etage.

Als ich die Treppe hochlaufen wollte, fiel mein Blick aus dem Flurfenster. Ich sah ein Polizeiauto herannahen und fragte mich, wo die wohl hinwollten. Zur Boberich nebenan? Neugierig blieb ich stehen und verrenkte mir fast den Hals, um zu sehen, was los war. Und dann ging es ganz schnell. Das Erahnen von nahendem Unheil, die Gewissheit, dass diese Lawine auf mich selbst zurollte, dauerte nur wenige Sekunden.

»Hans!«, schrie ich voller Panik und hoffte inbrünstig, dass eine Tür im oberen Stockwerk aufginge und Hans mit fragender Miene herauskäme. Im gleichen Moment wusste ich, dass das nicht geschehen würde. Mittlerweile hielt der Streifenwagen genau vor unserem Haus! Ich stürzte die Treppe hinunter und bevor die Türklingel ertönte, hatte ich die Haustür bereits aufgerissen.

»Hans!«, rief ich beim Öffnen nochmals. Vielleicht war er gestürzt, das Fahrrad kaputt und er wurde von freundlichen Gesetzeshütern heimgebracht. Vor mir standen ein Beamter in Uniform und eine Frau in Zivil, die mich mit ernstem Gesicht anschauten. Meinen flehentlichen Blick kannten sie wahrscheinlich zu gut. Dieses Flehen in meinen Augen um eine harmlose Erklärung für ihr Erscheinen. Ich weiß nicht mehr genau, wie ich in den nächsten Sekunden reagierte, schaute oder was ich sagte. Nach der rhetorischen Frage, ob sie hereinkommen dürften und ob ich Jolanda Haberle sei, ergriff die Frau meinen Arm und führte mich ins offenstehende Wohnzimmer, wo sie mich in einen der Sessel drückte.

Sie hielt meinem schreckensstarren Blick stand und ich konnte in ihren Augen die Wahrheit lesen, bevor ihr Kollege den Mund aufmachte und die grauenvollsten Worte sprach, die ich jemals hören musste: »Frau Haberle. Es tut uns sehr leid, Ihnen mitteilen zu müssen, dass Ihr Mann einen Unfall hatte.«

Ich fragte flüsternd und klammerte mich wie eine Ertrinkende an einen Strohhalm, eine letzte winzige Hoffnung im Herzen: »Hans. Ist er schwer verletzt? Hat man ihn in ein Krankenhaus gebracht?«

Die Frau antwortete anstelle des Beamten, ging in die Hocke und legte ihren Arm um meine Schultern: »Frau Haberle. Ihr Mann wurde bei dem Unfall getötet. Er hatte keine Chance und war sofort tot.«

Ich fing an, unkontrolliert zu zittern, ohne minutenlang etwas sagen zu können. Die Frau hatte mich mittlerweile in die Arme genommen.

Unwirsch befreite ich mich aus ihrer Umklammerung, öffnete meinen Mund, brachte aber nur gestammelte, abgehackte Sätze über meine Lippen: »Aber wieso … nein … das ist nicht möglich … er ist längst zurück vom Radfahren … ich glaube, er ist oben … Hans, kommst du mal … da ist jemand für dich …«

Es kam keine Antwort auf mein Rufen, blieb im wahrsten Sinne des Wortes totenstill. Langsam kroch die Erkenntnis in mir hoch, dass das, was hier gerade geschah, die brutale Wirklichkeit war und dass alles Leugnen, Flehen und Hoffen umsonst war. Hans war tot und würde nie mehr in unser schönes Heim zu mir zurückkommen, nicht heute, nicht morgen, nie mehr.

Ich schlug wimmernd die Hände vor das Gesicht.

Der Rest des Tages ist in meiner Erinnerung nebulös. Die Beamtin und der Beamte fragten nach Angehörigen oder Bekannte, die mir in diesen ersten schweren Stunden zur Seite stehen könnten. Wir erreichten Daniel nicht, auch nicht auf dem Handy, das er sich, im Gegensatz zu uns, 2007 schon zugelegt hatte. Bärbel, eine bei uns angestellte Apothekerin und gute Freundin, kam umgehend herbeigeeilt und kümmerte sich um mich, nachdem die Polizei weggefahren war. Zuvor hatte man sie noch detailliert über das schreckliche Geschehen in Oberwelmbach informiert. Ich war währenddessen nicht aufnahmefähig, brütete teilnahmslos vor mich hin. Von Bärbel bekam ich ein schnell wirkendes Beruhigungsmittel, das mich in einen unruhigen Dämmerzustand versetzte. So lag ich bis zum Abend auf der Couch im Wohnzimmer. Gegen 19 Uhr erreichte Bärbel endlich Daniel, der sich, tief getroffen von der Todesnachricht, sofort auf den Weg zu mir machte. In seinen Armen löste sich meine Erstarrung und ich konnte endlich weinen. Wir weinten zusammen um Ehemann und Vater. Die Trostlosigkeit dieses ersten Abends, als sich dieser Tag dem Ende zuneigte, wird mir für immer als dunkle, rabenschwarze Erinnerung im Gedächtnis bleiben trotz der lichthellen Frühlingsherrlichkeit, die rundum herrschte. Hans' Todestag verging wie jeder andere Tag auch, Sekunde um Sekunde, unbarmherzig und gnadenlos, als wäre nichts Außergewöhnliches geschehen. Und das war neben allem anderen eine entsetzliche Erfahrung. Er war weg und die Welt drehte sich einfach weiter.

Abschied

Die nächsten Tage wurde ich von einem Strudel aus Nichtwahrhabenwollen und lähmender Trauer mitgerissen. Es war eine Abwärtsspirale der Verzweiflung, die mich in ihren Fängen hielt. In meinem Kopf herrschte ein schwarzes Gedankenchaos, ein Wirrwarr aus »Hans, was passiert hier mit uns?«, »Ich steh das nicht durch«, »Das kann doch nicht sein«, »Was soll ich nur tun?« und »Warum hilft mir niemand?« Die letzte Frage war ungerechtfertigt und andererseits auch wieder nicht. Es standen mir viele Menschen zur Seite, alle taten ihr Möglichstes, aber niemand davon konnte meine Qual in irgendeiner Weise lindern. Das Wissen, dass sich daran mein ganzes Leben lang nichts mehr ändern würde, brachte mich fast um den Verstand. Am schlimmsten war das Aufwachen am Morgen. Vom Arzt hatte ich ein Schlafmittel für diese ersten schweren Tage erhalten, das mir ein paar gnädige Stunden des Vergessens schenkte. Dafür war das Erwachen umso brutaler. Jeden Morgen kam das Grauen zurück in meinen Kopf, fraß sich durch die Hirnwindungen, langsam schleichend, hämisch grinsend. Keine Chance, die Realität zu ignorieren.

Daniel war da und natürlich Kirsten. Von Daniel informiert, eilte sie bereits am Tag nach der Katastrophe an meine Seite. Ich hatte es nicht fertiggebracht, bei ihr anzurufen. Keine Worte für das Unaussprechliche. Nun hielt sie mich in ihren Armen und ich durfte dort wortlos verweilen.

Es gab unglaublich viel zu erledigen. Ich kann nicht glauben, dass das ein Mensch, der von dem Verlust, welcher ihn getroffen hat, dermaßen kopflos ist wie ich, auf die Reihe bringt. Das würde an ein Wunder grenzen. Ein Bestattungsinstitut steht natürlich mit Rat und Tat zur Seite, erledigt die notwendigen Formalitäten routiniert. Man hat dort ja permanent mit traumatisierten Hinterbliebenen zu tun. Trotzdem kann das Institut nicht alles abnehmen, es sind einfach noch genügend Entscheidungen persönlicher Art zu treffen, was die Trauerfeier angeht und das ganze Drumherum. Da war mir Daniel die größte Hilfe. Mit bleichem Gesicht, ruhig und gefasst, wusste er, was zu tun war.

So saßen wir am großen runden Esszimmertisch zusammen mit einer netten, hilfsbereiten und verständnisvollen Dame vom Bestattungsunternehmen. Daniel, Kirsten und ich, die meine Hand fest in der ihren hatte. Frau Meinhaus legte eine Mustermappe mit Abbildungen von Särgen verschiedenster Machart und Preisklassen vor uns hin. Ich schluckte. Man stelle sich vor, wir sollten einen Sarg aussuchen. Einen Sarg! Für meinen Liebsten. Sie würden Hans hineinlegen und zur Ruhe betten. Er würde darin seine Reise in die Ewigkeit antreten, für immer schlafen. So musste man sich das wahrscheinlich vorstellen, wie ein ewiger Schlaf. Ein schlafähnlicher Zustand, nur von immerwährender Dauer. Der Tod als großer Bruder des Schlafes. Mich schauderte und es war mit meiner Fassung, die ich an diesem schweren Tag mit Hilfe einer Beruhigungstablette mühsam errungen hatte, vorbei.

Ich sprang entsetzt auf und stürzte aus dem Zimmer. Kirsten kam hinterher und hielt mich umfasst, als ich, von Weinkrämpfen geschüttelt, am Schlafzimmerfenster stand.

Sie flüsterte beruhigend: »Jolanda, gleich ist es vorbei. Frau Meinhaus will sicher nur noch wissen, ob du Wünsche bezüglich Lied- oder Textbeiträgen während der Trauerfeier hast.« Sie schaffte es mit leisen und beruhigenden Worten, dass ich zuerst ins Bad ging, um mir das Gesicht mit kaltem Wasser abzuwaschen und dann zurück ins Wohnzimmer, um letzte Vorbereitungen zu besprechen. Daniel hatte den Sarg bereits ausgesucht.

»Mama, wir nehmen diesen da aus hellem Holz und wenn es dir recht ist, ein Bukett in Herzform aus rosa Rosen mit Maiglöckchen. Rosen und Maiglöckchen, das hattest du doch als Brautstrauß?« Ich nickte stumm und schaute mit einem scheuen Seitenblick auf den Auswahlkatalog auf dem Tisch.

Frau Meinhaus mischte sich ein: »Was ist ansonsten an Kränzen …?«

Ich unterbrach sie mit leiser Stimme: »Nichts«, und fügte erklärend hinzu: »Hans schimpfte immer über die Fülle an Kränzen und Gestecken, wenn er von einer Beerdigung zurückkam, fand das total überflüssig. Ich möchte deshalb nur das Blumengesteck auf seinem Sarg. Lieber soll es noch eine Spende für ein soziales Projekt geben. Das kommt dann auch so in die Traueranzeige, dass wir statt Blumenschmuck um eine Spende bitten. Daniel, fällt dir dazu was ein?«, wandte ich mich hilfesuchend an meinen Sohn.

Dieser überlegte kurz: »Gute Idee. Das hätte Papa genauso gewollt.« Er schluckte. »Ärzte ohne Grenzen vielleicht oder an die Kinderkrebshilfe?«

»Überlegen Sie sich das in Ruhe. Sie können mir Ihre Entscheidung noch telefonisch durchgeben«, schlug Frau Meinhaus vor.

»Nein, warten Sie«, sagte ich. »Kinderkrebshilfe finde ich sehr gut. Das nehmen wir.«

Ich war erschöpft und froh, dass die leidige, aber notwendige Besprechung nach dem Festlegen zweier Liedbeiträge beendet war. Frau Meinhaus vom Bestattungsinstitut verabschiedete sich.

Kirsten bestand darauf, dass ich mich auf der Couch ausruhe. Sie kochte mir eine Tasse Tee und fragte nach Wünschen für das Mittagessen.

»Wegen mir brauchst du nichts zu kochen. Ich habe keinen Hunger.«

Dieser Einwand wurde geflissentlich ignoriert. »Wenn du nichts isst, Jolanda, klappst du mir zusammen. So leid es mir tut, du brauchst in den nächsten Tagen deine ganze Kraft, seelisch und körperlich.«

Zu dritt aßen wir später schweigend einen Linseneintopf, der von Daniel sehr gelobt wurde. Für mich schmeckte momentan alles nach Pappe.

Kirsten hatte recht. Schon am nächsten Tag musste ich all meine Kräfte sammeln, woraus auch immer. Ich hatte nicht das Gefühl, als hätte ich ein großes Reservoir, aus dem ich schöpfen konnte. Leere in mir, Leere um mich herum. Es hieß endgültig Abschied nehmen. Daniel und ich fuhren zur Leichenhalle, um den Ehemann und Vater ein letztes Mal zu sehen. Wir hielten auf dem Parkplatz. Ich konnte es nicht glauben, was gleich auf mich zukommen würde. Es erschien mir komplett surreal, als wäre ich neben mir und würde die

Szene als neutraler Beobachter in Augenschein nehmen. Fast rechnete ich damit, jeden Moment aus diesem Zustand aufzuwachen. Zitternd stieg ich aus.

»Mama, wenn dir das zu viel ist …«, sagte Daniel leise und schaute mir in die Augen.

Ich schüttelte den Kopf. Selbstverständlich wollte ich zu Hans und wenn es das Letzte gewesen wäre, was ich auf dieser Erde machte. Der Unfall war vor drei Tagen gewesen. Ich wollte ihn eigentlich gleich nach dem Unfall sehen, wollte mich mit eigenen Augen von dem Unglaublichen überzeugen. Dass er wirklich tot war. Wahrscheinlich hätte ich diese Tatsache ansonsten nicht akzeptieren können. Mein Arzt, Daniel und Kirsten drängten mich, noch ein paar Tage zu warten.

»Frau Haberle, seien Sie vernünftig. Wenn Sie mit einem Nervenzusammenbruch in der Klinik liegen, ist niemandem geholfen. Gönnen Sie sich noch Ruhe und nehmen Sie sich dann alle Zeit, um Ihren Mann zu verabschieden«, sagte Dr. Hoffmann.

Dieser Zeitpunkt war nun gekommen. Daniel und ich standen am offenen Sarg. Unser Sohn weinte, ich war wie erstarrt. Man hatte für unseren Besuch die Plastikhaube, mit welcher der Leichnam bis zur Beisetzung bedeckt wird, auf die Seite gestellt. Vor uns lag Hans, vertraut und doch fremd. Äußerlich unverletzt, bleich, wächsern, mit spitzem Gesicht. Er sah nicht aus, als würde er schlafen, wie so oft in diesem Zusammenhang behauptet wird. Der Anblick brannte sich in meine Seele, wobei ich meinen Ehemann nicht so in

Erinnerung behalten wollte, sondern lebendig, lachend und warm. Seine Wange, die ich immer wieder streichelte, war eiskalt. Wie mein Innerstes. Es fühlte sich an, als würde sich dieser Eisklumpen in mir nie mehr lösen, als würde mir nie mehr warm werden können, als würde sämtliche Wärme morgen mit meinem Mann in dem kalten Grab beerdigt werden.

Daniel sagte seine letzten Worte zu seinem Vater: »Mach's gut Papa. Gute Reise. Ich werde dich immer lieben«, wandte sich ab und ging hinaus.

Einerseits wollte ich mit ihm gehen, andererseits wollte ich hier bleiben und den Moment hinauszögern, der uns endgültig trennen würde, räumlich trennen. Ich blieb noch bei ihm, hatte das Gefühl, als würde ich ihn hier in der Eiseskälte allein lassen, ihn verlassen und schutzlos zurücklassen, wenn ich diesen Raum verließe. Immer und immer wieder streichelte ich zärtlich sein Gesicht.

Irgendwann kam Daniel zurück und fasste mich am Arm. »Komm jetzt, Mama. Es ist genug. Das ist nur seine Hülle. Papas Seele ist längst bei uns und da wird sie auch für immer bleiben.«

Am nächsten Tag war die Beerdigung. Strahlender Sonnenschein, ein herrlicher Frühlingstag im Mai. Keine wabernden Nebelschwaden und Düsternis. Man sollte eigentlich erwarten, dass an einem Tag mit solchen äußeren Bedingungen keine Schwermut aufkommen konnte. Es waren so viele Menschen gekommen. Die Schwester und der Bruder von Hans, seine Nichten und Neffen. Die Angestellten aus der Apotheke, unser kleiner, aber feiner

Freundeskreis, die Nachbarschaft. Ich hatte das Gefühl, dass unsere halbe Kleinstadt sich hier versammelt hatte, um Hans diese letzte Ehre zu erweisen. Auf dem kurzen Weg von der Leichenhalle zum ausgehobenen Grab hatte ich nur Augen für den Sarg, der direkt vor mir auf einem Wagen geschoben wurde. Kirsten und Daniel gingen links und rechts von mir. Wir hielten uns an den Händen.

Nach Gebeten und Nachrufen wurde der Sarg in das Grab hinabgelassen. Es ertönte das erste der beiden Musikstücke, die ich ausgewählt hatte. Hans war ein großer Klassikfan. Daran hatte ich mich bei der Auswahl orientiert. Aus Mozarts Requiem wurde die kraftvolle und dramatischste Stelle, das Lacrimosa, gespielt. »Lacrimosa dies illa – tränenvoll der Tag«. Mehr an Text fiel mir nicht mehr ein, nur diese eine Stelle, die auf mich gar nicht zutraf. Ich hatte keine Tränen, während alle um mich herum weinten. Im Gegenteil, ich hatte den Drang zu rufen, sie sollten aufhören mit dieser Farce. Es kam mir vor wie ein billiges Schmierentheater, das hier aufgeführt wurde. Am liebsten wäre ich davongelaufen. Weit weg, nur nicht hierbleiben an dieser Stelle, wo man im Begriff war, meinen Mann in der Erde zu verscharren. Was für ein Irrsinn! Ich schluckte.

Alle standen regungslos, als der zweite Musikbeitrag einsetzte. Ein Song aus den Siebzigern, unser Song. Eine Schmonzette, wie sie kitschiger nicht sein kann. Zu »Softly whispering I love you« hatten wir gefühlt hundert Mal Stehblues getanzt. So jung und so verliebt.

»Weißt du noch?«, hatte mich Hans immer gefragt, wenn das Lied, was selten genug geschah, im Radio lief. Und dann lachte er über den schnulzigen Text, zog mich in seine Arme und wir küssten uns. Da war dann, noch Jahre später, auf der Stelle dieses Gefühl wieder da, das Gefühl der Jugend, die sich für unverwundbar hält, die glaubt, nichts und niemand könne ihr Schaden zufügen.

Den Blick wie versteinert auf das Grab gerichtet, kamen im Sekundentakt Bilder in mir hoch. Wir beide auf einer Sommerwiese liegend, wir beide knutschend im Kino in der letzten Reihe, wir beide tanzend auf den beliebten Plattenpartys, wir beide beim Weintrinken in Würzburg. Und wir tanzten, lachten und dachten, das Leben bliebe ein Fest für immer.

> Softly whispering I love you.
> Echoes of your voice are calling
> still through my dreams
> softening the chill of the breeze.
> Through my window
> I can see the moonglow
> Painting silver shadows on a rose coloured land.
> A world that we walked hand in hand
> in a day of gold coloured by the glow of new love.
> Oh, woman,
> I can feel your warm face
> ever close to my lips.
> And the scent of you invades
> the cool evening air.
> I can close my eyes

and you're there in my arms still
and I know your soft kiss
turning into music every beat of my heart.
When I hold you close to my heart
and I hear your voice whispering
I love you.

Unser Song hallte über den Friedhof, wo er wahrscheinlich noch nie gespielt worden war und nie mehr gespielt werden würde und wo er auch überhaupt nicht hinpasste. Dann war das Stück zu Ende und die Beerdigung vorüber. Ich stand fassungslos am offenen Grab, warf meine drei roten Rosen, die ich die ganze Zeit krampfhaft in den Händen gehalten hatte, hinein und drehte mich um. Das war wie symbolisch meinem bisherigen Leben und dem Glück den Rücken gekehrt und das Gesicht der Dunkelheit und Ungewissheit zugewandt.

Ich bin der Meister meines Los

Stimmungswellen - Juli 2007

Erst war es eine kleine Welle, die meine Füße umspülte. Die nächste Welle war größer und schwappte schon gegen meinen Bauch. Es fühlte sich an wie ein Faustschlag mitten in die Eingeweide. Ich hob meinen Blick und sah eine riesige, donnernde Welle auf mich zurollen. Mein Blick blieb starr darauf gerichtet und ich machte keine Versuche, auszuweichen oder gar davonzulaufen. Gleich würde sie mich erreicht haben und mit sich fortreißen in ein Meer der Tränen und des Schmerzes. Ich schloss die Augen und wartete darauf, dass dieses beängstigende Szenario eintreten würde. Gleichzeitig hoffte ich darauf, dass ich weit fortgetragen werden und diese Welle sogar Vergessen bringen würde, ein kleines bisschen Vergessen und dadurch Trost und Chance zum Weiterleben in irgendeiner Form.

Das Telefon klingelte. Natürlich, 10 Uhr. Pünktlich wie die Maurer, dieser tägliche Anruf von Kirsten. Sie wollte wissen, wie es mir ging und ob ich überhaupt aufgestanden war. Nein, liebe Kirsten, ich bin noch nicht aufgestanden, liege im Bett, habe keine Kraft mich zu erheben. Und nun hast du mich sogar geweckt und ich kann mich nicht von dieser Welle forttragen lassen an einen Ort, wo es mir vielleicht besser geht.

Das Telefon verstummte nach gefühlt minutenlangem Gebimmel. Ich musste zurückrufen, sonst würde sich der Anruf in kürzester Zeit wiederholen. Da war sie hartnäckig. Wahrscheinlich würde sie nach dreimaligem erfolglosen Versuch, mich an die Strippe zu bekommen, das ganz große Programm auffahren mit Polizei, Feuerwehr und Rettungswagen.

Ich seufzte und griff nach meinem Handy auf der Nachtkommode. »Guten Morgen, Kirsten«, grüßte ich sie mit matter Stimme.

»Jolanda! Warum gehst du denn nicht an dein Handy?«, ertönte Kirstens Stimme nach nur einmal Klingeln, ungewohnt schrill, was ganz sicher ihre Besorgnis widerspiegelte. »Sag bloß, du liegst noch im Bett? Hallo, es ist 10 Uhr. Raus aus den Federn. Es ist Mitte Juli und endlich schönstes Sommerwetter. Du musst etwas Struktur in deinen Alltag bringen. Was haben wir besprochen und vor allem, was hast du mir versprochen?«

Ich sagte gar nichts. Sie hatte recht. Ich hatte ihr versprochen, mich zusammenzureißen. Was für ein idiotisches Wort. Vollkommen paradox. Ein Blatt Papier kann man zusammenreißen, dann ist es auseinandergerissen. Wenn man es so sah, war ich auch schon zusammengerissen und sogar auseinandergerissen, in alle Einzelteile, mittendurch. Mein Herz war aus dem Leib gerissen. Aber

Zusammenreißen ist nun mal der gängige Ausdruck für dieses undefinierbare Handeln, wenn es darum geht, Gefühle und Emotionen, die zu entgleiten drohen, wieder in die Spur zu bringen. Noch hatte ich keine Vorstellung davon, wie sich dieses Zusammenreißen gestalten könnte. Sie war allseits bemüht – so drückte man es doch beispielsweise in Beurteilungen aus. Eine total schwammige Aussage, in die man alles hineininterpretieren kann. Auf mich traf das zu dieser Zeit auch vollkommen zu. Ich war bemüht. Man bemüht sich. Das sagt noch lange nichts darüber aus, ob dieses Bemühen von Erfolg gekrönt wird. Und was in meinem Fall überhaupt als Erfolg bezeichnet werden könnte.

Mühevoll war mein Weg definitiv. Es war Mitte Juli 2007, zweieinhalb Monate nach Hans' Unfall, als diese morgendlichen Anrufe von Kirsten kamen. Im Nachhinein kann ich mich an die vergangenen zehn Wochen fast nicht mehr erinnern. Sie kommen mir vor wie eine Zeit der absoluten Gegensätze, wildes Durcheinander, viele Menschen um mich herum, Alleinsein, Lärm und unerträgliche Stille. Wenn man der Aufstellung der Trauerphasen Glauben schenken kann, dann befand ich mich noch in Phase eins, der Phase des Nichtwahrhabenwollens, von Verzweiflung, Hilflosigkeit und Ratlosigkeit geprägt. Da ich mich einige Zeit später zu einer Trauertherapie überreden ließ, weiß ich heute, dass es bei der Trauerbewältigung verschiedene Abschnitte gibt. Der Phase eins folgen die Phase zwei – aufbrechende Emotionen -, die Phase drei – suchen und sich trennen - und die Phase vier, die Phase des neuen Selbst- und Weltbezugs. Ich weiß inzwischen auch, dass ich bei der Trauerbewältigung genau in dieses Schema F passte. Vielleicht passen da alle trauernden Menschen hinein, mehr oder weniger. Mit individuellen Abweichungen natürlich.

Kirsten wusste alles über diese Prozesse oder hatte sich mir zuliebe gut vorbereitet. Vielleicht war sie die geborene Trauertherapeutin. Zumindest nahm sie sich den Ratschlag zu Herzen, Trauernden, die sich in Phase eins befinden, vorbehaltlos zur Seite zu stehen. Sie zog die ersten Wochen hier ein, unterstützte mich, wo ich mich überfordert fühlte. Das war in allen Bereichen so. Mir war es nicht möglich, neben all den Regelungen, die im Zusammenhang mit dem Todesfall zu treffen waren, einfachste Dinge des täglichen Lebens auf die Reihe zu bekommen. Natürlich war auch Daniel da für mich, aber Kirsten war erfahrener, geduldiger, kompetenter, einfach erwachsener als mein Sohn. Ich weiß nicht, wie ich diese erste schwere Zeit ohne sie überstanden hätte.

Auch jetzt in diesem Juli 2007, als es mir immer noch schwerfiel, überhaupt morgens aus dem Bett zu kommen, tat sie ihr Möglichstes, um mir zu helfen. Mittlerweile war sie abgereist, nicht ohne zuvor alles zu regeln. Den ganzen Schriftkram sowieso und meine Verpflegung ebenso wie die Reinigung der Wohnung. Einkaufs- und Botengänge wurden im Bekanntenkreis verteilt. Da Kirsten aber befürchtete, dass ich mir, wenn ich nicht unter Aufsicht war, nichts kochen würde, hatte sie das sogenannte »Essen auf Rädern« für mich gebucht. Da half alles Schimpfen und Aufbegehren meinerseits nichts.

»Kirsten! Ich werde es doch wohl fertigbringen, mir ein Essen zuzubereiten. Komme mir ja selten dämlich vor, wenn ich wie eine alte Frau mit Mittagessen beliefert werde.«

»Keine Widerrede. Das bleibt so wenigstens für die nächste Zeit. Ich schau so oft ich kann nach dir. Zu arbeiten brauchst du natürlich vorerst auch nicht. Hier, ich habe dir die Verlängerung deiner Krankmeldung besorgt.«

Obwohl uns die Apotheke ja gehörte, war die Krankmeldung nötig, weil ich dort als Angestellte geführt wurde. Die Apotheke war sowieso ein Riesenproblem. Über deren Zukunft musste irgendwann noch entschieden werden. Vorerst lief alles wie gehabt. Bärbel, unsere erste Kraft, ein Apotheker und drei weitere Angestellte schmissen den Laden. Da brauchte ich mir keine Sorgen zu machen. Langfristig war es vielleicht das Beste, alles zu verkaufen, aber es hatte Zeit. Solche zukunftsweisenden Entscheidungen wollten gut überlegt sein. Und im Juli 2007 war ich alles andere als zurechnungsfähig. Ich war einzig und allein verzweifelt und perspektivlos.

»Jolanda, bist du noch da?«, fragte meine Freundin.

»Ja«, piepste ich leise. »Ja, ich bin noch da und ja, ich bemühe mich, habe dir ja versprochen, mich zusammenzureißen. Bin schon ganz zerrissen, mittendurch.«

»Du bist und bleibst ein kleines Kasperle, wie ihr im Süden sagt«, antwortete Kirsten liebevoll. »Mein tapferes Mädchen. Du springst jetzt unter die Dusche, machst dir ein schönes Frühstück und dann gehst du raus in die Sonne, die nun endlich mal scheint, bevor das Wetter wieder schlechter wird. Leg dich bloß nicht wieder ins Bett und mach die Rollläden zu«, ermahnte sie mich noch.

Ich zögerte: »Nein, das mache ich nicht. Aber mal schauen, ob ich das mit dem Spaziergang hinbekomme. Ich hab noch so viel zu erledigen.«

»Was denn, bitteschön? Du meinst doch nicht etwa deine ewige Sucherei?«, fragte sie mit einem leicht resignierten Unterton.

»Hm …«, war meine kurze Antwort.

»Jolanda!«, rief Kirsten und ich konnte sie förmlich vor mir sehen, wie sie sich aus ihrem Sessel in ihrem schönen Wintergarten, wo sie sich immer zum Telefonieren niederließ, erhob. Gleichzeitig erhob sie nämlich auch ihre Stimme. Ich duckte mich automatisch in Erwartung einer Zurechtweisung, könnte auch eine Schimpftirade werden, auf alle Fälle wusste ich, was nun kam. »Jolanda, ein für alle Mal. HÖRE auf damit. Du wirst nichts finden. Wie könnte das auch sein? Beziehungsweise, was genau erwartest du zu finden? So brutal es auch klingen mag, Hans war bei seinem Unfall in der Blüte seines Lebens, war nicht krank, er wusste nicht um sein jähes Ende. Ob das gut ist oder schlecht, mag ich nicht sagen. Was ich sagen mag, ist, dass er auf keinen Fall irgendwo einen Abschiedsbrief oder irgendwelche …, was weiß ich …, für dich verfasst hat.« Sie wurde ärgerlich und redete sich langsam in Ekstase.

Ich hingegen schwieg und merkte, wie der Kloß in meinem Hals immer dicker wurde, wie mir die Tränen hochstiegen. »Aber …«, versuchte ich nun doch einzulenken.

Kirsten gab mir keine Chance und fuhr mit schriller Stimme fort: »Das kann doch auch gar nicht sein, überlege mal ganz vernünftig. Habt ihr jemals über solche Themen gesprochen? Nein!«

»Doch«, protestierte ich, »natürlich haben wir auch über den Tod gesprochen. In einer Apotheke bekommt man selbstverständlich viel Leid und Elend mit.«

»Das mag sein, aber ihr habt sicherlich noch keine Gedanken zu eurem eigenen Tod ausgetauscht, Regelungen für den übrigbleibenden Partner. Das macht man noch nicht mit plus-minus fünfzig Jahren, solange man sich bester Gesundheit erfreut, oder?«

»Nein!«, presste ich hervor. »Darum geht es mir doch auch gar nicht. Es ist einfach so schrecklich. Er ist weg, einfach weg, ohne Abschied. Ohne Lebewohl. Wir hätten uns noch so vieles zu sagen gehabt. Er war immer der Stärkere von uns beiden. Ich konnte ihn jederzeit um Rat fragen. Nun bin ich alleine und ich weiß einfach nicht, wie mein Leben weitergehen soll. Ich schaffe das nicht …«, meine Stimme wurde immer leiser und erstarb schließlich.

Sofort verfiel Kirsten in einen ganz anderen Modus, sie war auf der Stelle viel milder gestimmt und sagte: »O Liebes, es tut mir so leid. Aber ich meine es nur gut mit dir. Wenn du tagelang in Unterlagen wühlst in der Hoffnung, irgendetwas zu finden, was du selbst gar nicht näher in Worte fassen kannst, dann ist das nicht gut für dich. Lass los und klammere dich nicht an Wünsche, die dir niemand erfüllen kann. Soll ich mir nochmals ein paar Tage freinehmen und kommen? Ich lasse dich ungern so alleine.«

»Nein, das brauchst du nicht. Du hast schon viel zu viel Zeit für mich geopfert. Ich mach mir jetzt erst mal einen starken Kaffee.«

»Iss auch was dazu«, war Kirstens knappe Antwort. »Du bist so dünn geworden.«

»Ja, Mama«, flachste ich und dachte daran, wie ich immer mit den paar Pfunden zu viel kämpfte und an meine zahllosen Diäten. Hans hat immer gesagt, lieber etwas mehr Gewicht als zu wenig. In schweren Zeiten hätte man dann ein kleines Polster, von dem man zehren könne. So unrecht hatte er gar nicht, mein umsichtiger Ehemann.

»Ich ruf später nochmal an, Jolanda. Versprich mir, dass du heute rausgehst, gönne dir einen großen Eisbecher und genieße die Sonne. Das tut der Seele gut.«

»Tschüss, du Liebe«, flüsterte ich und legte langsam auf.

Nach dem Frühstück nahm ich eine ausgiebige Dusche, wusch mir die Haare, legte etwas Make-up auf und zog ein hübsches Sommerkleid an. Als ich mich so im Spiegel betrachtete, verließ mich schlagartig die Lust auf den sommerlichen kleinen Ausflug ins Städtchen. Dieses Kleid hatte Hans sehr geliebt.

»Du siehst darin aus wie eine Elfe«, hatte er mir immer versichert.

Schnell rannte ich zurück ins Schlafzimmer und schlüpfte aus dem Kleid heraus, nahm stattdessen einen Rock und eine Bluse aus dem Schrank. Ich schielte auf das Bett. Am liebsten würde ich mich wieder hineinlegen und die Decke über den Kopf ziehen. Aber ich hatte es Kirsten versprochen. Ich würde mich heute nicht gehen lassen. Langsam ging ich die Treppe hinunter. Heute ging es raus ins pralle, pulsierende und sorglose Leben. Bei diesem Gedanken hob sich mir der Magen. Mir wurde richtiggehend schlecht. Tief durchatmen, Jolanda! Heute Nachmittag, ich würde heute am Nachmittag rausgehen. Passt doch auch viel besser für ein Eis, sagte ich mir. Lustlos schaute ich mich um. Was sollte ich tun? Es gab keine sinnvolle Beschäftigung für mich und ich stellte mir die Frage, ob es vielleicht doch ratsam wäre, wieder zu arbeiten. Zumindest an ein paar Tagen vormittags. Gute Idee, beschloss ich. Ich wäre etwas abgelenkt. Diese gleichbleibenden öden Tage brachten einen ja um.

Mein Blick fiel durch die geöffnete Tür auf unseren Schreibtisch. Das kleine Zimmer im Erdgeschoss nutzten wir als Büro für unsere privaten Unterlagen. Der ganze geschäftliche Kram befand sich natürlich in der Apotheke. Dieser Schreibtisch war in letzter Zeit wiederholt das Objekt meiner Begierde gewesen. Ich hatte ihn mehrfach durchsucht, ohne Vorstellung dessen, was ich dabei erwartete. Ich gab Kirsten insgeheim recht. Diese ganzen Durchsuchungsaktionen hatten gar nichts gebracht und auch erneute Wühlerei würde daran nichts ändern. Warum hätte mir Hans einen Brief schreiben sollen? Geschweige denn einen Abschiedsbrief. Es gab nichts Geheimes in diesem Haus, was ich noch entdecken könnte. Ich musste mich mit meinen Erinnerungen zufriedengeben, die sich allerdings unauslöschlich in mein Gehirn gebrannt hatten. Diese wertvollen Erinnerungen an unser gemeinsames Leben konnte mir niemand nehmen. Wie hatte es der Dichter Jean Paul vor über 200 Jahren so treffend formuliert? Ich nahm mein Handy und schaute nach. Genau, hier fand ich das Zitat schnell: »Die Erinnerung ist das einzige Paradies, aus dem man nicht vertrieben werden kann.« Wie treffend und weise. Ich würde diese geistigen Andenken an Hans wie kostbare Juwelen in meinem Innern tragen, in der Tiefe meines Herzens.

Wie zufällig bewegte ich mich in Richtung Büro. Nur kurz in ein Fotoalbum schauen, sagte ich mir. Das ist doch nichts Verbotenes. Ich wollte ja nur Bilder betrachten, Aufnahmen aus glücklichen Tagen. Dabei gab es sicher nichts Neues zu entdecken und ich würde auch nicht danach suchen. Wahrscheinlich war es ganz normal, dass es mich immer wieder hierherzog. In unser Büro, mit all seinen Unterlagen, den Alben, alten Briefen, Rechnungen, Versicherungsdokumenten, Arztbefunden und natürlich dem PC. Diesen hatte ich ebenfalls bereits mehrfach durchforscht. Da es unser gemeinsamer privater Computer war und wir keinerlei Geheimnisse voreinander hatten, gab es auch in der virtuellen Welt keine überraschenden Entdeckungen. Hier in unserem Büro fühlte ich mich Hans eigenartigerweise am nächsten. Vielleicht weil er sich in diesem Raum oft aufgehalten hatte. Ich meinte sogar, noch seinen Geruch wahrnehmen zu können. Liebevoll strich ich über die Schreibtischunterlage und den Bildschirm.

Dann nahm ich das Album zur Hand. Selbstverständlich hatte ich in den letzten Wochen schon alle Alben durchgeblättert. Nur das eine war noch übrig. Dieses hatte ich bis jetzt nur geschüttelt, um zu sehen, ob ein Brief oder sonst ein Schriftstück herausfallen würde. Angeschaut hatte ich es als einziges noch nicht. Darin waren die Bilder unseres letzten Urlaubs eingeklebt. Ich fürchtete mich vor den Eindrücken und Erinnerungen. Die Reise war erst ein gutes halbes Jahr her. Das würde schmerzhaft werden. Diese unbeschwerte Zweisamkeit, diese überschäumende Lebensfreude, der letzte Traumurlaub. Kaum zu ertragen, das anzuschauen! Warum ich mir diese Selbstkasteiung antat, konnte ich auch nicht sagen. Vielleicht brauchte ich diesen Schmerz, der bei den Erinnerungen kam, um überhaupt noch etwas zu fühlen.

Ich schmunzelte unter Tränen, wenn ich daran dachte, dass Hans immer auf diese altmodische Katalogisierung bestanden hatte. Er liebte die Fotoalben und blätterte sie oft durch. Nun saß ich mit zitternden Händen da und traute mich nicht, die Bilder anzuschauen aus Angst, einen Weinkrampf zu bekommen und den Tag doch wieder unter der Bettdecke im abgedunkelten Schlafzimmer zu verbringen, starr vor maßlosem Entsetzen und voll unbeschreiblicher Sehnsucht.

Sollte das jetzt mein Schicksal sein und bleiben? Die Tage auf meiner Ruhestätte verbringen? Zu schwach, um mein Leben meistern zu können? Den Kopf unter der Decke, schutzsuchend vor der rauen Wirklichkeit? Meine Welt lag in Scherben. Und obwohl alle in meinem Umfeld alles Menschenmögliche taten, um mir zu helfen, mich aufzurichten und zu trösten, hatten sie noch ihr Leben. Mein Schicksal war für sie einer der vielen Randsteine ihres Daseins. Es gab für jeden Menschen manchmal eher kleinere und manchmal eher größere solcher Steine. Sicherlich war mein Verlust von Hans bei meinen nächsten Angehörigen und Freunden einer der größeren Randsteine, bestimmt hatte er den Umfang eines Felsens, dennoch konnten sie ihr gewohntes Leben weiterleben. Selbst Daniel, dem der Tod des Vaters auch die Füße weggezogen hatte, war mittlerweile zurück bei seinem vertrauten Tagesablauf. Für alle ging das Leben irgendwann seinen gewohnten Lauf, während mein Leben in Schutt und Asche lag. Für mich hatte sich alles geändert. Nichts war mehr wie zuvor. Kein Morgen, kein Mittag, kein Abend und keine Nacht. Keine Hoffnung, dass es eines Tages wieder anders werden würde. Ich saß da wie eine, der man mit einem Schlag alle Gliedmaßen amputiert hatte, ohne ihr die Gewissheit zu geben, dass da jemals wieder etwas nachwachsen würde. Grausam verstümmelt und vergessen.

»Trauer ist der Preis, den wir für Liebe zahlen.« Diese weisen Worte stammen von Queen Elizabeth II. Wie recht sie damit hatte. Je größer die Liebe war, umso stärker ist die Trauer und umso höher ist der Preis.

Invictus - Unbesiegt

Ich schloss kurz die Augen, holte tief Luft und schlug das Album auf. Kapstadt, Südafrika. Eine Flut von unbeschreiblich schönen Aufnahmen in vollendeter Farbenpracht von der ersten bis zur letzten Seite. Wir hatten ein kleines Appartement in Kapstadt gemietet und uns einen Leihwagen genommen. Damit unternahmen wir unsere Ausflüge und Touren. Zum Kap der Guten Hoffnung, nach Simon's Town zu den Pinguinen, entlang des Chapman's Peak Drive, einer der schönsten Panoramastraßen der ganzen Welt. Eine kleine Safari stand auch auf dem Programm. Die Waterfront in Kapstadt selbst, wo wir abends flanierten, und der Stadtteil Bo-Kaap mit den kunterbunten Häusern. Fotos über Fotos, von Hans mit informativen und lustigen Kommentaren versehen.

Für einen kurzen Moment vergaß ich alles um mich herum und war wieder mit Hans auf dieser Traumreise. Ich schloss erneut die Augen, tauchte in Gedanken tief in die exotische und geheimnisvolle Atmosphäre am anderen Ende der Welt ein. Nur nicht die Augen öffnen und die brutale Wirklichkeit wieder in mein Inneres lassen! Hinübergleiten in die Vergangenheit und die Bilder aus dem Album zur Realität werden lassen. Doch dieser Tagtraum ließ sich nicht festhalten. Sobald ich die Augen wieder öffnete, saß ich hier in unserem Büro, was nur noch mein Büro war, weil Hans tot war und ein Toter nichts besitzen kann. Ich war allein, mutterseelenallein, warum hieß das eigentlich so? Mutterseelenallein, was für ein komischer Ausdruck. Nein, ich war hansseelenallein, niemals, niemals würde ich wieder glücklich sein können. Hans, warum hast du mich allein gelassen? Wie soll ich weiterleben? Wo bist du? Warum gibst du mir kein Zeichen? Wieso finde ich nichts von dir, keine letzten Worte, die mich trösten könnten? Keine Spur, du bist spurlos weg. Warum? Warum? Ich merkte, wie die Panik in mir hochstieg, ich bekam keine Luft mehr. Das Album fiel zu Boden. Ich stürzte ans Fenster, um frische Luft in das Zimmer zu lassen. Aber es war schon viel zu heiß draußen. Die Luft hier drinnen blieb stickig. Ich tastete mich in die Küche, um ein Glas Wasser zu holen. Nachdem ich es ausgetrunken hatte, versuchte ich, die Panikattacke durch konzentriertes, langsames Ein- und Ausatmen zu vertreiben.

Kirsten, die Gute, würde mit einer Papiertüte angerannt kommen, in die ich in so einem Fall atmen soll. Trotz allem konnte ich mir bei diesem Gedanken ein schwaches Lächeln nicht verkneifen. Aber vielleicht sollte ich ihren Vorschlag aufgreifen und fachmännische Hilfe in Anspruch nehmen.

»Du steuerst kerzengerade in eine waschechte Depression, Jolanda«, hatte sie mir neulich erst am Telefon gesagt. »Ganz typisch dafür sind deine Antriebsschwäche, dein mangelnder Appetit und deine körperliche Schwäche. Wenn du keine professionelle Hilfe zulässt, kommst du aus diesem Loch nicht raus. Dein Hirnstoffwechsel muss mit Tabletten eingestellt werden, damit die Botenstoffe wieder im Gleichgewicht sind. Du bist doch vom Fach. Das solltest du besser wissen als ich.«

Ich wusste es besser als sie, vor allem wusste ich, dass sie wahrscheinlich recht hatte. Der Serotonin-Stoffwechsel ist bei einer Depression aus den Fugen. Ich würde über eine medikamentöse Behandlung nachdenken, auch über eine Trauertherapie. Aber nicht heute. Heute fühlte ich mich unendlich schwach, für alles zu schwach. Ins Bett, ausruhen. Das war alles, was ich im Moment wollte und wozu ich mich imstande fühlte.

Mit müden Schritten schlurfte ich aus der Küche, um die Treppe nach oben ins Schlafzimmer zu nehmen. Die Bürotür stand noch offen, das Album lag auf dem Boden. Ich zögerte kurz und betrat den Raum, um es wenigstens aufzuheben und wieder an seinen Platz zu stellen. Ein Foto war herausgerutscht und lag neben dem Buch auf dem Boden. Ich hob es auf. Hans und ich, lachend, im Zwielicht der untergehenden Sonne, in der Hand einen Plastikbecher. Wo war das genau? Ich runzelte die Stirn. Es fiel mir nach und nach ein. Auf dem Lion's Head, dem Berg gegenüber dem Tafelberg. Nachdem die Wanderung auf denselben für Touristen wärmstens empfohlen wird, am besten abends, um den Sonnenuntergang zu beobachten, als einen der schönsten Südafrikas angepriesen, folgten wir damals gern diesem Rat. Bewaffnet mit einer Flasche Rotwein, einem Cabernet Sauvignon Merlot trocken aus dem Weinbaugebiet Stellenbosch, und zwei Bechern machten wir uns auf den Weg. Hans hatte immer gesagt, was für ein Stilbruch, so einen Wein aus Plastikbechern zu trinken, aber hier musste der Zweck mal wieder die Mittel heiligen. Wir stiegen hoch, wo die Sonne die Umgebung in warmes Abendlicht tauchte. Außerdem konnte man von dort oben den Tafelberg am besten sehen und man hatte sogar einen 360-Grad-Blick. Ich weiß noch, wie wir gut gelaunt starteten, wie wir dieses unvergleichliche Panorama auf die beleuchtete Stadt genossen, eng aneinandergeschmiegt und vom Alkohol leicht beflügelt. In dieser angenehmen Weinseligkeit saßen wir auf einer Bank, hoch über der Stadt. Im Rucksack waren Taschenlampen für den Rückweg in der Dunkelheit. Hier war das Bild entstanden, das ich in den Händen hielt. Schnell wollte ich es in das Album zurückschieben, irgendwo zwischen die Seiten. Bloß keine Fotos mehr anschauen! Dann würde alles Wehklagen wieder von vorne losgehen und dazu hatte ich keine Kraft und keine Lust.

Plötzlich beschlich mich ein seltsames Gefühl. Ich wusste nicht, wie mir geschah. Gedanken blitzten in meinem Kopf auf und verschwanden so schnell, wie sie gekommen waren. Ich starrte minutenlang auf das Foto, aber der Nebel in meinem Kopf lichtete sich nicht. Es war unmöglich, diesen Gedankenfetzen zu fassen. Dabei hatte ich das Gefühl, dass es etwas Wichtiges war, etwas Tröstliches, was mir guttun würde, wenn ich es nur festhalten konnte. Ich schüttelte resigniert den Kopf. Seufzend legte ich das Bild in das Album und stellte es in das Regal zu den anderen. Kurz darauf lag ich im Bett im Schlafzimmer bei geschlossenen Rollos, hatte den hellen, strahlenden Tag ausgesperrt, und stierte in das dämmrige Zimmer.

Manchmal hatte ich in den vergangenen Wochen morgens kurz nach dem Aufwachen, nach einem meist unruhigen Schlaf, mit ausgestreckter Hand neben mich getastet. Das tat ich automatisch im Halbschlaf, um mit Grauen festzustellen, dass der Platz leer war. Diese schmerzliche Erkenntnis wollte ich partout nicht wahrhaben und doch bohrte sich die traurige Wahrheit wie in Zeitlupe Stück für Stück an die Oberfläche meines Bewusstseins. Dann lag ich wie gelähmt in maßlosem Entsetzen. Zu dieser Zeit gelang es mir noch nicht, mich an diesen einen Morgen in den Neunzigerjahren zu erinnern und daraus Kraft zu schöpfen. Noch nicht, bis dahin war es noch ein langer steiniger Weg.

Der Urlaub in Kapstadt ging mir nicht aus dem Kopf. Durch das Anschauen der Fotografien war er so präsent wie kurz danach. So, als wären wir gestern erst zurückgekommen. Diese wundervolle Wanderung auf den Gipfel des Lion's Head an unserem letzten Abend war der krönende Abschluss einer spektakulären Reise gewesen. Ich konnte mich so gut an die lockere, heitere Stimmung erinnern. Wir inmitten der vielen Touristen und doch vollkommen ungestört in liebevoller Zweisamkeit. So losgelöst von allen kleinen und großen Ärgernissen des Alltags, hatten wir immer die besten Gespräche, über Gott und die Welt, wie man so schön sagt. Wir konnten beide gut zuhören, fielen einander nie ins Wort. Hans hatte immer gesagt, dass er es liebe, mich beim Sprechen zu beobachten. Vor allem, wenn es um ein hitziges Thema ging. Ich hätte dabei unglaublich rote Wangen, glänzende Augen und würde die Nasenflügel aufblähen.

»Ich blähe meine Nasenflügel nicht auf!«, belehrte ich ihn jedes Mal leicht empört, wenn er davon schwärmte.

»Doch«, grinste er dann, »gerade schon wieder. Wie ein kleines widerspenstiges Pony.«

So ein Disput endete meistens in einem langen Kuss. Wenn möglich, je nachdem wo unsere kleine Debatte stattfand. Bei der Erinnerung daran wollten schon wieder heiße Tränen in mir hochsteigen, aber ich biss die Zähne zusammen und drückte mein Gesicht in das Kopfkissen.

Das Gedankenkarussell drehte sich aber weiter. Bei der Abendwanderung in Kapstadt unterhielten wir uns über den letzten Urlaubstag, an dem wir uns gezielt in der Innenstadt umgeschaut hatten. Eine kleine historische Tour zu Fuß. Ich erinnerte mich nun genau. Es war ein Tag voller interessanter und informativer Eindrücke gewesen. Am meisten beeindruckt war ich von Nelson Mandela, dessen Bronzestatue auf dem Balkon des Rathauses steht, genau da, von wo aus er am 11. Februar 1990, dem Tag seiner Haftentlassung, eine Rede gehalten hatte.

Was für Mann und was für ein Schicksal!

Mit einem Ruck setzte ich mich im Bett auf, warf die Decke zur Seite und rannte die Treppe hinunter ins Büro. Mir war abwechselnd heiß und kalt. Ich schaltete den PC ein und öffnete den Internet-Browser. Nach wenigen Minuten hatte ich das gefunden, wonach ich suchte und startete einen Ausdruck. Mit zittrigen Fingern nahm ich ein DIN-A4-

Blatt aus dem Drucker und schaute darauf, fast ungläubig.

INVICTUS - UNBEZWUNGEN!

Aus finstrer Nacht, die mich umragt,
durch Dunkelheit mein' Geist ich quäl.
Ich dank, welch Gott es geben mag,
dass unbezwung'n ist meine Seel.

Trotz Pein, die mir das Leben war,
man sah kein Zucken, sah kein Toben.
Des Schicksals Schläg' in großer Schar.
Mein Haupt voll Blut, doch stets erhob'n.

Jenseits dies Orts voll Zorn und Tränen,
ragt auf der Alp der Schattenwelt.
Stets finden mich der Welt Hyänen.
Die Furcht an meinem Ich zerschellt.

Egal, wie schmal das Tor, wie groß,
wieviel Bestrafung ich auch zähl.
Ich bin der Meister meines Los'.
Ich bin der Käpt'n meiner Seel'.

Laut rezitierte ich das Gedicht vor einem nicht vorhandenen Publikum. Als ich fertig war, setzte ich mich damit auf den Bürostuhl und brach in Tränen aus. Ich weinte, wie ich noch nie zuvor in meinem Leben geweint hatte. Selbst bei der Beerdigung von Hans war es mir nicht vergönnt gewesen, meine unbeschreibliche Trauer durch solch eine Tränenflut zu lindern. Da war ich wie versteinert gewesen, während sich der Schmerz durch meine Eingeweide fraß. Doch jetzt kam es mir vor, als wäre ein Ventil geöffnet worden. Hans! Hans! Sollten diese Worte dein Vermächtnis an mich sein? Ich schaute zum Fenster hinaus, sah diesen herrlichen Sommertag, nahm ihn allerdings überhaupt nicht wahr. Stattdessen schweifte mein Blick in die Ferne, ich fühlte mich wie in einem Tagtraum und erinnerte mich an unser Gespräch, das wir auf unserer wundervollen Reise im November 2006 in der Abenddämmerung hoch oben über den Dächern von Kapstadt geführt hatten:

Prost! Wir stoßen lachend mit unseren billigen Plastikdingern an. »Klingeling«, sage ich.

»Ja, haben wir denn schon Weihnachten?«, fragt Hans gut gelaunt.

»Nein, aber in sechs Wochen. Das kann man gar nicht glauben. Daheim herrscht bestimmt bestes November-Schmuddelwetter. Dann halt nicht Klingeling, aber wie sollen wir die Gläser, die keine sind, denn sonst tönen lassen?«

»Hell die Gläser klingen …«, singt Hans und ich ergänze laut schmetternd: »… ein frohes Lied wir singen … Prosit! Uns zum Wohle!«

Eine kleine Touristengruppe geht an uns vorbei und lacht uns an.

»Psst!«, machen wir gleichzeitig und können auch kaum das Lachen unterdrücken.

»Das war nun also unser Urlaub 2006. Morgen geht es wieder zurück in die Heimat«, stellt Hans fest.

»Schön war's. Ich könnte noch hierbleiben«, sage ich mit leichter Wehmut in der Stimme. »Und dass wir an

unserem letzten Tag nochmal so eine interessante Flut an geschichtlichen Informationen erhalten, wer hätte das gedacht?«

»Naja«, flachst Hans mit leicht spöttischem Unterton, »so neu waren diese Informationen nicht. Hast wohl in der Schule mal wieder nicht richtig aufgepasst?«

Entrüstet schaue ich ihn an. »Erstens hatten wir doch die nervige Frau Schallhuber in Geschichte. Da hat niemand aufgepasst und zweitens weiß ich sehr wohl über Nelson Mandela Bescheid, zumindest grob«, lenke ich ein.

»Dein vielgerühmtes Halbwissen«, sagt Hans.

»Na und. Ich komme damit sehr gut durchs Leben. Wenn man es geschickt einsetzt, kann man damit hervorragend glänzen und überall den Eindruck von Intellektualität erwecken. Das umgibt mich mit dem Flair von Sachverstand und Kompetenz.« Ich recke meinen Kopf in die Höhe und versuche, blasiert zu schauen.

Unser unbeschwertes Geplänkel geht noch eine Weile hin und her.

Dann sagt Hans: »Mal im Ernst. Der ungebrochene Wille dieses Mannes. Das hat mich schon immer dermaßen beeindruckt.«

»Mich auch!«, erwidere ich schaudernd. Geschlagen mit einer Klaustrophobie, darf ich gar nicht daran denken, wie man es überlebt, achtzehn Jahre in einer winzigen Zelle eingesperrt zu sein.

»Vier Quadratmeter groß war seine Zelle«, bemerkt Hans, als könnte er meine Gedanken lesen. »Mandela war 1,90 Meter groß, da war er mit ein paar Schritten von einer Wand zur anderen gelaufen.«

Leider hatten wir es versäumt, rechtzeitig eine Tour zur Robben Island zu buchen, wo Nelson Mandela von 1964 bis 1982 im Gefängnis saß, danach noch bis 1990 auf dem Festland. Vor Ort war uns dann die Wartezeit zu lang. Da hätten wir wertvolle Zeit verloren. Einfach zu viele Touristen. Nichtsdestotrotz informierten wir uns natürlich im Vorfeld über die Gefängnis-Insel und während unserer kleinen Tour durch die Innenstadt nochmals gezielt über den großen visionären Staatsmann.

Hans kommt aus dem Schwärmen gar nicht mehr heraus: »Diese Charakterstärke, seine Vision von Freiheit. Wie bringt man es fertig, sich trotz dieser unmenschlichen Haftbedingungen nicht unterkriegen zu lassen? Im Gegenteil, statt zu resignieren, kämpfte er für die Rechte der Häftlinge. Das ist unbeschreiblich. Er ist bis heute ein Mythos.«

Ich kichere. »Hänschen, jetzt blähst du aber auch die Nasenflügel auf.«

»Jolanda! Sei doch einmal ernst und bei der Sache und mach dich nicht über alles lustig. Ist dir denn gar nichts heilig?«, rügt er mich.

»Doch, doch, natürlich«, versichere ich schnell. »Ich habe einen kleinen Schwips. Da bin ich für solche hochtrabende Themen nicht mehr empfänglich. Aber du hast natürlich recht, Hans. Ich gelobe, alles darüber ausführlich im Internet nachzulesen, wenn wir zuhause sind.« Schnell hebe ich die Hände zum Schwur.

»O warte«, ruft Hans und kramt im Rucksack. »Wo ist es denn nur?« Er zieht ein Blatt heraus und hält es mir unter die Nase. »Schau mal, das habe ich vorhin, bevor wir los sind, noch schnell im Hotel ausgedruckt. Das

ist das Gedicht, von dem uns der Fremdenführer in der Stadt heute erzählt hat.«

Ich schaue ihn fragend an.

»*Hast also bei der Führung auch nicht richtig aufgepasst? Wie in der Schule*«, *werde ich nun getadelt.*

Ich lege meinen Kopf auf seine Schulter und gähne. »*Ach Hans, jetzt hör doch auf damit. Morgen auf dem Rückflug können wir noch zur Genüge darüber reden.*«

Und das taten wir. Wir redeten und diskutierten lange über das Gedicht INVICTUS-UNBEZWUNGEN, während uns das Flugzeug zurück in die Heimat brachte. Dieses Gedicht aus dem 19. Jahrhundert stammt von William Ernest Henley, bei dem im Alter von zwölf Jahren Knochentuberkulose diagnostiziert wurde. Nach Amputation eines Beines und einem langen Leidensweg hatte er die Zeilen verfasst und damit seinen Kampf gegen die Krankheit beschrieben. Nelson Mandela zitierte aus dem Gedicht und schöpfte daraus während der Jahre seiner Haft Kraft und Trost. Es wurde mehrfach in vielen Situationen herangezogen, rezitiert und vertont, in Filmen, bei Ansprachen und in Briefen. Es ist mittlerweile ein Synonym für Stärke und Durchhaltevermögen.

»Sich niemals unterkriegen lassen. Immer nach vorne schauen. Man sollte sich daran ein Beispiel nehmen«, sinnierte Hans hoch über den Wolken, während er zum Fenster hinausschaute.

»Wahrscheinlich ist das oftmals leichter gesagt als getan«, gab ich zu bedenken. »Und die meisten schnöden Alltagssituationen, in denen wir uns zusammenreißen müssen, oder unsere mehr oder weniger holprigen Lebensgeschichten sind wahrhaftig nicht mit dem Schicksal Nelson Mandelas zu vergleichen. Du bist bei dem Thema ja richtig pathetisch, mein Lieber.«

Hans stimmte mir zu: »Zurecht, finde ich. Auf alle Fälle lässt sich das Gedicht doch von seiner Grundaussage her auch auf das kleinste tragische Schicksal jedes Otto Normalverbrauchers oder Lieschen Müllers übertragen. Man kann so vieles hineininterpretieren. So verschieden die Schicksalsschläge auch sind, Trost und Beistand sind immer willkommen, oder nicht? Und selbst bei nicht weltbewegenden Ereignissen im Leben eines Menschen haben Worte, die ihm helfen, ihren Zweck erfüllt. Lebenshilfe durch Selbsthilfe. Stärke zeigen, Krankheit und Tod die Stirn bieten. Ich finde das Gedicht übrigens auf Englisch noch flüssiger und kraftvoller.«

INVICTUS - UNBEZWUNGEN!

Out of the night that covers me,
Black as the pit from pole to pole,
I thank whatever gods may be
For my unconquerable soul.

In the fell clutch of circumstance
I have not winced nor cried aloud.
Under the bludgeonings of chance
My head is bloody, but unbowed.

Beyond this place of wrath and tears

Looms but the horror of the shade,
And yet the menace of the years
Finds and shall find me unafraid.

It matters not how strait the gate,
How charged with punishments the scroll,
I am the master of my fate.
I am the captain of my soul.

Nachdem er mir das Werk in englischer Sprache zu lesen gegeben hatte, war das Thema ein für alle Mal erledigt gewesen.

Nie mehr sprachen wir darüber. Es gab auch überhaupt keinen Anlass dafür. Der Alltag hatte uns nach dem Traumurlaub recht schnell wieder. In Deutschland war tatsächlich herbstliches Wetter. Der Winter kam anschließend in Riesenschritten. Das neue Jahr 2007 brach an, begrüßt mit dem üblichen Pipapo und allen guten Wünschen. Glück, Gesundheit und Wohlergehen. Haha! Klappt nicht immer!

Und so kam es, dass ich ein paar Monate später hier weinend im Büro saß. Durch meine Tränen waren die Worte auf dem Stück Papier fast unleserlich geworden. Wo war eigentlich dieser Ausdruck hingekommen, den Hans damals auf dem Berg dabei gehabt hatte? Keine Ahnung, wahrscheinlich hatte er ihn nach der Reise beim Aufräumen entsorgt.

Als meine Tränen für den Augenblick versiegt waren, fühlte ich mich so aufgewühlt, dass ich außerstande war, auch nur einen klaren Gedanken zu fassen. In meinem kleinen Kopf herrschte das vollkommene Chaos. Den Nachmittag verbrachte ich entgegen aller guten Vorsätze und Versprechungen wieder im Büro. Aber dieses Mal durchsuchte ich nichts, ich sortierte alles, wollte einfach Ordnung haben, weil ich genau wusste, dass meine unruhige und hektische Suche beendet war. Wie versprochen, rief Kirsten später noch einmal an. Wir hatten nur ein kurzes Gespräch. Ich redete ihr eine gute Verfassung meinerseits ein und log sie an, erfand einen überdimensionalen Eisbecher, den ich mir angeblich zu Gemüte geführt hatte.

Am Abend setzte ich mich mit Rotwein, im Andenken an die Wanderung auf den Lion's Head in einem Plastikbecher, auf die Terrasse und beobachtete den Sonnenuntergang, der weitaus unspektakulärer war als am anderen Ende der Welt. Ich war mittlerweile ganz ruhig geworden, kein Wirrwarr mehr in meinem Kopf. Während ich kurze Zeit später in den Sternenhimmel starrte, hielt ich stumme Zwiegespräche mit meinem Seelenverwandten dort oben oder wo auch immer die Seele von Hans auf ihrer Reise durch die Ewigkeit sein möge. Bei all meiner Verzweiflung wusste ich nun felsenfest, dass Hans das nicht gewollt hätte. Er würde es scharf verurteilen, dass ich mich hier im Haus verkrieche, den Tag zur Nacht werden lasse, mein Herz so finster wie das abgedunkelte Schlafzimmer. Er würde wollen, dass ich tapfer bin, mein Leben in die Hand nehme, mich nicht unterkriegen lasse. Er würde wollen, dass ich mein Lebensschiff nun allein sicher durch den Sturm navigiere, das

Ruder fest in der Hand, ohne die Orientierung zu verlieren.

»Ich bin der Meister meines Los'. Ich bin der Käpt'n meiner Seel'.«

Er würde wollen, dass ich durch diese schwere Zeit gestärkt werde. Das alles würde er wollen. Ich wollte es im Grunde ja auch, aber ich wusste nicht, woher ich die Kraft nehmen sollte. Trotzdem fühlte ich in der kommenden Zeit, wie seit diesem Abend etwas mit mir geschah. So sicher, wie ich wusste, dass es keine Rückkehr der Leichtigkeit in meinem Leben geben würde, so sicher wusste ich nun, dass ich es schaffen konnte, dieses Weiterleben. Das Schicksal klaglos annehmen, dafür war ich nicht der Typ. Klagen würde ich noch oft, aber es bestand nun die Hoffnung, dass mein Leben nicht ein einziges Weinen und Klagen werden würde, dass ich auf dem besten Weg war, aus diesem Jammertal emporzusteigen. Aber nicht sofort.

Wochen später saß ich in der Eisdiele vor einem riesigen Eisbecher, einem Früchtebecher, obwohl ich eher der Schoko-Nuss-Vanille-Typ bin. Im Gedenken an Hans' Vorliebe genoss ich an diesem Tag die andere Delikatesse, die fruchtige Variante. Auf dem Heimweg, den ich zuerst ganz gemächlich angetreten hatte, wurde ich auf einmal immer schneller, bis ich so schnell rannte, wie ich nur konnte. Obwohl ich schon nach kurzer Zeit atemlos war, summte ich eine Liedstelle aus dem Song SPRINGA von Ane Brun: »Renn, trau dich zu rennen. Durch den Tod ins Leben. Renn, trau dich zu rennen. Durch die Dunkelheit ins Licht.«

Ich spürte, wie Neugierde aufkam auf das, was noch kommen sollte. Es war, als würde sich ein Vorhang senken auf das, was hinter mir lag. Und vor mir schlug ein Buch auf mit lauter leeren Seiten, die darauf warteten, mit Leben gefüllt zu werden.

Schuld und Absolution

Gerichtsverhandlung – Ende 2007

Die Gerichtsverhandlung wegen Hans' tödlichem Unfall stand bevor. Sie hing wie das Schwert des Damokles über mir. An einem Rosshaar, wie es die Legende beschreibt, was einem seidenen Faden gleichkommt. Und ich hatte keine Ahnung, wie ich damit umgehen sollte. Einerseits sehnte ich die Verhandlung in einem Wechselbad aus Erwartungsangst und Hoffnung herbei. Die Tragödie würde dadurch ihren formellen Abschluss finden. Meine Hoffnung war, dass es mir danach noch ein Stückchen besser ging. Andererseits war meine seelische Verfassung im Grunde immer noch genauso seiden und fragil wie der Faden. Der leiseste Windstoß und er würde reißen. Es ging mir nun, ein halbes Jahr nach dem furchtbaren Ereignis, den Umständen entsprechend gut. Nicht zu viel nachdenken, Blick stur immer geradeaus. Aber jede noch so kleine Aufregung könnte mich wieder in das Loch ziehen. So war wenigstens die Meinung meines Arztes, der übrigens die Ansicht vertrat, ich sollte nicht an der Gerichtsverhandlung teilnehmen. Dieses Dilemma, in dem ich mich deswegen befand, nagte schwer an mir. Wie sollte ich mich verhalten? Auch Daniel und Kirsten rieten ab. Aber ich wollte alles wissen. Gab es Erkenntnisse, von denen ich noch nichts wusste? Wie haben die letzten Lebensminuten meines Mannes ausgesehen?

Der Vorwurf der Staatsanwaltschaft lautete auf fahrlässige Tötung, geregelt in § 222 Strafgesetzbuch (StGB). Da Hans' Unfallgegner vom Alter her als Jugendlicher zählte, galt das Jugendstrafrecht. Unser Anwalt rechnete damit, dass er Sozialstunden würde leisten müssen.

Wenn jemand zu Schaden kommt, trägt jemand anderes die Schuld daran. So ist das vereinfacht zu sehen. Der- oder diejenige, die den Schaden erlitten hat, kann natürlich auch selbst schuld daran sein. Aber es muss ein wie auch immer geartetes Fehlverhalten vorliegen. Dass Verantwortung für eine Tat übernommen wird, ist normalerweise von enormer Wichtigkeit für den Menschen, welchem Unheil widerfahren ist.

Mir war das egal. Nichts und niemand konnte mir meinen Ehemann zurückbringen. Selbst wenn der junge Mann für den Rest seines Lebens in den Knast wandern würde. Sein Fehlverhalten war Leichtsinn oder Unachtsamkeit, auf keinen Fall Absicht. Von dem her trug er als Unfallverursacher zwar die Schuld, war aber allein durch den schrecklichen Umstand, ein Leben ausgelöscht zu haben, wahrscheinlich schon gestraft genug. Der Vierzehnjährige hatte Hans am 1. Mai die Vorfahrt genommen. Das war eine unumstößliche Tatsache. Hans war nicht zu schnell gewesen und er hätte zu keinem Zeitpunkt damit rechnen können, dass aus dieser schmalen Nebenstraße so etwas wie ein Geschoss die Straße querte. Die schweren Unfallfolgen waren trauriges Schicksal. Ein Sturz vom Fahrrad geht ja nicht zwangsläufig mit schwersten Verletzungen einher und gar mit tödlichem Ausgang in eher seltenen Fällen.

Das Schicksal hatte einfach bestimmt, meinen Mann und seinen unseligen Gegenpart in eine tragische Situation zu bringen, zwei Menschen, die sich nicht kannten, und deren Wege sich im wahrsten Sinne des Wortes unglücklich kreuzten mit irreversiblen Folgen. Auf beiden Seiten nur Verlierer und Verliererinnen bei diesem Drama.

Nach langen Gesprächen mit meinem Sohn, meiner besten Freundin und meinem Arzt entschloss ich mich, der Gerichtsverhandlung fernzubleiben. Daniel würde gehen und mich anschließend mit den nötigen Informationen versorgen. Es war einfach besser für mich und meine schwache Konstitution. Ich merkte schon im Vorfeld, wie die Anspannung in mir nachließ, obwohl mein Fernbleiben ja objektiv an den Tatsachen nichts änderte. Der Druck, unbedingt dabei sein zu müssen, war nach diesem Entschluss weg.

Die Verhandlung war kurz. Es gab keine Unklarheiten, der Ablauf des Unfalls wurde dem Richter durch einen Sachverständigen vorgetragen, die folgenschweren Gesamtumstände waren offensichtlich. Mein Mann war durch den Genickbruch auf der Stelle tot gewesen. Es hatte keinen Todeskampf und keine letzten Worte gegeben.

Julian Neugebauer, in Begleitung eines Anwalts und seiner Mutter, zeigte sich reumütig und trug gegenüber Daniel eine kurze Entschuldigung vor. Die Mutter hatte währenddessen den Arm um ihn gelegt. Mit der Verurteilung zu einhundert Sozialstunden, abzuleisten in einer Werkstätte für Menschen mit Behinderungen, zeigten sich der Unfallgegner, sein Anwalt und die Erziehungsberechtigte einverstanden. In der Einrichtung arbeiteten vornehmlich Menschen aller Altersklassen, deren körperliche beziehungsweise geistige Einschränkungen von einem wie auch immer gearteten Unfall herrührten. Julians schwere Verletzungen, ein offener Beinbruch und eine Gehirnerschütterung, waren glücklicherweise verheilt und würden ohne Beeinträchtigungen für ihn bleiben.

Auch unser Anwalt war mit dem Ausgang des Verfahrens zufrieden. Bei der Verurteilung eines Jugendlichen, wobei Julian mit vierzehn noch ganz nahe an der Grenze zur Strafunmündigkeit war, liegt der Fokus weniger auf der Bestrafung, sondern eher auf der Erziehung. Julians Reue war offensichtlich, wie Daniel mir versicherte. Seine persönliche Reife war altersentsprechend. Alles, was man ihm vorwerfen konnte, war jugendlicher Leichtsinn.

Besuch

Das war nun das Ende der »Unfallsache Haberle gegen Neugebauer« in all seiner Nüchternheit. Akte geschlossen, Fall erledigt. Würde auch ich jemals damit abschließen können? Es war zu befürchten, dass es noch ein langer Weg war, bis sich ein dicker, schützender Panzer um mein wundes Herz legen könnte.

Dass dieser tragische Fall keineswegs mit dem Urteilspruch für alle Beteiligten erledigt und aus dem Gedächtnis war, stellte sich ein paar Tage später heraus, als es an der Haustür klingelte. Ich war allein, Daniel und Kirsten abgereist. Stirnrunzelnd legte ich das Küchenmesser, mit dem ich gerade einen Salatkopf zerkleinert hatte, auf die Seite. Wer könnte das sein? Durch das Flurfenster sah ich eine mir unbekannte junge Frau an der Haustür stehen. Zögerlich griff ich zum Hörer der Gegensprechanlage. »Ja bitte?«

»Frau Haberle, ich bin Kathrin Neugebauer«, hörte ich eine zaghafte Stimme. »Kann ich Sie kurz sprechen?«

Frau Neugebauer, Julian Neugebauers Mutter? Es war anzunehmen. Was wollte sie von mir? Nun ja, wenn ich ihr nicht öffnete, würde ich es nicht erfahren. Es wäre auch mehr als unhöflich, sie mit einer Ausrede abzuwimmeln. Von einer Sekunde auf die andere schlug mir das Herz bis zum Hals. Am liebsten würde ich sie stehen lassen und ins schützende obere Stockwerk flüchten. Ich drückte den Türöffner und die Haustür ging mit einem Klacken auf. Vor mir stand eine gutaussehende rotblonde Frau, die sich offensichtlich auf ihrer Mission, wie immer die auch aussehen mochte, nicht wohlfühlte. Da hatten wir etwas gemeinsam. Mir war die Situation auch sehr unangenehm.

Frau Neugebauer schaute mich mit einem verlegenen Lächeln an. »Frau Haberle, darf ich kurz reinkommen?«

»Bitteschön.«

Sie trat ein und ich führte sie ins Esszimmer, wo ich ihr einen Stuhl anbot. In meinem Kopf überschlugen sich die Gedanken. Ich wusste genauso wenig wie sie, was ich sagen sollte. Sie war zu mir gekommen, dachte ich. Dann sollte sie auch endlich sagen, warum sie hierhergekommen war.

»Ich … Frau Haberle …«, stammelte mein Besuch. »Es tut mir alles so leid. Ich …, ich hoffte, Sie bei der Gerichtsverhandlung zu sehen.« Ihre Stimme zitterte verdächtig. »Es ist mir ein großes Bedürfnis, mich bei Ihnen, auch im Namen meines Sohnes, zu entschuldigen und Ihnen persönlich mein Beileid und mein Bedauern auszudrücken.«

»Vielen Dank, Frau Neugebauer, quälen Sie sich nicht. Ist schon gut«, sagte ich, obwohl gar nichts gut war, und hoffte, nicht zu gönnerhaft zu klingen. Das Letzte, was ich wollte, war, mit dieser Frau über das Unglück, ihren Seelenzustand und meinen Seelenzustand zu reden. Aber es blieb mir nichts anderes übrig, als ihre stockenden weiteren Erklärungen anzuhören. Teilweise waren sie sogar wirr, sodass ich ihr kaum folgen konnte.

»Julian ist kein schlechter Junge … er sollte eigentlich gar nicht mehr wegfahren … wir wollten in den Zoo … wissen Sie, es ist nicht einfach für mich als alleinerziehende Mutter … der Vater von Julian und Sarah zahlt zwar, aber kann sich nicht kümmern, er ist mit seiner zweiten Frau in die Schweiz gezogen … ja, wie gesagt, mein Sohn hat sich mir widersetzt und dann kam es zu diesem schrecklichen Unfall … mein Gott, es tut mir so leid.« Nun weinte sie.

Was sollte ich ihr antworten? Am liebsten hätte ich sie gepackt, geschüttelt und ihr meinen Schmerz entgegen geschleudert: »Ja, ihr missratener Sohn ist schuld, dass mein Mann tot ist. Er hat ihn auf dem Gewissen. Er allein. Haben Sie ihm keine Verkehrsregeln beigebracht? Ich bin nun für den Rest meines Lebens alleine. Mir wurde das Herz aus dem Leib gerissen. Wie können Sie es wagen, hier aufzukreuzen, eine Entschuldigung stammeln und von mir letztendlich auch noch eine Absolution verlangen?«

Ich schüttelte unmerklich den Kopf und sprach nicht aus, was ich dachte, wunderte mich sogar über meine Gedanken. Sie entsprangen nicht meiner tiefen Überzeugung, nur meiner abgrundtiefen Verzweiflung und dem Wunsch, jemandem die Schuld zuzuweisen und dadurch meinen Schmerz zu lindern. Im Grund tat mir die Mutter leid. Diese Frau war schließlich auch nur eine der Verliererinnen bei dieser Tragödie. Ich betrachtete das Häufchen Elend vor mir.

»Wie geht es Ihrem Sohn? Wie geht er damit um?«, fragte ich.

»Er hat es ganz gut verwunden. Deswegen wollte ich auch nicht, dass er mich heute begleitet. Aber glauben Sie mir bitte, dass er es sehr bereut, diesen fatalen Fehler an diesem Tag gemacht zu haben. Er kann es sich nicht erklären, warum er über die Straße gefahren ist, ohne sorgfältig nach links und rechts zu schauen. Er hat seine Strafe in Form der Sozialstunden erhalten und ich hoffe, dass er sein Leben danach wieder so leben kann, als sei nichts geschehen. Der Schulpsychologe hat mir versichert, dass ein Vierzehnjähriger durch seine Jugend vor zermürbenden Selbstvorwürfen geschützt ist und dass er mit Hilfe von verständnisvollen Erwachsenen seelisch heil aus der Geschichte rauskommen wird.«

Sein Leben wieder so leben kann, als sei nichts geschehen …! Ich schluckte. Die Frau bemerkte offenbar gar nicht, was sie da sagte und die Wirkung ihrer unbedachten Äußerungen auf mich. Mein inneres Ich rebellierte schon wieder. Was war mit meinem in Schutt und Asche liegenden Leben? Vor diesem Besuch hatte ich mir eingebildet, mit dem Geschehen an sich im Reinen zu sein. Aber das war anscheinend weit gefehlt. Ich merkte, wie es anfing, in meinem Kopf zu rauschen. Mühsam suchte ich nach den richtigen Worten, abschließende Worte, damit sie ging und ich meine dringend benötigte Ruhe hätte. Dass Hans' Tod sinnlos gewesen war, darüber war jede Diskussion überflüssig. Das war eine Tatsache. Aber durch Frau Neugebauers Wortwahl wurde diese Sinnlosigkeit meiner Ansicht nach unverhältnismäßig hervorgehoben. Mir kam es vor, als würde krampfhaft versucht werden, nicht nur sein Sterben in Vergessenheit geraten zu lassen, sondern ihn als Menschen. Man wollte die leidige Angelegenheit zum Abschluss bringen. Es fehlte nach der Entschuldigung nur noch meine wohlwollende Freisprechung von allen Sünden, bevor man zur Tagesordnung übergehen konnte.

Aber war es verwunderlich? Sie hatten diesen Menschen nicht gekannt. Sie wussten nichts von ihm. Seine Existenz, was mehr als ein tragisch-ironischer Widerspruch war, hatte in dem Moment für sie begonnen, als er sein Leben aushauchte. Andererseits, was hätte es für einen Sinn, wenn Julian, wie ich, ein Leben lang seelisch verletzt wäre? Gebrandmarkt und geprägt von zerfleischenden Vorwürfen?

Ich war müde. Was sollte ich dieser Frau nur sagen? Sollte ich sie gezielt fragen, was sie von mir erwartete und warum sie eigentlich hergekommen war?

»Frau Neugebauer, bitte gehen Sie jetzt. Ich wünsche Ihnen, Ihrem Sohn und der ganzen Familie alles Gute. Danke für Ihren Besuch. Ihre Anteilnahme weiß ich zu schätzen.«

Bevor die Frau etwas erwidern konnte, und ich hatte den Eindruck, dass sie das wollte, hatte sie sich wegen meiner abrupten Verabschiedung erhoben und ließ sich von mir sanft in Richtung Haustür schieben.

»Auf Wiedersehen, Frau Haberle.«

»Auf Wiedersehen, Frau Neugebauer«, entgegnete ich und der mit diesem Abschiedsgruß verbundene Wunsch entsprach absolut nicht der Wahrheit. Ich wollte sie nicht wiedersehen. Durch das Flurfenster sah ich, wie sie davontrottete, noch einmal stehenblieb, zurückschaute und dann schnellen Schrittes zu ihrem Auto lief.

Die folgenden Jahre

Regelungen

Die Entscheidung, was mit der Apotheke geschehen sollte, hatte ich von Anfang an auf die lange Bank geschoben. Aber irgendwann ist auch die längste Bank zu Ende. Ich konnte nicht mehr warten. Kommissarisch hatte nach dem Unfall Bärbel die Leitung übernommen. Das konnte leider nicht für immer so bleiben. Ich selbst hatte auch ein gutes halbes Jahr später trotz des festen Vorsatzes noch nicht wieder zurück in die Arbeitswelt gefunden. Zu vieles erinnerte mich an seiner Wirkungsstätte an Hans. Die gewohnte Umgebung, das vertraute Terrain mit dem gleichen Personal, alles war wie immer. Und doch nicht. Die Schmerzgrenze war schnell erreicht. Das ertrug ich nicht. Nein, ich wollte da nicht mehr hin. Dieser Entschluss stand ganz fest im Januar 2008.

Ein weiterer Vorsatz für das neue Jahr war eben, die endgültige Lösung in Angriff zu nehmen. Daniel riet zum Verkauf. Die Geschwister von Hans waren mit allem einverstanden. Anstandshalber sprach ich mit ihnen darüber, obwohl ich die beiden natürlich nicht fragen musste. Wir hatten kein schlechtes, aber im wahrsten Sinne des Wortes nicht nur durch die räumliche Trennung ein etwas distanziertes Verhältnis. Hans' Bruder stand ich etwas näher als der Schwester. Sie war in meinen Augen eine unsensible Karrierefrau.

»Verkaufe, Mama«, war Daniels Wunsch. »Ich wohne in Stuttgart, bin nicht oft hier im Städtchen und beruflich viel unterwegs. Mit meiner Hilfe kannst du nicht wirklich rechnen. Selbst bei einer Verpachtung könnten immer wieder Situationen eintreten, die unser Handeln nötig machen würden, neue Verträge, vielleicht sogar eines Tages die Suche nach einem neuen Pächter oder einer neuen Pächterin.«

Er hatte recht. Ich würde verkaufen und das Geld gut anlegen. Geldsorgen brauchte ich mir somit in Zukunft keine zu machen. Sowohl die Apotheke als auch unser Einfamilienhäuschen waren schuldenfrei. Ich würde auf alle Fälle dort wohnen bleiben. Logischerweise erinnerte mich in unserem Heim, wie in der Apotheke, auch alles an meinen toten Ehemann. Aber irgendwo musste ich wohnen und ob mir in dieser persönlichen Misere ein Orts- oder Wohnungswechsel helfen würde, war mehr als zweifelhaft. Die Lebensversicherung von Hans, seine Rentenbeiträge, die er als Selbstständiger eingezahlt hatte und die ich anteilig nun erhielt, sowie das Geld aus dem Verkauf sollten reichen, um mir zumindest finanziell ein sorgenfreies Leben zu ermöglichen. Mit knapp fünfzig schon nicht mehr arbeiten? Kirsten war skeptisch, sah es aber ein, dass mein neues Lebensmodell bis auf weiteres so aussehen würde.

Der Verkauf ging absolut problemlos vonstatten. Herr Schreyer, der angestellte Apotheker, griff ohne zu zögern zu. Er war noch jung und hatte schon ab und zu mit einer eigenen Apotheke geliebäugelt. So konnte er sich diesen Traum ganz unverhofft erfüllen. Mir versicherte er bei einer kleinen, sehr emotionalen Abschiedsfeier, dass ich jederzeit zurückkommen könne. Ein Arbeitsplatz, auch stundenweise, wäre mir sicher. Für das übrige Personal blieb alles wie gehabt. Auch für Bärbel, die schon kurz vor der Rente stand. Das freute mich besonders. Sowieso erfüllte es mich mit einem tiefen Gefühl der Zufriedenheit und Harmonie, dass Hans' Lebenswerk Fortbestand hatte, dass alles in seinem Sinne weiterlief.

Mir war mit dem Verkauf eine große Last von den Schultern genommen. Ein Mosaikstein nach dem anderen fügte sich in das Projekt »Das Leben danach«. Die Neuordnung sah auch vor, dass ich mich von einem Teil der persönlichen Sachen von Hans trennte. Ich konnte nicht seine komplette Garderobe behalten. Vor diesem schwierigen Unterfangen graute es mir am meisten. Das Andenken wahren und doch Trennung von vielem, immer mit dem Blick nach vorne. Eine schmerzvolle Gratwanderung. Im Januar 2008, nachdem die Apothekenübergabe vollzogen war, fühlte ich mich dazu imstande und emotional gefestigt. Das hatte ich mir am Silvesterabend, den ich bei Kirsten verbrachte, fest vorgenommen. Mal kleinere, mal größere Schritte, aber immer einer nach dem anderen.

Außer seinem blauen Lieblingspullover behielt ich keine Kleidungsstücke von Hans. Auch das meiste seines Werkzeugs, mit dem ich mit meinen beiden linken Händen niemals etwas würde anfangen können, fand neue Besitzer. Alles andere Persönliche, Bilder, Bücher und alte Schallplatten waren unsere gemeinsamen wertvollen Besitztümer und ich würde sie in Ehren halten.

Daniels Singleleben

So sehr ich mich freue, dass Daniel fast immer zur Verfügung stand, wenn man ihn brauchte, und er Zeit hatte, mich bei allem zu unterstützen, so wehmütig war ich, dass er ein Singleleben führte. Diese Unabhängigkeit war ja auch der Grund für sein permanentes Zurverfügungstehen. Ich hätte ihn liebend gerne mit einer Partnerin geteilt. Wie schön wäre es, ihn glücklich liiert zu wissen. Mit zunehmendem Alter seinerseits sah ich diesbezüglich die Hoffnung meinerseits schwinden.

Heute ist Daniel Mitte dreißig, 2008 war er Mitte zwanzig, das ist wahrhaftig kein Alter, wo Mann oder Frau Torschlusspanik kriegen muss. Aber nach seinen schlechten, allerdings größtenteils selbst verschuldeten, amourösen Erfahrungen sah ich schon damals für ihn schwarz. Wahrscheinlich wurde er frühzeitig desillusioniert und dadurch immun gegen weibliche Zuwendung und Liebesversprechen.

Die Hauptfigur in dem Liebesreigen spielte Jana. Die junge Dame war ein Kind unserer Kleinstadt. Gleich nach dem Abitur verliebte sich Daniel Hals über Kopf in sie, im Nachhinein betrachtet, anscheinend unsterblich. Jana war siebzehn und absolvierte gerade eine Lehre als Friseurin. Langfristig plante sie, das elterliche Friseurgeschäft hier in Märkingen zu übernehmen. Diesem Vorhaben sollte noch das zügige Absolvieren der Meisterprüfung vorangehen. Jana war sehr zielstrebig. Hans und ich hatten nicht die geringsten Zweifel an dem Erfolg dieser Lebensplanung. Wir brachten ihr großes Wohlwollen entgegen. Zielstrebigkeit konnte man unserem Sohn zu jener Zeit nicht unterstellen. Das Abitur in der Tasche, hatte er nur vage berufliche Vorstellungen. Er wusste aber mit hundertprozentiger Genauigkeit, dass er, wie Hans damals, nicht in die väterlichen Fußstapfen treten wollte, was ein Pharmaziestudium voraussetzen würde. Damit mussten und konnten wir leben. Zu jener Zeit hatte ein junger Mann, der sich nicht zur Bundeswehr berufen fühlte, und der Wehrdienst war das Letzte, dem sich unser sanfter, friedliebender Sohn unterziehen würde, nach wie vor Ersatzdienst zu leisten. Wie Hans seinerzeit. Daniel absolvierte seinen Dienst in einem Stuttgarter Krankenhaus und pendelte zwischen der schwäbischen Landeshauptstadt und dem heimischen Märkingen. Die überglücklichen Turteltäubchen Daniel und Jana schmiedeten jede Menge Zukunftspläne. Mal wollten sie so schnell wie möglich heiraten, mal stellten sie sich ein Häuschen hier im Grünen vor, mal dachten sie daran, sich nach einem Nest in der großen Stadt umzuschauen, was für Janas vorgezeichneten Berufsweg nicht förderlich gewesen wäre.

Ich weiß nicht, wie Janas Eltern das damals sahen. Hans und ich belächelten diese Pläne meist.

Schließlich wussten wir um die noch ausstehende Berufsausbildung von Daniel. Dass er ein Studium anvisieren würde, hatten wir nach seinem ordentlichen Abitur vorausgesetzt.

Heute weiß ich, dass es möglicherweise ein Fehler war, die jungen Leute nicht mit aller Kraft in ihren Bemühungen um eine gemeinsame Zukunft zu bestärken und zu unterstützen. Vor allem kann ich mir unser abweisendes Handeln wegen der erstaunlichen Parallelen zu unserem eigenen Leben nicht erklären. Oder vielleicht gerade deswegen. Wir hatten es schließlich geschafft. Unsere Liebe war damals stark genug. Wir haben sie durch alle Wirrungen dieser jungen Jahre gerettet, auch ohne die direkte Hilfe der Eltern. Die finanzielle Situation unserer Eltern war ja beiderseits nicht rosig. Aber Hans und ich hätten es uns schließlich leisten können, dem einzigen Sohn nebst einer jungen Frau, ob als Ehefrau oder Partnerin, eine Zeitlang finanziell unter die Arme zu greifen. Die beiden waren so blutjung und wir dachten, wir lassen sie einfach mal machen und es würde schon irgendwie werden. Wurde es bei uns ja auch.

Aber bei Daniel und Jana wurde es nicht irgendwie, sondern überhaupt nicht. Nach dem Zivildienst entschloss sich Daniel zu einem BWL-Studium, dem Studium, mit dem man sich nach Abschluss breitgefächerte Berufswünsche würde erfüllen können. Für Daniel optimal, da die Frage »Was will ich einmal werden?« immer noch mit großem Fragezeichen im Raum stand. Wir finanzierten ihm eine kleine Wohnung in Stuttgart. Daniel fand schnell Gefallen am Studentenleben und der neugewonnenen Unabhängigkeit, wobei wir ihn niemals in irgendeiner Form einschränkten. Die Beziehung zwischen Daniel und seiner Jana bekam erste Risse. Das Ende vom Lied war das Liebesaus.

Vielleicht waren sie doch noch zu jung gewesen, tröstete ich mich. Das war auch der Hauptgrund, den Daniel anführte. Zu jung, zu naiv, zu unreif. Ansonsten sprach er nicht viel darüber. Nachfragen, die von meiner Seite aus anfangs vermehrt kamen, blieben ohne Antwort. Er wollte nicht darüber reden. Ich akzeptierte das. An sich war das ja nicht tragisch. Wer bleibt schon ein Leben lang bei seiner ersten Liebe? Kommt vor, aber die Regel ist es nicht für einen jungen Mann in Daniels Alter! Da würden noch etliche Damen auflaufen. Es mag so gewesen sein, leider war keine darunter, mit der unser Sohn gedachte, sein Leben zu teilen oder gar eine Familie zu gründen. Ich habe jedoch nicht den Eindruck, als würde Daniel etwas fehlen. Er hat einen großen Bekanntenkreis, einen guten Job bei Mercedes in Stuttgart und wohnt seit Anfang an in der gleichen Wohnung. So war der Status quo Anfang des Jahres 2008 und so ist er noch heute.

Die nette, hübsche Jana ist immer noch nett und hübsch, auch mit drei Kindern. Ab und zu laufe ich ihr über den Weg und wir halten Smalltalk, aber niemals über Daniel. Am liebsten ist es mir, wenn sie ihre beiden Mädchen und den Jungen nicht dabei hat, wenn wir uns zufällig treffen. Dann überkommt mich nämlich Wehmut und ich stelle mir vor, wie es wäre, drei Enkelkinder zu haben. Solche Gedanken sind natürlich müßig und man sollte darauf achten, sie gar nicht erst zuzulassen. Ich sollte einfach nur dankbar sein für meinen Sohn, der mir zur Seite stand und steht. Eine empathische Schwiegertochter, mit der ich mich gut verstehe, wäre natürlich aber auch nicht zu verachten. Und wenn im Jahre 2008 schon Enkelkinder da gewesen wären, hätte sich nach allen großen Projekten, wie Apothekenverkauf, Kündigung meiner Arbeit und moderates Hausentrümpeln sicherlich nicht die Frage gestellt, womit ich nun meine Tage füllen sollte, die endlos leer vor mir lagen.

Die biologische Uhr in Richtung »zu spät für eine Vaterschaft« tickte für Daniel indes damals genauso wenig wie heute. Die Hoffnung, dass er seine Gene noch weitergibt, darf also weiterhin genährt werden und stirbt bekanntlich zuletzt. Es kann täglich passieren, dass ihm die richtige Frau und potentielle Mutter seiner Kinder über den Weg läuft und sich das Blatt komplett wendet. Allzu viele Gedanken verschwende ich aber nicht daran. Was bringt es, sich derartige Flausen in den Kopf zu setzen, die vorerst jeglicher ernstzunehmenden Grundlage entbehren? Den Oma-Jolanda-Status zu erhalten, ist ein Ziel, dessen Erreichen noch viele Jahre im Bereich des Möglichen liegt. Vielleicht will gut Ding eben Weile haben, wer weiß. Ich denke an späte Väter wie Anthony Quinn, Pavarotti und Charlie Chaplin. Den Vogel schießt aber Luis Trenker ab. Er wurde Vater in einem Alter, wo andere Männer sich normalerweise über eine Urenkelschar freuen, nämlich mit sechsundneunzig Jahren. Falls mein Sohn daran denkt, es ihm gleichzutun und sich mit der Familienplanung noch über sechs Jahrzehnte Zeit zu lassen, wäre ich längst jenseits von Gut und Böse. Im Traum sehe ich uns trotzdem hin und wieder als fast hundertjährigen Vater und über hundertzwanzigjährige Oma auf der Titelseite der Bildzeitung. Ein wonniges Baby in seiner Wippe vorne auf unserem Tandem-Rollator. In der Realität kann ich ihm gütigerweise noch zwanzig Jahre gewähren. In diesem Zeitraum sollten sich die Omafreuden einstellen, falls das Schicksal diese Gnade für mich eingeplant hat. Unverhofft kommt oft oder gar nicht.

Therapie

Im Jahr nach dem Verkauf nahm ich endlich die Trauertherapie in Angriff und sie half mir. Die Gespräche mit dem Therapeuten und vor allem der Austausch mit anderen Trauernden waren eine überaus wertvolle Hilfe. Auch wenn geteiltes Leid nicht automatisch halbes Leid ist, wie man so lapidar daher sagt. Das Leid bleibt gleichgroß, aber zu hören, wie andere Menschen damit umgehen, ist ungemein tröstlich. Das Gefühl, nicht allein zu sein, zu erfahren, dass täglich Abertausende durch den Tod eines lieben Menschen in den Abgrund gerissen werden, kann die leisen Stimmen stoppen, die permanent flüstern: »Warum gerade ich? Warum passiert das ausgerechnet mir?« Im Gegenteil, man wundert sich auf einmal angesichts des vielfältigen Leides, dass man so lange vor solchen Katastrophen verschont geblieben ist. Nach der Therapie hatte ich das Gefühl, dass meine Seele allmählich zur Ruhe kam. So wie Hans in meinem Herzen zur Ruhe gebettet war und dort für immer bleiben würde. Geliebte Menschen sterben nicht. Sie legen sich im Herzen zur Ruhe.

Julias Busen

Dahinplätschernde Jahre schlossen sich an. Der Müßiggang in beruflicher Hinsicht tat mir auf Dauer nicht gut. Nachdem komplett alles erledigt war, einschließlich der Therapie, machte sich die Leere und Perspektivlosigkeit äußerst unangenehm bemerkbar. Kein Mann, kein Job, keine Enkelkinder, kein Leben. Was tun? Das sprach nicht Zeus, sondern ich.

Die Rückkehr in die Apotheke hatte ich ausgeschlossen und dabei sollte es bleiben. Aber es musste doch für eine gesunde Frau Anfang Fünfzig noch eine sinnvolle Beschäftigung geben. Etwas, das mich ausfüllte, nicht übermäßig belastete, einfach ein Ausgleich, eine Aufgabe. Schließlich hatte ich eine Berufsausbildung, war staatlich geprüfte MTA. Mit der Suche nach einer adäquaten Stelle ließ ich mir Zeit und diese Geduld wurde belohnt. Ich landete bei einem Hals-Nasen-Ohrenarzt, in dessen Praxis ich mich an drei Tagen um den Bürokram kümmerte. Es passte alles von Anfang an, war eine gute Wahl, eine optimale Mischung, nicht zu viel und nicht zu wenig. Die dreimal vier Stunden bei Dr. Alexander Wilhelm konnte ich mir einteilen. Die zu verfassenden Arztberichte und Abrechnungen waren an keine Praxiszeiten gebunden. Ich hatte freie Hand. Man bot mir sogar an, dass ich das bei Bedarf ab und zu daheim am Computer erledigen könne. Das entsprach überhaupt nicht meinem Wunsch. Ich wollte rauskommen und der häuslichen Enge entfliehen. In der Praxis gefiel mir der Umtrieb, der mir half, auf andere Gedanken zu kommen. Dass ich jedoch die Wochentage als auch die Uhrzeit, wann ich meine Arbeit zu erledigen gedachte, frei wählen konnte, war natürlich in jeder Hinsicht eine Traumkonstellation.

Schließlich unternahmen Kirsten und ich nach wie vor viel zusammen. Der kleine Job und die Reisen lenkten mich vom Verlust des Ehemannes ab. In diese Jahre fiel unsere erste Wien-Reise, auf der wir uns mit Herrn Leopold anlegten und der Urlaub auf La Gomera mit der turbulenten Bahnfahrt im Vorfeld.

Auf einer Reise nach Italien besuchten wir Verona, die Stadt von Romeo und Julia, dem tragischsten Liebespaar der Weltgeschichte. Amore e morte – die Liebe und der Tod.

Kirsten hatte darauf bestanden, hier Station zu machen. »Du musst unbedingt zu Julias Haus, Jolanda.«

Natürlich hatte sich die Gute im Vorfeld ausführlich informiert und ließ mich nun an ihrem überschäumenden Wissen teilhaben. Auf meine Frage, warum sie denn so übergroßen Wert darauflegte, sagte Kirsten nur: »Wenn du der Julia-Statue die Brust reibst, kommt das Liebesglück über dich.«

Ich brach in schallendes Gelächter aus. »Kirsten, ich bin keine siebzehn mehr. Was sind das denn für neckische Ratschläge? Dazu fehlt mir der Glaube oder besser Aberglaube. Ich bin, wie du vielleicht weißt, auch desillusioniert, was das Liebesglück betrifft.«

»Etwas Romantik und Träumen kann nicht schaden. Dafür sind wir Frauen doch empfänglich, egal in welchem Alter.«

»Aber muss das mit so einem Affenzirkus verbunden sein?«

Kirsten hatte mir ein Video von dem Hype um Julias Haus, ihrer Statue und dem Balkon gezeigt. Meine Einwände, dass das berühmteste Liebespaar der Weltgeschichte, dem Shakespeare in seinem Stück ein dermaßen tragisches Ableben zugedacht hatte, gar nicht gelebt und gelitten hatte, also alles fiktiv war, ließ sie nicht gelten. Der gute William war nicht einmal in Verona gewesen. Geschäftstüchtige hatten einfach eine passende Lokalität gefunden und der Tragödie mehr und mehr realen Raum geschaffen. Ich war mir sicher, dass nicht alle Mitmenschen die ganzen Hintergründe kannten und im Gegenteil dachten, einem Stück Zeitgeschichte auf der Spur zu sein.

Kirsten ließ nicht locker. »Es ist auf alle Fälle eine Touristenattraktion, die wir uns nicht entgehen lassen sollten!«

Dem war so. Und nicht nur Julias Haus, ganz Verona war eine Touristenattraktion. Das bedeutete, dass nicht nur wir beide uns auf die Spuren dieses Liebespaares machten, sondern gefühlt Tausende anderer Weltenbummler auch. Nach der Besichtigung der Arena di Verona, der Festung, Kirchen, Türmen, Brücken und Plätzen landeten wir endlich am Casa di Giulietta, am Haus der Julia. Dichtes Gedränge schon am Torbogen, der in den Innenhof führte. Dort stand die sagenumwobene Bronzestatue, welche die liebreizende Julia darstellt. Durch meinen moderaten Kleinwuchs hatte ich keine Chance, auch nur einen Blick darauf zu werfen. Sollte es so viele Menschen geben, die sich durch die Berührung des bronzenen Busens Glück in der Liebe erhofften? Es war beim Anblick der dicht an dicht Wartenden, die sich kollektiv Zentimeter um Zentimeter vorwärts schoben, zu befürchten. Ich musste tief Luft holen, um keine durch Klaustrophobie verursachte Panikattacke zu erleiden. Das tiefe Luftholen hatte den Nachteil, dass mir mit jedem Atemzug die ganze Palette menschlicher Ausdünstungen in die Nase stieg, die im Hochsommer noch breitgefächerter ist als zur kühlen Jahreszeit. Im Angebot waren der Klassiker Schweiß, gemischt mit Sonnenschutzprodukten aller Marken und Darreichungsformen, begleitet von einem Hauch Knoblauch von der am Abend zuvor genossenen Pizza. Die eine oder andere volle Windel eines zu seinem Leidwesen mitgeschleppten und bemitleidenswerten Babys, das seinem Unmut durch lautes Brüllen Ausdruck gab, vervollständigte diese Gerücheküche. Es war wie gesagt brütend heiß, um die fünfunddreißig Grad. Nicht wirklich förderlich für mein körperliches Wohlbefinden.

»Soll ich dich mal hochheben, Kleines?«, fragte meine mitfühlende Freundin, die ihrerseits den Kragen streckte, um etwas zu sehen und die Wartezeit an Julias Statue in etwa abschätzen zu können.

Ich schüttelte den Kopf und kämpfte mich tapfer mit dem Touristenstrom nach vorne. Der Ticketschalter kam in Sicht und wir stellten fest, wie das hier geregelt war. Die Massen konnten nun nach links in den Hof zur Statue drängen oder sich rechts halten und das Haus besichtigen. Diese Option beinhaltete die Gelegenheit, den berühmten Balkon, der sich klein und romantisch über uns erhob, zu betreten und dort das ultimative Foto zu schießen. Wir beschlossen, zuerst das Haus zu durchstreifen, nicht zuletzt, um aus diesem Bruttiegel kurz herauszukommen, und uns dann noch einmal in das Gewühl zu stürzen, um eine Möglichkeit zum Brustreiben zu ergattern. Dieses Hauptspektakel würde mir nicht erspart bleiben. Sei's drum! Es kam auf einen Versuch an. Schaden konnte es ja wohl nicht. Der Nutzen würde sich herausstellen. Zudem sollten schließlich die bis jetzt hier erlittenen Qualen nicht umsonst gewesen sein.

Wir betraten das alte, enge und niedrige Gebäude. Der Besucherstrom wurde auf vorgegebenen Strecken nach dem Einbahnstraßen-Prinzip hindurchgeschleust. Man hatte wenig Gelegenheit, sich vor einem der zu bewundernden Zimmer länger aufzuhalten, weil sich sofort der nächste Gast von hinten in Gänsemarsch-Manier näherte. Nach oben ging es auf schmalen Holzstiegen. Sogar ich musste dabei den Kopf einziehen. Auf der Treppe in das Obergeschoss blieben wir trotz der rasch nachrückenden Verfolgerschar an einer Fensterluke stehen, weil man von da aus eine gute Sicht auf den Hof hatte. Endlich durften unsere treuen

Augen die zauberhafte Giulietta erblicken, die sich anmutig aus der dichtgedrängten Menschenmasse erhob. Ihr Gesichtsausdruck kam mir eher traurig als verliebt vor.

»Die liebe Julia sieht aber alles andere als glücklich aus«, flüsterte mir wie auf Kommando Kirsten ins Ohr.

»Wärst du glücklich und würdest lächeln, wenn dir andauernd jemand an den Busen grapscht?«, scherzte ich.

Und das taten die gierigen Besucher, Männlein wie Weiblein, im Minutentakt. Nun konnten wir uns auch das überaus langsame Vorpreschen des Pöbels erklären. Man wollte die zarten Erhebungen ja nicht nur betatschen, sondern sich auch just in dem Moment fotografieren lassen. Da war der Stau vorprogrammiert. Fotoapparate und Handykameras, wohin man blickte.

»Avanti!«, kam es laut und unfreundlich von hinten und beendete unser kurzes Verharren am Fenster.

Im zweiten Stock angekommen, fanden wir uns in einem größeren Zimmer wieder, das erwartungsgemäß auch gut mit Menschen bestückt war. Von hier aus ging es auf den kleinen Balkon. Die Glastür dazu stand weit offen. Auch hier das reinste Blitzlichtgewitter. Alle, die es bis hierher geschafft hatten, wollten auf diesen Balkon, wo sich einst Romeo und Julia in Shakespeares berühmter Novelle getroffen hatten. Kirsten und ich wollten auch, wir würden hier nicht mehr weggehen, bevor wir nicht diesen Balkon betreten hätten und ein nach uns Wartender ein Foto von uns geschossen hätte. So war das Prozedere, das wir während der Wartezeit schnell eruiert hatten. Wir sahen Dutzende Paare oder sonst in einer - weiß der Himmel in welcher - Verbindung stehende Menschen, die sich ablichten ließen. Engumschlungen, küssend, nur Händchen haltend oder einfach nebeneinanderstehend, aber alle strahlend und gutgelaunt.

Gleich waren wir an der Reihe. Aber zuvor mussten wir für die beiden vor uns das Foto mit deren Handy aufnehmen. So war eben das Vorgehen hier. Ich lehnte dankend ab und übergab das Mobiltelefon an Kirsten.

Seit in den österreichischen Bergen, damals war ich noch mit Hans unterwegs, ein Chinese ausgerechnet mir seine Kamera in die Hand gedrückt und mich gebeten hatte, von sich und seiner Familie ein Bild zu machen, habe ich es sozusagen amtlich, dass ich für derartige technische Herausforderungen nicht tauge. Er überreichte mir den Apparat mit dem Objektiv nach vorne. Ich übernahm, dachte aber, ich bekomme die Kamera so, dass ich nur noch abzudrücken habe. So handhabe es nämlich in weiser Voraussicht mein lieber Hans, wenn ich in seltenen, wegen Mangels an Alternativen, also in nicht vermeidbaren Fällen, gebeten werde, zu fotografieren. Ich drehte das gute Stück nicht und schaute vorne in das Objektiv. Zu meiner Ehrenrettung muss gesagt werden, dass ich mich wenigstens wunderte und merkte, dass etwas nicht stimmte, konnte mir aber nicht erklären, woran es lag. Sollten chinesische Fotoapparate dermaßen anders konstruiert sein? Alles verkehrt herum? Mir brach der Schweiß aus. Die asiatische Familie fing an zu lachen, was in unseren europäischen Ohren wie ein Gackern klang. Ich war verwirrt und schaute mich hilfesuchend um. Hans stand lässig abseits und grinste. Er dachte nicht daran, einzuschreiten. Ich schwor Rache bei nächstbester Gelegenheit. Das nette chinesische Familienoberhaupt kam auf mich zugeeilt und riss mir förmlich seinen wertvollen Apparat aus den Händen. Wahrscheinlich hatte er die Befürchtung, dass ich es noch fertigbringen würde, ihn fallenzulassen und damit zu schrotten.

Nun kam der große Auftritt meines Gatten. »Can I help you?«, fragte er mit freundlicher Stimme an die Familie gewandt, wobei er das I übermäßig betonte. Ich hasste ihn. Selbstverständlich durfte und konnte er helfen. Routiniert schoss er mehrere Fotos und erweckte dabei den Anschein absoluter Kompetenz. Die Abgelichteten zeigten sich von dem Ergebnis des Fotoshootings begeistert und mein Mann bekam Szenenapplaus. Mich bedachten sie zum Abschied eines mitleidigen Blickes. Wir setzten unsere Wanderung fort. Ich schimpfte eine Stunde lang wie ein Rohrspatz vor mich hin und war für den Rest des Tages beleidigt.

Daran dachte ich wehmütig, während Kirsten das posierende Paar auf dem Balkon für die Ewigkeit mit deren Handykamera festhielt. Dann war es so weit. Wir waren an der Reihe. Kirsten übergab ihr Handy dem nächsten Anstehenden in der Schlange. Wir versuchten, uns in Position zu bringen. Es musste ja angesichts der wartenden Meute flott vorangehen. Kirsten und ich schauten uns leicht verwirrt an. Sollten wir einfach nebeneinander stehen oder den Arm umeinander legen? Uns anschauen oder in die Kamera blicken? Eine rasche Entscheidung war vonnöten. Es konnte schnell passieren, dass sich Unmut unter den nach uns Kommenden breit machen würde. Das wollten wir natürlich nicht. Mir wurde noch heißer, als es mir schon war. Das würde ein tolles Foto geben. Mit strähnigen Haaren und Schweißflecken unter den Armen. Also lieber die Arme dicht am Körper halten. Ich hörte schon wieder die ersten ungeduldigen Avanti-Rufe, diesmal gemischt mit Hurry ups! Kirsten blickte kurz zu mir herüber, ich sah den Schalk in ihren Augen. Was hatte sie vor? Sie packte mich an den Schultern und ich dachte kurz erschreckt, sie wolle mich meucheln und über die niedrige Brüstung stoßen. Weit gefehlt.

Meine Freundin umarmte mich, rief zu dem Fotografen: »Jetzt, drück ab!« und presste ihre Lippen auf meine zu einem langen Kuss. Ich wusste nicht, wie mir geschah. Noch bevor wir uns voneinander lösten, hörte ich, wie applaudiert wurde, nicht nur von den Wartenden hier auf dem Stockwerk, sondern auch von einzelnen Menschen unter uns im Innenhof. Der Applaus schwoll an, weil immer mehr auf diese Balkonszene aufmerksam wurden. Ich wusste nicht, ob ich lachen oder weinen sollte. Kirsten ließ ihr Glucksen hören.

Unter Bravo-Rufen machten wir uns nicht vom Acker, sondern vom Balkon. Kirsten hielt beim weiteren Erkunden und beim Verlassen von Julias Haus die ganze Zeit meine feuchte Hand.

»Na, liebe Jolanda, denen haben wir aber eine schöne Vorstellung geboten.«

Ich nickte. Eigentlich war ich froh über dieses kleine Intermezzo. Meine Befürchtung war nämlich gewesen, dass ich auf dem Balkon übermäßig sentimental werden würde, angesichts der Tatsache, dass dort hauptsächlich Liebende stehen. Ich hatte befürchtet, dass mich die Erinnerung an Hans zu Tränen rühren würde. Aber das war hier in diesem Tumult mit Jahrmarkt-Charakter offensichtlich nicht zu befürchten. Da war jedwedes Aufkommen einer romantischen Stimmung von vornherein ausgeschlossen.

Im Hof hatte sich die Situation mittlerweile etwas entspannt. Wir würden bald zur Statue treten und endlich der Dame über die Brust streichen können. Noch waren ein paar Leute vor uns. Plötzlich war Fremdschämen angesagt, als ein deutlich alkoholisierter deutscher Tourist den besagten Busen nicht nur streichelte, sondern über und über mit Küssen bedeckte. Sein lautstarker Begleitgesang »An deinem Busen möcht' ich gern schmusen« fand überraschenderweise dankbare Zuhörerinnen und Zuhörer und wurde ebenfalls mit Beifall bedacht. Handys wurden gezückt, um die eher gelallte Darbietung aufzunehmen. Alles Außergewöhnliche war anscheinend eine kleine Sensation. Von Wohlklang konnte man hier beim besten Willen nicht sprechen. Nach Ende der Vorstellung wurde er von seiner weiblichen Begleitung, die alles andere als begeistert aussah, abgeführt und ließ dies äußerst widerwillig mit sich geschehen.

Dann waren wir an der Reihe. Wir traten abwechselnd an Julias Seite. Kirsten hatte mich instruiert, die rechte Brust zu nehmen, nur dann würde es mit dem Liebesglück funktionieren. In der Tat war die rechte Seite weit abgegriffener als die linke. Ich hob meine Hand und rieb scheu Julias rechte Brust. Eigenartigerweise war ich dabei etwas verlegen und wusste nicht so recht, wie lange und wie oft ich über das bronzene Material streicheln sollte.

»Das genügt«, rief Kirsten und erlöste mich damit. »Ich hab alles im Kasten.«

Nachdem Kirsten dementsprechend tätig geworden und der Dame auch auf die Pelle gerückt war, traten wir den Rückweg ins Hotel an. Unterwegs genossen wir ein vorzügliches Abendessen mit leckerer Pasta, Salat und tiefrotem Wein. Wir lachten viel über die heutigen Erlebnisse und unseren sicherlich filmreifen Kuss vor dieser ebenso filmreifen Kulisse.

Zurück im Hotel war ich in einer eigenartigen Stimmung. Ich sehnte mich nach Hans, was nicht verwunderlich war, schließlich sehnte ich mich unterschwellig permanent nach ihm. »He was always on my mind«, wie es in Elvis' Song heißt. Die tiefe Wunde, die der Tod in mein Herz gerissen hatte, war einfach noch frisch und nicht einmal im Ansatz verheilt. Eigenartig war, dass diese Stimmung nach dem Besuch dieses im Grunde nervigen Touristen-Hotspots aufkam, der ja zu jeglicher Romantik im krassen Gegensatz stand. Kurz saßen wir bei einem weiteren Glas Wein noch draußen auf dem Hotelbalkon, als ich mich entschuldigte.

»Kirsten, mir reicht's für heute. Ich gehe rüber in mein Zimmer. Gute Nacht, Möchtegern-Romeo, schlaf gut.«

Manchmal hatten wir bei unseren gemeinsamen Unternehmungen ein Doppelzimmer, manchmal nicht. Für unseren Aufenthalt in Verona hatte sich ein günstiges Angebot für ein kleines Appartement mit zwei Schlafzimmern ergeben. Wir genossen die Privatsphäre. Seufzend ließ ich mich auf mein Hotelbett sinken und starrte die Decke an. Dann stand ich auf und nahm das Briefpapier, welches ich schon beim Einchecken in dem kleinen Sekretär unter dem Fenster entdeckt hatte und fing an, einen Brief an Julia zu schreiben. Wenn mir jemand noch vor ein paar Tagen prophezeit hätte, dass ich einen Brief an eine Frau schreiben würde, die niemals reell gelebt hat und deren dramatische Liebesgeschichte nur dem Gehirn eines genialen Schriftstellers entsprungen war, hätte ich wahrscheinlich nur den Kopf geschüttelt und es niemals für möglich gehalten. Aber nun saß ich da und fasste all die schrecklichen Erlebnisse, die mich zu einer einsamen Frau gemacht hatten, in Worte. Der Brief war anonym, ohne Namen oder sonstige Angaben. Ich brachte es auf drei Seiten. Wünsche und Bitten äußerte ich im Hinblick auf ein zukünftiges Liebesleben nicht. Allein aus dem Grund, weil ich überhaupt keine Vorstellungen davon hatte, was ich wirklich wollte. Aber falls die Dame gelebt hätte, wäre ich mir ihrer Anteilnahme an meinem Elend sicher gewesen. Schließlich war Julias fiktives

Liebesleben ebenfalls reich an Tragik. Ich war in einer sehr emotionalen Stimmung. Mir war an diesem Tag danach, mich dieser Tradition des Briefeschreibens an Julia hinzugeben, wie so viele Tausende vor mir. Ich würde diesen Brief nicht wegschicken. Die Stadt Verona beschäftigt ehrenamtliche Schreiber und Schreiberinnen, die Briefe an Julia beantworten, welche aus vielen Ländern der Welt eintreffen. Nein, das wollte ich nicht. Ich hatte mir vieles von der Seele geschrieben, das genügte mir. Nachdem ich fertig war, schlich ich mich heimlich aus dem Hotel und lief zum Haus der Julia. Natürlich war dort nachts der Torbogen, der zum Innenhof führte, mit einem Eisengitter gesichert. Das hatte ich mir gedacht. Trotzdem kam ich hierher, fasste durch das breitmaschige Gitter und schaffte es, meinen zusammengerollten Brief in eine Mauerspalte der dortigen »Liebeswand« zu stecken, die übersät war mit Briefen, Nachrichten, Zetteln, Schlössern und Botschaften. Mein Brief an Julia, keine Ahnung, was aus ihm geworden ist. Aber Jahre später fand mich das Glück wieder.

Kollektive Partnersuche

Such dir halt wieder jemanden

Ungefähr vor fünf Jahren, also circa sechs Jahre, nachdem mein geliebter Hans, mein Ein und Alles, auf so tragische Weise von mir gegangen war, ging der Zirkus los. Es wurden einzelne Stimmen laut. Man sorgte sich anscheinend um mich. Um genauer zu sein, um mein Liebesleben, zu diesem Zeitpunkt natürlich brachliegend. Wie hätte es anders sein können? Mit Müh' und Not hatte ich mich seit dem Unfalltod wieder ins Leben zurückgekämpft, schaute nach vorne, ein Ratschlag, der mir schon immer auf den Wecker gegangen war. »Schau nach vorne, Jolanda!«

Ja, danke, ich schaute nach vorne, wo hätte ich auch hinschauen sollen? Ich versuchte von Anfang an, diesen Rat strikt in die Tat umzusetzen. Nach vorne schauen, nach vorne schauen. Gebetsmühlenartig wisperte ich dutzende Male am Tag diesen Satz, schloss die Augen dabei und konzentrierte mich auf das Hier und Jetzt. Hans' letzte Botschaft an mich gab mir Kraft.

»Ich bin der Meister meines Los', ich bin der Käpt'n meiner Seel'.«

Das war so wichtig, dass ich darauf gestoßen war. Ich fühlte mich endlich zur Ruhe gekommen. Das Letzte, wonach mir der Sinn stand, war ein neuer Partner. Daran hatte ich noch keinen ernstzunehmenden Gedanken verschwendet. Anders mein Umfeld, wie ich erstaunt feststellen musste.

Der allererste Mensch, der mir gegenüber davon sprach, war allerdings nicht etwa Kirsten oder Bekannte aus unserem Ort. Nein, es war mein Sohn Daniel.

Kurz nach dem sechsten Todestag von Hans, als wir im Mai 2013 bei frühsommerlicher Abendstimmung eine kleine Runde im Wald drehten, sagte er zu mir: »Mama, können wir mal reden?«

Erstaunt blickte ich ihn von der Seite an: »Daniel, was soll diese Frage? Gab es jemals eine Situation, in der wir nicht miteinander reden konnten?«

Er druckste herum. So gar nicht seine Art.

»Was ist los?«, wollte ich wissen.

Er druckste immer noch herum: »Hast du nicht mal daran gedacht … wäre es nicht besser … ich wäre echt erleichtert … dann wärst du nicht so alleine …!«

»Daniel, raus mit der Sprache. Du machst mich wahnsinnig.«

Und dann ließ er die Bombe platzen, sagte ohne weitere Umschweife: »Such dir doch wieder jemanden.«

Vor Überraschung blieb ich stehen, zog ihn am Ärmel und hinderte ihn dadurch daran, weiterzugehen.

»Stopp, Stopp!« Ich schüttelte den Kopf, so, als hätte ich etwas total Unsinniges gehört und würde meinen Ohren nicht trauen.

»Es wäre doch das Beste, wenn du wieder einen Partner finden würdest. Männer mit ähnlichen Schicksalen gibt es sicherlich wie Sand am Meer. Allen wäre geholfen. Geteiltes Leid ist doch bekanntlich halbes Leid …!« Daniel redete sich mit jedem Wort mehr in Begeisterung. »Papa ist jetzt schon einige Jahre tot. Ich bin sicher, er hätte nicht gewollt, dass du, relativ jung, wie du noch bist, bis an das Ende deiner Tage als Trauerkloß durch die Gegend läufst.«

Einerseits machte es mich froh, dass mein Filius so sehr um mich besorgt war. Andererseits war ich leicht irritiert. Das Klischee würde verlangen, dass der Nachwuchs in Ankündigung einer neuen Liebschaft des verwitweten Elternteils lauthals und entrüstet protestiert: »O nein, Mama, wie kannst du nur? Papa ist durch nichts zu ersetzen. Nie wieder setze ich einen Fuß über die Schwelle unseres Hauses, wenn hier ein neuer Mann einzieht. Habt ihr euch nicht ewige Liebe geschworen?«

Ewige Liebe? Nein, haben wir nicht, sondern »Liebe bis der Tod euch scheidet«. Das ist mehr als ein entscheidender Unterschied. Und das hat er getan, der Tod. Uns geschieden und getrennt, unangekündigt, gnadenlos, mittenrein ins pralle Leben. »Media vita in morte sumus - Mitten im Leben sind wir vom Tod umgeben«, mit diesen Worten beginnt ein Liedtext Martin Luthers. Recht hatte er damit.

»Auf die Zwölf« hat mir das Schicksal mit Hans' Tod gegeben, wie bei einer Schlägerei, hat mich ausgeknockt und niedergestreckt, liegengelassen, ohne sich darum zu kümmern, wie ich wieder auf die Beine komme.

Jetzt war ich wieder auf den Beinen, noch wackelig, noch furchtsam. So musste sich ein frisch geschlüpfter Schmetterling fühlen, der sich erst entfalten muss, bevor er in voller Pracht erscheint. Er hat zwar keine wackeligen Beine, aber seine Metamorphose ist ein gutes Beispiel für den jahrelangen Prozess, den ich durchlief. Vom Ei über die Larve zur Puppe. Die Raupen schlüpfen aus den Eiern, häuten sich mehrfach, verpuppen sich, haben schließlich das Endstadium erreicht und werden zum Falter.

Ich hatte meine Häute aus Trauer und Schmerz abgestreift, war kurz davor, davonzufliegen in eine neue Welt, anders geordnet mit neuer Orientierung. Mein Überlebenswille war größer als die Sehnsucht nach Vergangenem, unwiederbringlich Verlorenem.

Trotzdem fühlte ich mich von Daniels Gedanken irgendwie überrannt. Beruhigend fand ich nach kurzer Besinnung die Tatsache, dass er eben im Fall der Fälle nicht mental Amok laufen und einer neuen Liebe absolut abwehrend entgegenstehen würde. Das hätte ich allerdings auch gar nicht von ihm erwartet. Das wäre nicht seine Art. Mein kurzes Erstaunen über Daniels Ansinnen wandelte sich schnell in Anerkennung für seine empathische Einstellung. Leicht amüsiert unterstellte ich ihm trotzdem Eigennutz, natürlich gepaart mit seiner

Sorge um mein Wohlergehen. Die alte Mutter wieder glücklich zu sehen, frisch verliebt, mit einem netten Mann an der Seite, der dafür sorgt, dass sie wieder unter die Leute geht, lacht, Interesse an kulturellen Veranstaltungen zeigt, einfach teilnimmt am Leben, das mir, zur Zeit dieses Gesprächs Mitte fünfzig, doch noch viel Glück und Zufriedenheit bereithalten könnte. Die Mutter in diesem Zustand zu wissen, würde auch sein Leben erleichtern. Der Druck, sich seiner Meinung nach permanent melden zu müssen, mit mir etwas zu unternehmen, wäre von ihm genommen. Wie oft rief er an, weil er mich in trauriger Stimmung allein zu Hause wähnte, womit er in den meisten Fällen recht hatte. Aber nun, nach fünf Jahren, war ich bereit, um mir Hugo von Hofmannsthals Rat zu Herzen zu nehmen und gleichzeitig derartige Sinnsprüche, an die ich mich immer festgehalten habe, in die Tonne zu hauen. Weg mit seinem Ratschlag: »Eine schwere Zeit ist wie ein dunkles Tor. Trittst du hindurch, trittst du gestärkt hervor.« Ich hatte das dunkle Tor nämlich schon durchschritten und sah endlich Licht am Ende des Tunnels.

Ich gab Daniel also recht. Schließlich hatte ich zu früheren Zeiten, als ich noch nicht selbst davon betroffen war, diese Meinung geteilt. Mittlerweile war ich, wie gesagt, froh, endlich wieder auf stabilen Beinen zu sein. Das war mir genug vorerst. Nur nichts überstürzen. Alles langsam angehen. Eine neue Liebe kann man nicht aus dem Ärmel schütteln. So etwas muss sich ergeben. Und es ist sicherlich nicht das Allerweltsheilmittel der ersten Wahl nach einem Verlust des Partners oder der Partnerin.

Und nun kramte ich doch noch einmal einen weisen Spruch aus den Tiefen meines Gedächtnisses, der seinerzeit unzählige Trauerkarten geziert hatte:

»Alles im Leben hat seine Zeit. Es gibt eine Zeit der Freude, eine Zeit der Stille, eine Zeit des Schmerzes, der Trauer und der dankbaren Erinnerung.« Ich ergänzte gedanklich: »Die Zeit der dankbaren Erinnerung wird ewig anhalten, parallel begleitet von der Zeit des Neuanfangs und des schicksalsergebenen Weiterlebens.« Und ich war sicher, dass Freude, Stille, Schmerz und Trauer irgendwann wieder in anderer Form Einzug bei mir halten würden. Aus dem ganz einfachen Grund, weil sie zum menschlichen Leben einfach dazugehören.

Frau Berta Boberich

Als wäre dieses Mutter-Sohn-Gespräch der Startschuss für ein kollektives Projekt à la »Jolanda soll sich wieder jemanden suchen« gewesen, wurde ich einen Tag später von einer Nachbarin angesprochen. Das war möglicherweise ein Zufall, zumindest war es seltsam. Aber Daniel hatte mir versichert, dass er mit niemandem über unseren kleinen Austausch während des Waldspaziergangs gesprochen hatte. Ich glaube ihm. Nicht zuletzt deswegen, weil Frau Berta Boberich mit Sicherheit die Letzte auf dem Erdball gewesen wäre, mit welcher mein Sohn diese Angelegenheit diskutiert hätte.

Nicht nur das! Sie wäre auch die letzte Person gewesen, mit der Daniel überhaupt freiwillig ein Gespräch geführt hätte. Er mochte die über die Maßen neugierige ältere Dame nicht. Kurz vor dem achtzigsten Geburtstag, ebenfalls verwitwet und das schon seit vielen Jahren. Ich konnte mich fast nicht mehr daran erinnern, wie es war, als ihr Mann noch lebte. Berta Boberich, eine wandelnde Informationsquelle. Ich finde, allein schon dieser Namenszusatz lässt nichts Gutes erwarten. Wer so eine Nachbarin hat, und wir hatten diesen Genuss seit unserem Hauskauf, braucht keine regionale Tageszeitung, keinen Wachhund, keine Alarmanlage und keine Feinde. Zu der Neugierde paarte sich noch ein gewisses Maß an Missgunst und Boshaftigkeit. Diese Eigenschaften hatte Daniel in jungen Jahren zur Genüge zu spüren bekommen. Das war auch einer der Gründe, warum Daniel eine Aversion gegen sie hatte.

»Diese alte Petze!«, war noch eine der harmloseren Betitelungen, die unser Sohn für die nervige Nachbarin parat hatte.

Mehr als einmal hatte sie ihm in jungen Jahren das Leben schwer gemacht, indem sie ihn bei uns, seinen Eltern, anschwärzte. Keine Ahnung, wie Berta es schaffte, nicht nur tagsüber, sondern auch nächtens ihre Umgebung mit Argusaugen zu beobachten. Es war ein Phänomen. Aber die Resultate sprachen für sich und zeugten von einer akribischen Überwachungsstrategie. Fast schon unheimlich. Ab und zu erwischte es natürlich auch Hans und selbst mich. Berta war nichts heilig.

»Euer Daniel war aber ganz schön betrunken, als er letzte Nacht um 2:43 Uhr nach Hause kam!«

»Jolanda, findest du es okay, dass dein Hans mitten in der Nacht von einer jungen Dame mit einem Sportwagen vor der Haustür abgesetzt wird?«

»Sag mal, Jolanda, deine Freundin Kirsten war aber schon lange nicht mehr da. Vertragt ihr euch nicht mehr?«

Am meisten konnte man Berta natürlich ärgern, wenn man derartige gehässige Bemerkungen ignorierte. Einfach mit einem freundlichen Lächeln weitergehen, kurz winken, wenn sie über den Gartenzaun keifte, Haustür aufschließen und Ruhe! So schaffte ich es in achtzig Prozent der Fälle. Aber leider nicht immer.

»Die junge Dame im Sportwagen« konnte ich unmöglich unkommentiert lassen. Da hätte ich mir schon auf die Zunge beißen müssen, um mir dazu eine Bemerkung zu verkneifen.

»Hans hatte ein Geschäftsessen. Da hat ihn wohl eine Angestellte einer Arzneimittelfirma anschließend heimgebracht«, sagte ich erklärend und ärgerte mich im selben Moment darüber.

»Und warum warst du nicht dabei? Schließlich arbeitet ihr doch zusammen.«

Am liebsten hätte ich erwidert, dass sie das verdammt nochmal nichts angeht, stattdessen rechtfertigte ich uns und hasste mich dafür. In die Defensive zu gehen, ist immer wie ein Schuldeingeständnis. Dabei gab es nichts einzugestehen und schon gar nicht Berta gegenüber.

Trotzdem sagte ich: »Es ist doch auch mal schön, einen ganzen Abend allein für sich zu haben.«

Süffisant meinte Berta nur: »Selbstverständlich, meine Liebe. Aber ganz ehrlich gesagt, ich wäre auf der Hut bei so einer attraktiven Frau, die mindestens zehn Jahre jünger ist als du. Vorsicht ist besser als Nachsicht.«

Dann fügte sie den Abschlusssatz dazu, der immer kam und den ich am meisten hasste: »Wollte es nur gesagt haben. Ich mein es ja nur gut.«

Nein, sie meinte es nicht gut. Sie war eine sensationslüsterne, alte Schachtel, die ihr Lebenselixier aus Klatsch und Tratsch sowie dem Unglück ihrer Umgebung gewann. Wie mir diese kleinen Knopfaugen, die alles und jeden kalt inspizierten, zuwider waren!

Ein gewisses Maß an Neugierde ist durchaus normal und menschlich. Eine Frau, die nicht wenigstens ein bisschen neugierig ist, gibt es wahrscheinlich nicht.

»Ich bin nicht neugierig, aber wissen möchte ich es trotzdem.« Haha! Aber niemand gibt es gerne zu, neugierig zu sein. Das wage ich mal zu behaupten. Neugierde zeugt ja von Interesse am Umfeld. Von dem her vollkommen in Ordnung und daher nicht unbedingt eine schlechte Eigenschaft. Wie Berta sich verhielt, war allerdings mehr als schlecht und vor allem schlecht zu ertragen, wenn neben der Neugierde das feine Gespür für Anstand und jegliche Empathie komplett fehlten.

So fiel ich einen Tag nach dem Waldspaziergang mit Daniel im Jahr 2013, sechs Jahre nach dem Unfall von Hans, Frau Berta Boberich in die Krallen. Sie jätete Unkraut in ihrem Garten, als ich vom Einkauf kam. Bei meinem Anblick ließ sie sofort alles stehen und liegen und kam an den Zaun geeilt. Ihr besonders verwerfliches Vorgehen waren die allgemeinen Fragen nach dem Wohlergehen, bevor sie sich wie ein Aasgeier, bildlich gesehen, auf ihr Opfer stürzte.

»Jolanda, wie schön, dass ich dich mal alleine erwische. Wie geht es dir denn?«

Ich versicherte ihr gegenüber mein Wohlbefinden und hoffte, dass sie sich mit dieser Information zufrieden geben würde. Weit gefehlt!

Sie brachte es tatsächlich fertig, in fast weinerlicher Stimme zu sagen: »Es tut mir so leid, was dir zugestoßen ist.«

Diese Anteilnahme hatte sie mir in den vergangenen sechs Jahren bis zum Erbrechen meinerseits mehr als genug bestätigt und ich dachte beunruhigt, auf was sie denn hinauswolle. Und schon kam's.

»Wenn du meinen Rat hören möchtest …!« Noch bevor ich mich wehren und sie bremsen konnte, schließlich war es das Letzte, wonach mir der Sinn stand, ausgerechnet Bertas Rat zu hören, legte sie richtig los: »Das sind deine besten Jahre, Jolanda. Ich an deiner Stelle würde mir wieder jemanden suchen, bevor ich vollkommen verblüht wäre.«

Ich schnappte nach Luft. Verblüht? War ich so alt und unattraktiv? Musste ich schon Torschlusspanik kriegen? Ich riss mich zusammen und schimpfte innerlich mit mir. Ruhig bleiben! Wenn ich mich jetzt provozieren lassen würde, käme es noch so weit, dass ich mit der nervigen Berta auf offener Straße mein nicht vorhandenes beziehungsweise zukünftiges Liebesleben diskutierte.

Ich würde mich um Kopf und Kragen reden. Zudem wären jedes Wort und jede Erklärung ein Beleg für meine Einsamkeit und die Suche nach einem neuen Partner. Bis gestern hatte ich noch mit keinem Gedanken daran gedacht. Ich befand mich in der Zwickmühle. Was tun? Mir kam ein rettender Gedanke. Angriff ist doch bekannterweise die beste Verteidigung. Schnell den Spieß umdrehen!

Dir gebe ich fürs Knurren, dachte ich, flötete jedoch zuckersüß: »Berta, du hast recht, wie immer. Das Problem ist, dass ich mich einfach nicht entscheiden kann bei der Vielzahl an Avancen.« Ich registrierte zufrieden, dass Berta nun ihrerseits nach Luft schnappte und fuhr fort: »Dir hätte ein Mann wahrscheinlich auch nicht geschadet nach Theos Tod, aber dafür ist es bei dir definitiv zu spät. Verblüht und verwelkt.« Ich ließ sie stehen und ging ins Haus.

Anteilnahme

Leider war der Zwischenfall mit Berta noch nicht das Ende der Fahnenstange. Ich konnte mir nicht erklären, was auf einmal in meine Mitmenschen gefahren war. Hatten die sich alle abgesprochen oder mir zu Gunsten einen Club gegründet, der es sich zum Ziel gesetzt hatte, mich wieder unter die Haube zu bringen? Man könnte fast meinen, dass der Spruch wahr ist, dass jeder Mensch drei Leben hat: das private, das öffentliche und eines, das sich andere ausdenken. In meinem Fall dachte mein Umfeld wohl, dass ich nicht mehr allein leben sollte. Man malte sich meine Zukunft aus, eine

Vision, wie mein Privatleben idealerweise aussehen könnte. Die Verwirklichung hatte Verwandte, Freundinnen, Freunde, Kolleginnen und Kollegen sowie die Nachbarschaft anscheinend im Geiste vereint, ohne dass sie voneinander wussten logischerweise, und es wurde, ohne mich in die Überlegungen einzubeziehen, an meinem Leben gefeilt.

Der Ursprungsgedanke war klar und einfach zu definieren: »Jolanda soll sich wieder jemanden suchen. Dann wird alles gut.«

Möglicherweise gibt es ein ungeschriebenes Gesetz, das besagt, dass der Anstand verlangt, mit derartigen Ansinnen mindestens fünf Jahre nach Ableben des Ehegatten zu warten. Und alle hatten diesen denkwürdigen Zeitpunkt irgendwo im Hinterkopf, von wo aus sich der Gedanke um mein Heil pünktlich in den Vordergrund schob. Anders kann ich es mir nicht erklären, wie diese geballte Aktivität und geeinte Beratschlagung damals so plötzlich zustande kamen. Mir kam es zumindest so vor, als ob sich alle gegen mich verschworen hätten, in dem Fall ja eigentlich eher für mich, denn man wollte ja nur mein Bestes.

Auf der Straße, beim Einkaufen, bei Besuchen in der Apotheke, bei dem einen oder anderen Telefonat mit Freunden - kollektives Ermuntern zur Partnersuche war zu dieser Zeit angesagt. Als Krönung rief mich Ende der Woche Kirsten an und nach ungefähr zehnminütigem Austausch war es auch bei ihr so weit.

Sie schlug ganz nebenbei im Plauderton vor: »Kleines, willst du dir nicht wieder jemanden suchen? Wäre doch an der Zeit.«

Unfreundlicher als beabsichtigt und angebracht, fuhr ich sie an: »Was ist denn in euch alle gefahren? Seid ihr alle verrückt geworden? Jetzt lasst mich doch damit in Ruhe!«

»Hoho«, rief Kirsten erstaunt, »ganz ruhig bleiben. Was ist denn los? Ich sollte lieber dich fragen, was in DICH gefahren ist. Warum gehst du hoch wie ein HB-Männchen?«

»Weil wie auf Knopfdruck Gott und die Welt meint, dass ich mir einen Kerl zulegen sollte und alles ist wieder Friede, Freude, Eierkuchen«, entgegnete ich lapidar und erzählte ihr von den mysteriös gehäuften Tipps der umliegenden Herr- und Frauschaften.

Kirsten zeigte sich erstaunt ob meiner unwirschen Reaktion auf all die gut gemeinten Ratschläge.

»Sei doch froh, dass es alle gut mit dir meinen. Das zeugt doch von der Wertschätzung, die sie dir entgegenbringen. Niemand will dich einsam und unglücklich sehen, meine liebe Jolanda.«

»Kirsten, ich bin fünfundfünfzig Jahre alt. Ich kann sehr wohl selbst herausfinden, was gut für mich ist und was mich glücklich macht. Und sag bitte nicht, alle meinen es gut mit mir. Das erinnert mich an Berta und ihr hohles Gefasel.«

»Du bist ungerecht. Soweit ich mich erinnern kann, war es deine Nachbarin, die sich nach dem Unfall rührend um dich gekümmert hat.«

»Meinst du? Bin mir nicht sicher, ob es mir wirklich geholfen hat, dass sie mir jeden Tag die Bude eingerannt hat und ich zu allem Unglück auch noch ihr Heulen und Wehklagen ertragen musste«, erwiderte ich ironisch.

Es war nach Hans' Tod in der Tat erstaunlich, wie mein Umfeld seinerzeit auf das Unglück reagierte. Den Vogel schoss natürlich Berta ab. Deren wort- und tränenreiche Aufführungen blieben unübertroffen. Vielleicht war ich ihr gegenüber ungerecht. Schließlich hatte sie auch ihren Mann verloren und das war kein abruptes Ende mit Schrecken, wie bei mir und Hans. Nein, bei Berta und Theo war es ein langanhaltender Schrecken mit einem furchtbaren Ende. Er erlag einem Krebsleiden.

»Sei froh, dass Hans nicht leiden musste wie mein Theo!«

Mit dieser Aussage hatte sie recht. Das wusste ich. Und das war auch das Einzige, was mir in meinem Schmerz half, wenn auch nur ein bisschen. Wie ein sanfter tröstender Windhauch, fast unmerklich. Aber doch konnte sich durch das stete Wehen ein dünner Schutzfilm auf die Seele legen. Mein geliebter Mann hatte im Vorfeld nichts von seinem jähen Ende gewusst. Er musste keine Todesangst haben, kein Bangen, hoffentlich keine Schmerzen, wenn doch, dann kurz, brutal, Sekunden, bis der Übergang vom irdischen Leben in die Ewigkeit geschafft war. Genickbruch. Auf der Stelle tot. Ich wollte es mir nicht vorstellen und doch hatte ich es hunderte Male vor Augen. Da half es auch nichts, die Augen zu schließen. Dann kamen die Bilder erst recht. Wie entsetzlich musste es dagegen sein, den geliebten Menschen durch ein langsames Siechtum zu verlieren. Daneben zu stehen und nicht helfen zu können. Ich nahm mir vor, Berta gegenüber ab nun etwas milder gestimmt zu sein. Im Nachhinein wünschte ich manchmal, ich wäre bei Theos Ableben etwas offener und mitfühlender ihr gegenüber gewesen. Das war damals keine Glanzleistung von mir. Asche auf mein Haupt.

Jeder geht einfach anders mit einem Todesfall um. Wie gesagt, Berta fuhr bei mir das volle Programm auf. Als härtester Kontrast dazu gab es Menschen, die lieber die Straßenseite wechselten, als mir begegnen zu müssen. Denen die Worte fehlten, die mit dem Leid nicht umgehen konnten. Mir in die Augen zu schauen, tröstende Worte zu finden, das überforderte nicht wenige vor sechs Jahren. Andere brachten wenigstens eine stumme Umarmung zustande, beschrieben mir ihre Anteilnahme auf Karten oder in Briefen. Besuchten mich, wir weinten zusammen und irgendwann kamen ihnen dann doch Worte über die Lippen, unbeholfen, stammelnd.

Genauso, wie die Mitmenschen unterschiedliche Reaktionen zeigen, wenn jemand stirbt, ist die Erwartungshaltung der Betroffenen verschieden. Sich vergraben, keine Menschen um sich haben wollen oder keine Einsamkeit ertragen. Bei mir kam es damals auf die Tagesform an. Tagelange depressive Zurückgezogenheit, aus der ich mich mühsam hochkämpfte, bis ich jenes Gedicht fand, das mich rettete. Mein Befinden war wechselhaft, dieses Erstarrtsein und gleich darauf hektische, fast manische Betriebsamkeit. In diesem Zustand ertrug ich es nicht, allein zu sein, rief alle Leute an, die mir in den Sinn kamen, hetzte durch unsere Einkaufsstraße oder fuhr mit dem Auto umher.

Aber nun war ich zurück im Leben, hatte alles hinter mir gelassen.

Das große Einmaleins der Partnersuche

So eine Aufforderung »Such dir halt wieder jemanden« ist leicht daher gesagt. Leichter als getan zumindest. Diesen Satz bekam ich, wie bereits geschildert, dutzende Male zu hören. Eine klare Aufforderung ohne Umschweife. Wenn ich aber nachfragte, wie ich denn das am besten anstellen solle, wurden die Ratgebenden eigenartigerweise selbst ratlos.

»Äh!«, bekam ich meistens als erste Erwiderung zu Ohren.

»Lasst mal hören!«, hätte ich dann am liebsten hämisch erwidert.

Als könnte ich wie ein Pfadfinder auf die Suche gehen, einer Fährte nach, die mich auf die Spur eines Traummannes bringt. Man kann sich auch kein männliches Wesen aus den Fingern saugen. Vielleicht einen Frosch küssen und hoffen, dass dann plötzlich ein Prinz vor mir steht? Oder hoffen, dass so ein Prinz schon fix und fertig auf einem Schimmel an mir vorbeireitet, mich erblickt, sich auf den ersten Blick verliebt, mir die Hand reicht und mich federleicht auf das weiße Pferd zieht? Wenn ich mir das bildlich vorstelle, reite ich nicht mit dem, der mich auserwählt hat, davon, sondern falle jedes Mal auf der anderen Seite des Vierbeiners wie ein nasser Sack wieder herunter. Der Prinz reitet sodann ohne mich weiter.

Früher hat es immer geheißen, wenn eine Frau sich schwertat, einen Mann zu finden: »Für die muss erst einer gebacken werden.« Also ab zum Bäcker mit meiner Bestellung? »Bitte backen Sie mir einen lieben Mann. Aussehen egal. Verständnisvoll und humorvoll sollte er sein.« Ob das eine gute Idee wäre? So ein frischgebackenes Kerlchen? Am Ende wäre er zu kurz und dadurch nicht ganz gebacken.

Ab und zu wurde es richtig konkret mit den Ratschlägen: »Kur, geh auf Kur, da gibt es genügend solche wie dich.« Daraufhin zog ich in meiner typischen Art die Augenbrauen nach oben, was mir immer einen überraschten Gesichtsausdruck verleiht. Solche wie mich? Das hörte sich an, als hätte ich Lepra oder sonst eine Krankheit, die mit Siechtum und Ausschlag einhergeht. Ich glaube grundsätzlich nicht, dass ein Kuraufenthalt ein Ertrag bringender Nährboden für eine länger anhaltende und stabile Partnerschaft ist. Mag sein für ein Abenteuer. Kurschatten, der Klassiker sozusagen. Und schon allein der Ausdruck Schatten versinnbildlicht doch etwas Kurzlebiges, husch, husch, weg damit. Ein Strohfeuer, welches mit dem Ende der Kurmaßnahme schneller erlischt, als es zu Beginn auflodert. Ein paar Wochen weg von Zuhause, weg von der ehelichen Gemeinschaft. Das muss man doch zu seinem Vorteil ausnutzen, bevor man sich wieder unter die Fuchtel der Ehefrau/des Ehemannes begibt. Nein, danke! Ohne mich! Auf solche Sperenzchen hatte ich keine Lust. Und noch weniger auf Tanztee und Schwarzwälder Kirsch um 16 Uhr im Kursaal. Und auf morgens Fango und abends Tango erst recht nicht! Natürlich kann es vorkommen, dass der eine oder andere frivole Herr neben Inanspruchnahme seiner vom Arzt verordneten Heilmaßnahmen hofft, die Frau fürs Leben zu finden, eventuell gleichzusetzen mit der Frau, die ihn für den Rest seiner Tage pflegt. Ein Rundum-Sorglos-Paket gewissermaßen. Nochmals nein, danke! Vorschlag Nummer eins ging damit ad acta.

Aber so schnell gab mein besorgtes Umfeld nicht auf. An Stelle zwei kam die Vereinsmeierei. Sportverein, Tanzschule, Wanderclub, Chor. Die Liste der Vereinigungen, in denen man mich gerne sehen würde und deren Zugehörigkeit nach dem Dafürhalten meiner Familie und Bekannten als sehr erfolgversprechend eingestuft wurde, kann noch beliebig ergänzt werden.

»In so einem Verein trifft man lauter Gleichgesinnte.« Das war wieder so eine halblebige Aussage. Gleichgesinnt in puncto was? Selbstverständlich je nach Verein in puncto Fußball, Joggen, Schwimmen, Volleyball, Wandern, Skifahren, Tanzen, Singen, Malen, Basteln, Knüpfen, Yoga, Step-Aerobic oder Makramee. Mit Makramee wäre der ultimative Höhepunkt erreicht. Aber würde sich nett anhören. »Wo hast du den Kontakt zu deinem Partner geknüpft?« »Bei der Herstellung einer Blumenampel durch Makramee-Knüpftechnik.« Das wäre so schnell nicht zu toppen.

Wenn man den Singleclub als Verein einstuft, sollte derselbige eigentlich das ultimative Nonplusultra sein. Da wären die Wünsche klar definiert. Jede und jeder hat das gleiche Anliegen, nämlich die Änderung des traurigen Single-Daseins in ein erfülltes Leben zu zweit. Zwei Alleinstehende vereinigen sich zum Paar. Alle zwei Wochen ein Treffen, auf das man gespannt sein darf, ob Frischfleisch dazugekommen ist. Ansonsten ist es langweilig, weil es ja immer die gleichen bedauernswerten Geschöpfe sind, welche krampfhaft versuchen, eines Partners oder Partnerin habhaft zu werden. Könnte ja klappen und die Schmetterlinge machen sich erst nach dem dreiundzwanzigsten Treffen auf den Weg in den Bauch von zwei Single-Vereinsmitgliedern.

Ich versprach allen Besorgten, über den Vorschlag, einem mir genehmen Verein beizutreten, nachzudenken und hakte Nummer zwei ab.

Im digitalen Zeitalter springt einen der Gedanke, sich als Partnersuchende an ein Dating-Portal zu wenden, praktisch an. Dieser Vorschlag kam von den »Es-mit-mir-gut-meinenden« mehrfach. Aber allein die Vorstellung, mich durch diesen ganzen Wust von Profilen, echt oder gefakt, zu wühlen, ließ mich schaudern. Jeder versucht doch, sich im günstigsten Licht dastehen zu lassen. Das ganze Metier klingt für mich so künstlich, so gewollt. So nach Katalogbestellung. Auf Knopfdruck Lieferung eines Partners. Wenn man dann nach Inaugenscheinnahme und ordentlich auf den Zahn fühlen feststellt, dass es nicht das Richtige ist, wird die Bestellung einfach zurückgeschickt.

Vergleichbar, aber wohl etwas antiquiert, ist es, eine Kontaktanzeige in der Zeitung aufzugeben. Nach der Beschreibung, welche die Einsamen von sich entwerfen, sind das meist absolute Top-Männer. Gutaussehend, naturliebend, Kind oder Tier kein Hindernis, mit eigenem Haus, eigenem Auto, in fester Anstellung, reist gerne, treu und häuslich. Was will man mehr? Ich wollte nicht mehr, aber ich wollte mich auch nicht mit so einem Kandidaten mit rosa Nelke im Knopfloch treffen.

Auf Reisen würde es sich auch gut verlieben, ließ ich mir sagen. Vor allem auf Kreuzfahrten. Wieder so ein Klischee. Dann ließ ich mir noch sagen, dass jeder Topf irgendwann seinen Deckel findet. Damit war es genug. Ich hatte keine Lust mehr und beschloss, mir diese ganzen amourösen Anregungen nicht mehr anzuhören und auf unbestimmte Zeit allein zu bleiben. Eine solche wie ich war möglicherweise noch nicht so weit. Ich war zu diesem Zeitpunkt schlicht und einfach noch nicht bereit. Und ich war sicher, dass sich eine Liebe nicht erzwingen lässt. Entweder würde mich Amors Pfeil eines schönen Tages wieder treffen oder eben nicht.

Der Beginn der neuen Leichtigkeit

In Wien mit Plan B - Juli 2019

Ich schaue empor. Ich konzentriere mich auf meinen Weg nach oben. Ich suche Halt an der Betonmauer. Ich habe die Griffe im Visier, die mir am geeignetsten erscheinen, um mich voranzubringen. Ich kann förmlich spüren, wie die Endorphine ganze Arbeit leisten. Mit jedem Meter, den ich vorwärtskomme, strömen die Glückshormone durch meinen Körper.

Die Hälfte habe ich schon geschafft, nehme ich an. Ich will unbedingt empor. Bis es nicht mehr weitergeht. Dreißig Meter insgesamt, also fünfzehn Meter noch. Meine Finger schmerzen vom krampfhaften Umklammern der Griffe. Die Anstrengung und die Anspannung lassen meinen Atem stoßweise gehen. Langsam, Meter für Meter komme ich vorwärts. Erst mit den Füßen an einem Griff Halt suchen, dann einen Griff über mir ins Visier nehmen, versuchen ihn mit den Händen zu erreichen, ihn packen, sich mit den Füßen abstoßen und schon ist man wieder ein kleines Stück weitergekommen. Gleich habe ich es geschafft. Kein Laut dringt von irgendwoher an mein Ohr. Ich habe das Gefühl, dass es nur mich gibt und diese Wand, die von mir erklommen werden möchte. Nur nicht nach unten schauen. Warum auch? Wen interessiert, was hinter einem liegt? Hier an der Wand und im Leben gibt es nur eine Richtung. Vorwärts! Immer den Blick stur auf den Beton mit den bunten Griffen richten. Noch einmal abstoßen und hochziehen.

Ich juble, bin am Ziel, bin angekommen, bin nicht nur hoch oben, sondern fühle mich high, wie bei einem Rausch.

»Zu!«, schreie ich aus Leibeskräften. Damit signalisiere ich demjenigen am Boden, der mich sichert, dass ich oben bin und er das Seil in seinem Gurt befestigen kann. Ich habe gut aufgepasst bei der Vorbereitung meines Abenteuers. Diese kurzen Ansagen zwischen dem Kletternden und dem Sichernden, wie »Zu« und »Ab«, sind feststehende Begriffe zur Kommunikation. »Ab« rufe ich erst, wenn ich gesichert wieder in die Tiefe gelassen werden möchte. Dazu werde ich mich dann am Seil festhalten und mit den Füßen an der Wand entlang mit kleinen Trippelschritten nach unten bewegen. Aber so weit bin ich noch nicht. Jetzt möchte ich meinen Triumph genießen. Soll ich es endlich wagen und nach unten schauen? Oder besteht die Gefahr, dass es mir schwindelig wird? Könnte mich vielleicht sogar Panik erfassen und am Ende meine Freude über den Erfolg kaputt machen? Aber selbst dann könnte mir nichts passieren, ich werde in diesem Fall einfach abgeseilt, ganz in Sicherheit.

»Jolanda«, schreit der Betreiber der Kletterwand, an dessen Seil ich hänge. »Geht es dir gut? Ich lasse dich erst herunter, wenn du ›Ab‹ rufst, wie wir es besprochen haben. Du brauchst keine Angst zu haben. Schau dich um, was für eine grandiose Aussicht du von da oben hast.«

Ich zittere leicht, hebe die Hand und brülle: »Alles klar!«

Ein ganzes Jahr ist vorbei, seit Plan A dermaßen in die Hosen ging. Ein Jahr voller einschneidender Erlebnisse und Veränderungen. Es ist unglaublich, was in diesen zwölf Monaten mit meinem Leben passiert ist. Wer seitdem mein Leben bereichert, Mensch und Tier, von deren Existenz ich am sechzigsten Geburtstag noch keinen blassen Schimmer hatte. Kaum zu glauben, welch großartige Wendungen stattgefunden haben. Fügungen eines Schicksals, das es nach langer Zeit wieder gut mit mir meint.

Nicht geändert hat sich Plan A, aus dem einfach nur Plan B wurde, same procedure, same place, different date. Äußerst diszipliniert habe ich mir meinen mühsam erreichten Trainingszustand erhalten. Es war wieder Lenny, zu dem es mich zog und der mir half, dass ich nun genauso wie im Jahr zuvor fit bin für mein großes Vorhaben, körperlich und mental. Im Nachhinein bin ich allerdings davon überzeugt, dass ich es vor einem Jahr nicht bis ganz oben geschafft hätte. Das war etwas naiv gewesen, zu glauben, dass die körperliche Fitness nach der relativ kurzen Vorbereitungszeit für die kompletten dreißig Meter gereicht hätte. Selbst wenn ich vom Kopf her stark genug gewesen wäre. Lennys Motivation war natürlich Gold wert gewesen.

Ein Jahr ist vergangen, die Karten sind neu gemischt worden. Ich habe wieder einmal einige Veränderungen in meinem Leben zugelassen. Kurz nach dem sechzigsten Geburtstag kündigte ich meine Arbeitsstelle bei Dr. Wilhelm. Nicht nur wegen der Installation eines neuen Programms auf dem Praxiscomputer hatte ich das Gefühl des perfekten Timings für meinen Eintritt in den Ruhestand. Wenn ich ganz ehrlich bin, war das größtenteils ausschlaggebend für diesen Schritt. In mir sträubte sich zunehmend alles gegen diese ganzen digitalen Neuerungen, die nach meinem Dafürhalten immer schneller kamen und für die ich mich zu alt und unflexibel fühlte. Und ich sollte es keine einzige Sekunde bereuen. Es ereigneten sich Dinge, für die mein Entschluss, die Arbeit aufzugeben, von großem Vorteil war, um nicht zu sagen, diese Geschehnisse hätten ihn sogar notwendig gemacht. Vieles ergibt erst im Nachhinein einen Sinn. Ein Sprichwort bewahrheitete sich wieder einmal: Eine Tür geht zu, dafür geht eine andere Tür auf.

Nun habe ich es geschafft und schwebe in luftiger Höhe. Und anders als im Jahr zuvor sind Kirsten und ich dieses Mal nicht allein nach Wien gekommen.

Den Blick immer noch stur auf die Wand vor mir gerichtet, lehne ich mich in meinem Klettergurt zurück und versuche, mich etwas zu entspannen. Nun, da ich oben bin.

Von unten dringt ein kurzes »WAU« zu mir herauf und mein Herz wird weit. Sofort spüre ich, wie ich ruhiger werde, wie sich ein Gefühl der Wärme in mir ausbreitet. Molly! Ein Lächeln schleicht sich auf meine Lippen.

I fell in love with Molly

Ich bin im wahrsten Sinne des Wortes auf den Hund gekommen. Vor circa zehn Monaten hatte ich ein Schlüsselerlebnis, das mich eine Erfahrung machen ließ, wie sie klischeehaft älteren Menschen zugeordnet wird. Ich reihte mich in die Gruppe jener ein, die dem Sprichwort gerecht werden, dass das letzte Kind im Leben eines Menschen Fell trage.

Bei einem meiner langen Waldspaziergänge beobachtete ich ein Paar, beide mit einer Leine bewaffnet, an dessen Ende ein Hund zog. Im wahrsten Sinne des Wortes. Die Frau und der Mann kamen kaum nach, so quirlig und aufgeregt schnüffelten ihre tierischen Freunde am Wegrand. Dabei versuchten die Hunde immer wieder, bei ihrer Erkundung ins Gebüsch abzutauchen und mussten sanft gezügelt werden. Dann ging es ein paar Meter brav auf dem Weg entlang, bevor ihre Aufmerksamkeit wieder durch irgendetwas Hundespezifisches erregt wurde. Ich drehte mich sogar noch einmal um, als das Vierergespann schon vorüber war. So interessant fand ich diese Begegnung. Sie beschäftigte mich nachhaltig. Den Rest des Tages kam mir immer mal wieder das Bild des Gassi gehenden Paares in den Sinn. Hans und ich hatten nie ein Haustier besessen. Dafür braucht man Zeit, die wir nicht hatten. Vielleicht wäre es uns in den uns nicht vergönnten gemeinsamen

Jahren später noch eingefallen. Wer weiß? Aber nun nistete sich dafür Jahre später ein Gedanke in meinem Kopf ein, den ich erst verscheuchte, der aber hartnäckig immer wieder zurückkehrte. Möglicherweise war er bereits in den Tiefen meines Gedächtnisses vergraben gewesen und wartete dort darauf, das Licht der Welt zu erblicken.

In den nächsten Tagen war ich also unruhig und fahrig. Wie war das ein paar Jahre nach dem Unfall von Hans, als alle Welt mir Ratschläge gab und mich verkuppeln wollte? War da nicht auch die Rede von dem Beitritt in einen Verein? Bis jetzt hatte ich das nie ernsthaft in Erwägung gezogen. Doch nun schlich sich eben genau dieser Gedanke, gepaart mit einem anderen Gedanken in meinen Kopf. Als spätes Resümee zog ich nun eine Mitgliedschaft im Tierschutzverein in Betracht. Exakt das erschien mir nach der Begegnung mit Herrchen, Frauchen und zwei Hundchen ein durchaus passender Weg, um Kontakte zu knüpfen. Das Kennenlernen von Tieren und dadurch dann vielleicht von den dazugehörigen Menschen. Zuerst probeweise. Ehrenamtlich mit Hunden Gassi gehen und mit Katzen spielen. Austesten, ob das für mich in Frage kommt.

Ich beschloss flugs, dass zu dem Rat »einem Verein beitreten« auch der Tierschutzverein zählte. Tagelang kokettierte ich mit dem Gedanken einer Mitgliedschaft in dieser Vereinigung, deren Credo das Wohl unserer vierbeinigen Gefährten ist. Als ich den Entschluss endgültig gefasst hatte, konnte ich die Realisierung kaum erwarten. Und es ging komplett ohne Probleme in Form von bürokratischen Stolpersteinen. So dauerte es nicht lange und man konnte mich im Wald spazierengehend erblicken, auch mit einer Leine bewaffnet, an dessen Ende, wie es sich gehört, ein Hund zog. Ich kam erstaunlich gut damit zurecht. Die Spaziergänge wurden zum festen Bestandteil in meinem Leben. Noch wechselten die Vierbeiner. Ich war sozusagen eine ehrenamtliche »Gassigeh-Dame« und führte Hunde vielerlei Rassen, Größen und Gemüter aus. Angst war ein Fremdwort. Das hatte ich mir von vornherein verboten. Keine Angst, dafür viel Liebe und Geduld wollte ich meinen Schützlingen zukommen lassen. Es klappte sehr gut. Der Wunsch nach einem eigenen tierischen Begleiter wuchs von Mal zu Mal, um die häusliche Einsamkeit mit Leben zu füllen.

Aber noch hatte ich mich nicht in einen der Insassen verliebt. Grundsätzlich taten sie mir alle leid. Die Gründe, warum sie hier einsaßen, waren so verschieden wie die Lebenssituationen, allesamt traurig und nicht selten sogar tragisch. So verteilte ich meine Tierliebe ganz gerecht auf alle bemitleidenswerte Wesen in der Hundeabteilung des Tierschutzvereins, dem Ersatzheim für ausgesetzte, überdrüssig gewordene, durch einen Todesfall verwaiste und dadurch heimatlose Geschöpfe. Ich liebte sie alle und sie liebten mich. Diesen Eindruck gewann man vor allem durch die Reaktionen und den Zinnober, den sie veranstalteten, wenn ich auf der Bildfläche erschien. Ab und zu ging ich sogar mit zwei Hunden gleichzeitig on tour.

Und dann kam Molly! Niemals vergesse ich unsere erste Begegnung. Für alle, die es romantisch lieben, sei erwähnt, dass es »Liebe auf den ersten Blick« war. Eines Nachmittags kam ich zu meinem Dienst, wie ich mich gern ausdrückte. Das hört sich zwar eher negativ an, was es keinesfalls war. In der Nacht war ein Neuzugang eingetroffen, eine Promenadenmischung, ließ ich mir sagen. Für mich undefinierbar, was da für Rassen beteiligt waren, obwohl ich mittlerweile einiges darüber gelernt hatte. Schnell war ich darüber aufgeklärt worden, dass »die Neue« eine Hündin mittleren Alters war. Man war sich sicher, dass die Kleine auf alle Fälle von einem Dackel und einem Beagle abstammte. Sie saß verängstigt mit hängendem Kopf im Käfig. Ein Blick in ihre Augen, in denen gefühlt der Schmerz der ganzen Welt lag, genügte und es war um mich geschehen. Die Augen waren definitiv Dackelaugen, treudoofe, wie man so schön sagt. Das gab ihrem gesamten Hundegesicht einen irgendwie traurigen Ausdruck. Traurig war auch ihr Los, zumindest das von letzter Nacht. Sie war einfach am Treppengeländer des Tierheimgebäudes angebunden und ihrem Schicksal überlassen worden. Von wem auch immer. Besitzer oder Besitzerin konnte nicht ermittelt werden. Deswegen wusste man weder Namen noch genaues Alter, geschweige denn den Grund, warum man die Hündin loswerden wollte. Der Allgemeinzustand war gut, keine Verletzungen oder Zeichen von Misshandlung. Im Nachhinein erfuhr ich noch, dass der Dackel-Beagle-Mix sehr anhänglich ist und eine enge Bindung zu seiner zweibeinigen Familie aufbaut. Deswegen sei eine Trennung von den gewohnten Menschen für ihn besonders einschneidend und nicht selten traumatisch. Kein Wunder, dass die Hündin so verstört war. Glück hatte sie insoweit, dass sie vor dem Tierheim ausgesetzt wurde. Dadurch war natürlich gesichert, dass sie in beste kompetente Hände gelangte.

Eine Welle von Mitleid mit der traurigen Gestalt erfasste mich jedes Mal, wenn ich sie besuchte. Die Hündin fraß schlecht und fühlte sich offensichtlich nicht wohl. Mit dieser Welle von Mitleid kam in den nächsten Tagen der Wunsch, dieses einsame Hundemädchen wieder glücklich zu sehen. Ich fackelte nicht lange, beriet mich kurz mit der Leitung des Vereins und war schneller, als ich mir erträumen ließ, stolze Besitzerin einer Mischlingshündin, noch namenlos. An dem Tag, als ich meine neue Mitbewohnerin abholte, tierärztlich untersucht, sterilisiert und geimpft, sah ich sie mir lange an. Sie saß immer noch in ihrem Käfig in der gleichen demütigen Haltung und mit schüchternem Blick. Was für einen Namen sollte ich ihr denn geben? Als sie gottergeben mit ihren kurzen Dackelbeinen neben mir her trabte, als würde man sie zur Schlachtbank führen, hatte ich die passende Eingebung. Molly! Ich würde sie Molly nennen. Moll lässt in der Musik im Gegensatz zu Dur eine eher traurige und düstere Stimmung aufkommen. Perfekt für mein trübsinniges Hundemädchen mit dem schwarz-rot-braun gefleckten mollig-weichen Fell, dem buschigen Schwanz und den langen Ohren.

Zu den schönsten und einprägsamsten Erlebnissen der letzten Jahre, die ja alles andere als glücklich für mich waren, gehörten die folgenden Monate, in denen Molly und ich versuchten, uns zusammenzuraufen. Unsere außergewöhnliche WG sollte eine glückliche Gemeinschaft werden, von der wir beide profitierten. Molly war schlichtweg das, was man eine Traumhündin nennt. Mehr als einmal fragte ich mich, wie man es fertigbringen konnte, so einen Schatz einfach auszusetzen.

»Wenn du nur sprechen könntest, Molly«, sagte ich des Öfteren zu meiner Mitbewohnerin. »Du hättest sicher viel zu erzählen. Wie war das in deinem früheren Zuhause? Sind deine Menschen weggezogen, mussten sie selbst in ein Heim, in eines für Senioren, oder sind sie gar tot?«

Mollys Antwort beschränkte sich auf ein kurzes Bellen, dann stieß sie mit ihrem Kopf an meine Hände, was mir signalisieren sollte, dass sie nach ihren Streicheleinheiten verlangte. Die konnte sie haben. Nur zu gerne ließ ich meine Finger über ihr weiches Fell streichen. Dabei musste ich über ein Paradoxon lächeln. Warum wurden die Vierbeiner liebevoll Fellnasen genannt? Wenn mich Molly mit ihrer feuchten Nase anstieß, konnte ich sehr gut feststellen, dass die Hundenase die einzige Stelle ist, die nicht von Fell bedeckt ist.

Ich konnte beim zärtlichen Kraulen förmlich spüren, wie ich dabei ruhig wurde, wie sich mein Herzschlag verlangsamte und ein warmes Gefühl von mir Besitz ergriff. Die Leere in meinem Inneren schien sich zu füllen. Die neugewonnene Zufriedenheit drang bis in alle dunklen Ecken meiner verletzten Seele und breitete sich dort aus. Die Verantwortung für ein Lebewesen zu übernehmen, war also eine sehr gute Idee gewesen. Endlich die Möglichkeit für mich, seelisch vollkommen zu gesunden. Falls Molly auch durch schlimme Erlebnisse traumatisiert war, konnte ich mir gut vorstellen, dass sie ebenso aus dieser Quelle, aus unserer engen Beziehung Kraft schöpfen konnte. Eine Win-Win-Situation für Mensch und Tier. Die Hündin machte auf alle Fälle in kurzer Zeit Riesenfortschritte. Sie entwickelte einen gesunden Appetit. Vielleicht war es Einbildung, der verklärte, der Realität entrückte Blick, welcher all diejenigen heimsucht, die sich der Gefühlsduselei übermäßig hingeben. Aber ich glaubte festzustellen, dass sogar der traurige Ausdruck aus Mollys Antlitz verschwunden war. Und es kam noch besser für uns beide. Denn eines schönen Tages kamen Michael und Sam in unser Leben.

Michael und Sam

Es war in der Tat ein schöner Tag. Ein Wintertag im Januar 2019, der laut Vorhersage sonnig, aber kalt werden sollte. Schon am frühen Morgen drangsalierte mich Molly, nein, man konnte es fast terrorisieren nennen. Noch während ich beim Frühstück saß, schleppte sie die Hundeleine an und legte sie mir zu Füßen. Ich tat so, als würde ich ihr subversives Treiben nicht bemerken, mit dem sie meine morgendliche Ruhe sabotierte. Voll Unmut schwor ich umgehend, später die Leine an der Garderobe so zu platzieren, dass sie hoch genug hängen würde und dieser Quälgeist keine Chance hätte, an das Gassigeh-Utensil zu gelangen. Aber das half nichts in der momentanen Situation. Ihre Forderung unterstrich die renitente Hundedame zusätzlich mit Gejaule und kurzen, spitzen Belllauten. Außerdem wurde ich mit der Schnauze permanent am Ellbogen angestoßen, sodass ich mir fast den Kaffee über die Zeitung schüttete. Mein strafender Blick nützte nichts. Sie erwiderte ihn stoisch und schaffte es, dass ich zuerst wegsah. Ihr Anliegen konnte nicht missgedeutet werden. Es kam dem Winken mit dem Zaunpfahl gleich, wie sie sich hier abmühte. Molly wollte raus. Warum auch immer. Dabei war ich schon vor meiner ersten Mahlzeit des Tages wie üblich mit ihr draußen gewesen und hatte sie ihr Geschäft verrichten lassen. Ich konnte mir nicht vorstellen, dass sie schon wieder musste. Obwohl ich mir sicher war, dass sie in diesem Fall nicht die Leine anschleppen würde, bewaffnete ich mich mit einer Tüte für das mögliche Häufchen und wollte sie in den Garten lassen. Fehlalarm. Sie blieb an der Balkontür sitzen, schaute mich an, als wollte sie fragen, was das denn nun soll und warum ich denn heute so begriffsstutzig war.

Ich schimpfte: »Okay, wir gehen. Du hast gewonnen. Wenn die Dame so gütig wäre, mich noch meinen Kaffee austrinken zu lassen. Danke!«

Duschen würde ich später, die Frisur war egal, da die Kälte eh eine Kopfbedeckung vonnöten machte, und auch mein übliches dezentes Make-up hielt ich für dieses schnelle Gassigehen nicht zwingend notwendig. Wer sollte um diese frühe Zeit schon unterwegs sein? Es war ja noch nicht einmal richtig hell. Bestimmt nicht würde mir gerade heute mein Traummann über den Weg laufen. Hier bei uns hinterm Haus in dem kleinen Wäldchen. Wäre ja auch ein Wunder! So schnappte ich mir eine dicke Jacke, warm gefütterte Stiefel und stülpte eine Pudelmütze über. Die Hündin beobachtete dieses Szenario mit wachsender Begeisterung. Die Belohnung für meine Entscheidung zu einem Spaziergang war ein Freudentanz seitens Molly.

Diese morgendliche Episode ging übrigens als eines der großen Mysterien in meine Familien-Annalen ein, für immer rätselhaft und unlösbar. Weiß der Geier, warum Molly an diesem Tag und um diese Uhrzeit unbedingt raus wollte. Ich möchte ihr keinen siebten Sinn andichten, kein zweites Gesicht und auch keine übersinnlichen hellseherischen Kräfte. Wahrscheinlich war alles nur Zufall oder göttliche Fügung, dass wir beide an jenem Morgen zu außergewöhnlicher Zeit auf unsere Runde gingen. Möglicherweise hatte die Hündin zu tief geschlafen oder verwirrend geträumt und sich deswegen in der Tageszeit geirrt. Irgendetwas hatte ihre Morgenroutine gestört. Anstatt also wie gewohnt nach dem Wachwerden, dem ersten Toilettengang und dem kleinen Trog voll Futter wieder gechillt zwei Stunden im Körbchen zu dösen und erst dann gemächlich nach dem kleinen Rundgang zu verlangen, zog sie nach draußen, mit mir im Schlepptau.

»Molly, jetzt mach doch mal langsam«, rief ich. »Du strangulierst dich mit der Leine, wenn du so stark ziehst. Oder mich haut es hier auf dem Gehweg hin.«

Die Luft war klar und eisig kalt. Ich zog die Kapuze zusätzlich über meinen Kopf. Nach zehn Minuten liefen wir bereits auf dem Waldweg. Menschenleer um diese Uhrzeit. Molly war in heller Aufregung, zog nach links und rechts an den Wegrand, schnüffelte, pieselte hier und da und genoss den Spaziergang zusehends. Ich genoss gar nichts, fröstelte und sehnte mich zurück in die warme Stube. Über Mollys Hyperaktivität zu dieser frühen Stunde konnte ich nur den Kopf schütteln. Ohne Hund könnte ich sogar noch im Bett liegen, dachte ich, verbot mir aber sogleich solche Gedankengänge. Das war nicht fair. Meine Entscheidung für ein Haustier war wohlüberlegt und die Konsequenzen waren mir von Anfang an klar.

Gleich hätten wir die Wegbiegung erreicht und würden den Rückweg antreten. Plötzlich blieb Molly stehen und spitzte die Ohren. Die feinen Hundelauscher waren mir ein paar Momente voraus, aber dann hörte auch ich, dass ein oder mehrere Lebewesen nahten. Schritte und Hecheln kamen näher. Nach besagter Wegbiegung war die Sicht frei und zeigte die Ursache der Geräusche. Ein Mann mit Hund.

Na bravo! Ein männliches Wesen und ich sah aus wie ein Nacktmull, so ganz ohne Schminke. Mehr als das Gesicht sah man allerdings nicht von mir. Der Rest steckte schließlich in einer überdimensionalen Daunenjacke, in der ich wirkte wie ein Michelin-Männchen. Bei meiner Größe konnte man fast sagen, meine Erscheinung präsentierte sich in diesem unvorteilhaft aufgeplusterten Outfit im Format von eineinhalb Meter auf eineinhalb Meter. Ich verdrehte die Augen und schimpfte über mich selbst. Hörte das denn nie auf? Warum machte ich mir bei den verschiedensten Gelegenheiten an erster Stelle Gedanken darum, wie ich auf andere Menschen wirke? Wen interessierte mein Äußeres beim Gassigehen? Der Mann, der da auf uns zumarschierte, würde sicher auch kein Adonis sein oder in der Art gestylt, als wäre er einem Modemagazin entsprungen. Zudem war ich nun mal sechzig Jahre alt, noch nicht der absolute Zustand jenseits von Gut und Böse, aber selbst optimal zurechtgemacht war ich eine ältere Frau, da konnte ein bisschen Farbe im Gesicht auch nichts mehr retten. Auf keinen Fall war die Situation hier im Wald deswegen die noch so kleinste Aufregung wert und schon gar nicht, dass mein Herz auch nur einen Schlag pro Minute zulegte. Der andere Hundeführer und ich würden aneinander vorbeigehen, grüßen, wenn überhaupt. Es gibt genug Stoffel, die nicht einmal einen Guten-Morgen-Gruß über die Lippen bringen. Falls ich mir aber eingebildet hatte, ich könnte tatsächlich an ihm vorbeihuschen, Augen gesenkt, knapper Gruß, unverbindliches Kopfnicken, so hatte ich mich getäuscht und vor allem die Rechnung ohne unsere Hunde gemacht. Sie tänzelten umeinander herum wie bei einem Paarungstanz und schnüffelten sich in heller Aufregung ab. Ich machte innerlich drei Kreuze, dass die gute Molly schon sterilisiert war, obwohl sie selbstverständlich von jener wilden und überschwänglichen Kennenlern-Zeremonie nicht blitzschwanger

- oder sagt man bei Hunden trächtig? - also blitzträchtig werden könnte. Aber sicher ist sicher.

Das Herrchen und ich schauten nach dem obligatorischen HALLO dem stürmischen Treiben einige Minuten stumm zu, dann hoben wir ausgerechnet gleichzeitig den Blick. Der traf mich aus ganz hellen Augen, graublau würde ich auf die Schnelle diagnostizieren. Aber keine Chance, mein Gegenüber im Ganzen unauffällig in Augenschein zu nehmen. Deshalb verlegenes Lächeln. Diese Augen hatten etwas sehr Beunruhigendes an sich.

»Na, da haben sich aber zwei gefunden«, stellte der Herr Hundebesitzer treffend fest. Ich nickte und war froh, dass meine Molly grundsätzlich bestens mit Artgenossinnen und noch besser mit Artgenossen auskommt. Ihr Spielkamerad war ein mittelgroßer Golden Retriever. Von dieser Rasse wusste ich spätestens seit meiner Tätigkeit im Tierschutzverein, dass sie ebenso als sehr sozialverträglich gilt.

»Das ist Sam«, wurde mir der Hund vorgestellt.

»Molly«, tat ich dem kurzangebunden gleich, um anschließend unverzüglich zum Aufbruch und damit zum Abbruch dieser morgendlichen Darbietung in der Waldidylle zu drängen. »Komm Molly, jetzt ist gut, auf Frauchen wartet das Frühstück«, log ich und zog an der Leine, die sich durch das ungestüme Gehabe der Hunde ganz verheddert hatte. Während der Mann die Leinen sortierte, bot sich nun doch die Gelegenheit, ihn aus dem Augenwinkel näher zu betrachten. Groß, diese Feststellung hatte ich anfangs schon getroffen, er überragte mich um Längen, was wahrscheinlich auf fünfundneunzig Prozent aller Männer zutrifft. Ansonsten gab es nichts Erwähnenswertes. Normal, würde ich sagen, bis auf die außergewöhnlichen Augen. Er steckte ebenfalls in einer dicken Winterjacke, hatte eine Strickmütze auf. Sein Alter war schlecht zu schätzen. Nicht mehr ganz jung, was nach meinem Dafürhalten bedeutete, dass er mindestens jenseits der Fünfzig war. Das ließ hoffen, dass er eine sechzigjährige Frau nicht als uralt ansehen würde. Ließ hoffen, und weiter? Auf was? Ich schüttelte den Kopf, ärgerlich über mich selbst und meine eigenartigen Gedanken. Dann war es geschafft, die Hunde waren wieder getrennt.

»Tschüss«, sagte ich und wollte von dannen, war mir allerdings noch nicht sicher, wohin. Da wir aus verschiedenen Richtungen gekommen waren und mein geplanter Wendepunkt für den Heimweg direkt an dieser Biegung vor uns war, lag es auf der Hand, dass wir zusammen den Rückweg antreten würden. Ich könnte natürlich noch ein Stück weiterlaufen und warten, bis die beiden außer Sichtweite waren. Warum nur hatte ich diesen Fluchtinstinkt und vor allem, vor was wollte ich fliehen? Ich riss mich zusammen. Das war doch affig. Die feinfühligen und feinhörigen Hunde könnte man sowieso nicht so einfach täuschen, ich müsste mich zusammen mit Molly ganz schön lange verstecken. So setzte ich ein gezwungenes Lächeln auf und meinte: »Wie es aussieht, können wir ein Stück gemeinsam zurücklaufen.«

»Gerne«, kam als Antwort und schon trabten wir einträchtig zusammen den Waldweg entlang. Die Begeisterung von Sam und Molly kannte keine

Grenzen, sie wedelten um die Wette mit ihrem Schwanz und legten ein ordentliches Tempo vor.

»Ich bin übrigens Michael«, stellte sich Sams Herrchen nun vor.

»Und ich bin Jolanda«, antwortete ich und wartete auf eine Reaktion, die bei der Erwähnung meines ausgefallenen Vornamens üblicherweise ja fast immer kam. An jenem Tag nicht.

»Angenehm«, sagte Michael und fügte hinzu: »Wenn sich die Hunde so gut verstehen, sollten wir vielleicht öfter zusammen laufen.«

»Das ist gar nicht meine gewohnte Zeit, um mit Molly rauszugehen. Normalerweise bin ich später dran oder sogar erst abends«, erwiderte ich ausweichend.

»Ich bin leider nicht so ganz flexibel, muss nachher zur Arbeit.«

»Aha.«

Schweigen. Was war mit mir los? So einsilbig und unfreundlich kannte ich mich gar nicht. Normalerweise plapperte ich eher drauflos, vorwiegend in Situationen, in denen ich nicht ganz Herrin der Lage bin. Diese Verlegenheit, Schüchternheit und Scheu waren ganz untypisch für mich, die Beklommenheit in seiner Gegenwart auch. Aus irgendeinem Grund widerstrebte es mir, nachzuhaken oder ihn gar auszufragen. Genauso wenig hatte ich Lust, näher auf mich einzugehen bei einer Bekanntschaft, die gerade erst seit zehn Minuten bestand. Ich musste über diese Begegnung in Ruhe nachdenken, war innerlich aufgewühlt. So liefen wir den Rest des Weges still nebeneinander her. Es ergab sich kein unverfänglicher Smalltalk mehr.

Sehr wohl bemerkte ich verstohlene Seitenblicke von Michael. Ich selbst zügelte mich, nicht auch der Versuchung zu erliegen, zu ihm hinüberzuschauen.

Als wir uns an der nächsten Gabelung trennten, gab mir Michael artig die Hand: »Auf Wiedersehen, Jolanda. Schön, Sie und Molly kennengelernt zu haben. Vielleicht laufen wir vier uns ja mal wieder über den Weg. Ich würde mich freuen.«

Er sah mir ins Gesicht, dreißig Zentimeter von oben herab, und alles, was ich dabei denken konnte, war, wie viel vorteilhafter meine Augen mit Wimperntusche aussehen würden, die ich unglücklicherweise an diesem Morgen nicht aufgelegt hatte. Das war in meinem Leben noch nicht oft vorgekommen. Dafür spürte ich, dass ich rot wurde wie ein pubertierender Teenager. Toll! Ich war wirklich ein hoffnungsloser Fall und ärgerte mich über mich selbst, meine blöden Gedanken und mein kindisches Verhalten. Plötzlich hatte ich das Bedürfnis, den Moment festzuhalten, etwas Sinnvolles zu sagen, so als ob unser Zusammentreffen eine einzigartige Chance gewesen war, die nicht wiederkommen würde. In diesem Fall hätte ich das gründlich vermasselt. Zu spät! Michael und Sam liefen schon in die andere Richtung. Mich beschlich ein eigenartiges Gefühl, als sich die große Gestalt mit seinem tierischen Begleiter weiter und weiter entfernte. Mit der Kulisse des kahlen Waldes und der aufgehenden Sonne im Hintergrund hatte die Szene etwas Surreales, etwas Magisches. Ich starrte ihnen hinterher und merkte, wie mein Herzschlag sich nun doch beschleunigte und sogar leicht aus dem Takt geriet. Instinktiv spürte ich, dass dieser Tag eine Veränderung bringen würde. Noch konnte ich diese Vorahnung nicht einordnen.

Stechende Augen, Hundegebell, ein endloser Waldweg, der ins Niemandsland führt, aus dem es kein Zurück gibt, Panik, als ich feststelle, dass der Weg hinter mir plötzlich verschwunden ist, nur noch Morast, in den ich immer tiefer einsinke, Mollys Winseln, weil ich feststecke und ihr nicht mehr folgen kann, ich schaue um mich, sehe überall graublaue Augen, plötzlich sind sie weg, dafür kommt auf einmal Hans hinter jedem Baum hervor, ich sehe seine Hände, hundertfach, die nach mir greifen wollen, um mir zu helfen, sie erreichen mich aber nicht, als ich selbst zupacken will, fasse ich ins Leere, vor mir sehe ich die Waldszene mit Michael und Sam, wie sie sich immer weiter von mir entfernen, obwohl ich rufe, bis ich heiser bin und kein Laut mehr über meine Lippen kommt, ich versinke immer tiefer in dem morastigen Untergrund, gleich bin ich verschwunden …

Schweißgebadet fuhr ich mitten in der Nacht im Bett hoch. Im ersten Moment fehlte mir jegliche Orientierung. Ich stand vollkommen unter dem Eindruck dieses Traum-Wirrwarrs. Gleichzeitig hatte ich Angst, dass mir der Traum in Windeseile entgleiten könnte. Ich wollte ihn in meinem Gedächtnis festhalten, um darüber nachdenken zu können. Doch die Erinnerung daran fing schon nach wenigen Minuten an zu verblassen. Seufzend stand ich auf, um einen Schluck Wasser zu trinken.

Vor der Tür lag Molly in ihrem Körbchen, reckte sich gähnend, als sie mich bemerkte, um sich sogleich wieder schlaftrunken abzulegen. Sie war gewohnt, hier draußen auf dem Flur zu nächtigen. Das Schlafzimmer war Tabu-Zone. Das hatte ich ihr schnellstens beigebracht. Zurück in den Federn, versuchte ich, den Traum oder das, was ich noch davon wusste, zu analysieren. Schwierig. Das einzige Resümee, das ich zog, war die Tatsache, dass die heutige Begegnung mich mehr beschäftigte, als man es von einem zufälligen Zusammentreffen bei einem Spaziergang erwarten würde. Der Grund waren die Schwingungen, die zwischen uns hin- und hergingen. Die waren definitiv vorhanden gewesen. Der Beweis war nun vollbracht. Immerhin hatten Sam und sein Herrchen es bis in meinen Traum geschafft. Und nun in der Nacht fielen mir all die geistreichen Bemerkungen ein, die am vergangenen Morgen passend und der Situation gerecht gewesen wären. Da hatte ich im Wald auf ganzer Linie versagt. Ich würde die gleiche Tour zur gleichen Zeit noch einmal machen, beschloss ich und starrte in die Dunkelheit. Gleich am kommenden Tag. Doch mein Vorgehen wollte wohlüberlegt sein. Was erwartete ich? Noch war alles ein oberflächliches Wort-Geplänkel gewesen und, wenn man es richtig überlegte, nicht einmal das. Ich war schließlich stumm wie ein Stockfisch gewesen. Vielleicht könnte mir ein Flirt-Knigge helfen, dachte ich und grinste. Der könnte mich altes Mädchen, welches mehr als aus der Übung war, möglicherweise in die Spur bringen, auf den geheimnisvollen Pfad der Liebe, und zum Ziel führen, was immer man sich auch darunter vorstellen könnte. Was wollte ich? War ich endlich bereit, zumindest den Versuch zu starten, mein Alleinsein zu beenden? Nach oberflächlichem Techtelmechtel war mir nicht. Nach was war mir dann? Eine Partnerschaft wie mit Hans. Jetzt musste ich lachen. Als ließe sich das auf Knopfdruck so einfach wiederholen. Mir fiel auf, dass ich tatsächlich seit seinem Tod nicht einmal mehr in den Arm genommen worden war. Klar, von Daniel, Kirsten und einigen mehr, schon allein zum Trost, als Hans starb. Aber das zählte nicht. In den Arm genommen, gehalten und geküsst, wie es Liebende tun. In all den Jahren nicht, mehr als elf an der Zahl. Aber wie kam ich nur auf die Idee, ausgerechnet nun so intensiv daran zu denken und sogar den Beginn einer neuen Liebe in diese Waldbegegnung hineinzuinterpretieren? Ich war erstaunt über solche Gedanken nach einer gerade mal halbstündigen Begegnung. Doch ich spürte es bis in die letzte Faser meines Herzens, dass es die Sache wert war, wert, ihr eine Chance zu geben und Kraft zu investieren. Los würde es mit einer neuerlichen Tour durch den Wald gehen, um den Herrn Michael ausfindig zu machen. Ende offen.

Verschlungene Wege

»Eine neue Liebe ist wie ein neues Leben« sang einst Schlagersänger Jürgen Marcus Anfang der Siebzigerjahre. Obwohl Schlager beileibe nicht mein bevorzugtes Genre ist, muss ich ihm recht geben. Dem Hermann Hesse muss ich auch recht geben, wenn er in einem Gedicht schreibt: »Und jedem Anfang wohnt ein Zauber inne, der uns beschützt und der uns hilft, zu leben.« Und kannte Hesse auch Goethes Sprichwort: »Aller Anfang ist schwer«? Durchaus möglich, da Goethe fünfundfünfzig Jahre vor Hesses Geburt starb.

Möglich, aber ich wusste es nicht. Was ich genau wusste, war, dass Hans es liebte, mit mir über Wortspiele, Sinnsprüche und Zitate zu diskutieren. Er war sehr belesen und die Interpretation von Texten war schon in der Schule seine Lieblingsaufgabe. Was hätte Hans zu einer neuen Liebe seiner seit Jahren verwitweten Gattin gesagt? Da bin ich mir absolut sicher, dass er das nicht nur toleriert, sondern gutgeheißen hätte. Wie ich im umgekehrten Falle auch. Warum sollte man dem übrigbleibenden Partner das nicht gönnen oder sogar wünschen? Ein neues Leben ist es zwangsläufig, wenn der oder die Liebste von einem genommen wird. Da wird man nicht gefragt, ob man mit diesem nun beginnenden Lebensabschnitt einverstanden ist. Wenn das neue Leben eine neue Liebe beinhaltet, umso besser. Aber so eine neue Liebe ist harte Arbeit und ein neues Leben sowieso. Das neue Leben hatte für mich schon vor über elf Jahren begonnen, nach dem Tod von Hans. Neu hört sich positiv an, aber das war es nicht. Es war anfangs mühsam und beschwerlich gewesen, wie ein steiler Berg, der erklommen werden wollte. Jetzt war ich auf halbem Wege und hatte die Chance auf den Anfang einer neuen Leichtigkeit.

Die harte Arbeit, die ich mit dem Anfang einer neuen Beziehung gleichsetzte, begann am Tag nach dem ersten Treffen im Wald. Ich stand sehr zeitig auf und investierte, anders als am Vortag, genügend Zeit in meine äußere Erscheinung. Auch wenn das nur für mich wichtig war und von meinem Umfeld nicht einmal richtig wahrgenommen werden würde, so war es für mein Wohlbefinden und Selbstbewusstsein von Bedeutung. Und das allein war diesen Aufwand doch wert.

Die erste Hürde war ein Bollwerk namens Molly. Tags zuvor noch die reinste Nervensäge, hyperaktiv und nicht zu stoppen, war davon an jenem nächsten Morgen nichts mehr zu merken. Da hatte sie sich wohl auf die Routine besonnen und stieg phlegmatisch nach ihrem Frühstück und der Morgentoilette im Garten zurück in ihr Körbchen, um in Erwartung des gewohnten Gassigehens ein paar Stunden später zu dösen. Das konnte doch wohl nicht wahr sein!

Ich stand fix und fertig angezogen mit der Leine in der Hand vor ihr und schimpfte: »Nichts da, Lady. Wenn Sie bitte die Güte haben würden, sich zu erheben. Wir gehen los.« Die einzige Reaktion war ein kurzer erstaunter Blick und ein herzhaftes Gähnen. Ich legte ihr die Leine an und zog sachte daran. »Molly, du Faulpelz, wir gehen raus. Hey, dein neuer Freund wartet bestimmt auf dich. Sam!«

Auch diese Aussicht zeigte keine Wirkung. So musste ich Molly kurzerhand auf den Arm nehmen und ins Freie tragen. Widerwillig machte sie sich mit mir auf den Weg. Es war exakt die gleiche Zeit wie am Vortag. In meinem Kopf hatte ich mir alle möglichen Phrasen und Gesprächsansätze zurechtgelegt. Was ich tatsächlich sagen würde, würde ich ad hoc entscheiden. Sobald wir im Wald waren, wurde Molly agiler und gewann zusehends Freude an dem Spaziergang. Auch ich fühlte mich leicht und beschwingt, wesentlich besser als am Tag zuvor. Voller Vorfreude auf das bevorstehende Zusammentreffen trällerte ich vor mich hin. Der Schalk saß mir bereits jetzt im Nacken. Ich war gewappnet für einen witzig-spritzigen verbalen Schlagabtausch. Die Uhrzeit stimmte, der Weg stimmte und die Weggabelung stimmte. Was nicht stimmte, beziehungsweise fehlte, war das Zusammentreffen mit dem blaugrau-äugigen Herrn, dessen Anwesenheit Voraussetzung für alle meine Pläne war. Ich schlenderte schon zum dritten Mal den in Frage kommenden Wegabschnitt hin und her mit negativem Ergebnis. Es war totenstill, kein Lüftchen wehte, kein Rascheln und kein Knarzen ringsum. Mein stummes Gebet blieb unerhört. Es half kein Bitten und kein Flehen, er kam nicht, keine Spur von den beiden. Was ich mir wie eine Sequenz aus einer Film-Schnulze ausgemalt hatte, die große Gestalt am Horizont, dieses Mal von vorne auf mich zukommend, in Zeitlupe, die Szene untermalt von romantischer Musik, fand nicht statt. Die ganzen Begleitumstände wären auch gar nicht nötig gewesen. Ich hätte mich damit zufriedengegeben, dass er ganz ohne jeden Zauber zusammen mit Sam um die Ecke käme. Nun kam ich ins Grübeln. Er hatte zwar gestern den Wunsch geäußert, wir vier mögen wieder aufeinandertreffen. Falls er das aber ernst gemeint haben sollte, so hätte man doch eine klare Ansage erwarten dürfen. »Seid ihr morgen um die gleiche Zeit wieder hier?

Oder lauft ihr wie gewohnt zwei Stunden später?« Irgendetwas Konkretes in der Richtung. Dann war das gestern nur so eine Floskel gewesen. Wahrscheinlich war er froh, als er mich los war. Ich war auf alle Fälle nun enttäuscht. Und ärgerte mich schon wieder. Vor allem über meine Naivität und diese klare Fehlinterpretation der gestrigen Situation.

Also traten wir den Heimweg an. Molly spürte wohl meine Niedergeschlagenheit. Sie trabte mit gesenktem Kopf neben mir her und schaute ab und zu mit ihrem treudoofen Blick zu mir hoch.

»Ein Satz mit X, das war wohl nix«, sagte ich zu ihr. »Egal, daraus machen wir zwei Mädchen doch kein Drama.«

Dass es mir eben nicht egal war, zeigte sich den restlichen Tag in einer melancholischen und nachdenklichen Stimmung. Ein Drama war es nicht, nur einer jener kleinen schmerzhaften Pfeile, die das Leben in meine Richtung abgeschossen hatte. Ab und zu war es dem Leben danach, mir eins auszuwischen und mich dadurch wieder auf den Boden der Tatsachen zurückzuholen. Falls man diese kleinen gedanklichen Ränke als Höhenflug bezeichnen konnte.

Und dass es vielleicht doch noch nicht abgehakt war, äußerte sich in dem undefinierbaren Gefühl, etwas übersehen zu haben. Wäre ja auch ein Wunder, wenn sich in meine Überlegungen nicht wieder irgendein Logikfehler geschlichen hätte. Ich fragte die süße Molly um Rat. Sie konnte mir erwartungsgemäß nicht weiterhelfen und doch war ich davon überzeugt, dass diese Selbstgespräche und Reflexionen in ihre Richtung nicht für die Katz waren. Das Wissen, dass die Lösung möglicherweise in meinem Kopf war, sich dieser Gedankenfetzen aber nicht greifen ließ, machte mich ganz kirre. Vor allem, weil ich der Überzeugung war, dass da des Pudels Kern lag. Was hatte ich vorhin im Wald gedacht? Ich hatte darüber sinniert, wie eine Verabredung ablaufen müsste. Plötzlich kam die Erleuchtung in Form der Frage, die dabei eigentlich hätte gestellt werden müssen: »Oder lauft ihr wie gewohnt zwei Stunden später?«

Das war es! Was, wenn Michael extra wegen mir seine morgendliche Runde nach hinten verschoben hatte, wie ich meine nach vorne? Dann hätten wir uns einfach nur verfehlt. Sauber! Langsam, langsam, Jolanda, bremste ich mich. Das würde ja bedeuten, dass er genauso tickte wie ich. Dass er die gleichen Bemühungen um ein Wiedersehen anstellte. War das wirklich zu erwarten? Oder war da nur der Wunsch der Vater des Gedankens, um es mit Shakespeare zu sagen? Mein bescheidener Wunsch, eine Erklärung dafür zu finden, warum ein gewisser Michael nebst seinem Hund Sam nicht zur gleichen Zeit im Wald war wie einen Tag zuvor. Es gab nur eine Chance, das herauszufinden. Ich musste mich gewissermaßen auf die Lauer legen, mit den Gassigeh-Zeiten variieren und hoffen, dass der Herr mit Hund sich zu einer der zur Auswahl stehenden Uhrzeiten zeigen möge. Voraussetzung war natürlich, dass er überhaupt wieder auf der Bildfläche zu erscheinen gedachte. Aber warum denn nicht? Wäre doch unlogisch. Es hörte sich gestern so an, als wäre das eine gewohnte

Laufrunde von ihm. Noch waren wir uns nie begegnet, aber ich war ja sozusagen neu im Hunde-Metier. Also war auch das nicht verwunderlich. Zufrieden mit diesen Erklärungen, fühlte ich neue Energie in mir hochsteigen. Noch stand mein Prozedere nicht genau fest. Morgen würde ich wohl zu meiner gewohnten Zeit tendieren und übermorgen wieder die frühere Variante präferieren. Früh- und Spätschicht war folglich die Devise. Ich spürte die Aufregung und das dadurch produzierte Adrenalin durch meine Adern strömen.

Detektivarbeit

An mir ist eine Detektivin verlorengegangen. Beruf verfehlt. Vielleicht war es aber auch nur angeborene weibliche Raffinesse, die vermutlich vielen Geschlechtsgenossinnen nachgesagt wird. Jedenfalls stellte ich mich bei der Überwachung und der Ebnung des Weges zu einem neuerlichen Zusammentreffen mit meinem ausgewählten Objekt überraschend geschickt an. Wobei man nicht so viel falsch machen kann beim Plan, die ominösen Waldspaziergänge an einem Tag zum früheren und am nächsten Tag zum späteren Zeitpunkt stattfinden zu lassen. Immer im Wechsel. Dabei versuchte ich mich trotz früherer negativer Erfahrungen in der Schule in höherer Mathematik. Es könnte natürlich passieren, dass mein Gegenstück exakt die gleiche Taktik anwandte, um einen Tag versetzt. Das würde bedeuten, dass wir uns bis zum Sankt Nimmerleinstag verfehlen würden. Falls das Schicksal sich ebensolches ausgedacht hatte, war es eine Rechnung ohne die Intelligenzbestie Frau Jolanda Haberle. Die hatte nämlich in diesem Fall den genialen Plan ausgeheckt, nach ein paar Tagen diese wiederkehrende Reihe zu durchbrechen. Auf Frühschicht sollte eine erneute Frühschicht folgen und dann käme, wenn nötig, wieder der Wechsel wie bei einem Perpetuum mobile. Nach dem Gesetz der Logik sollte dann schon am ersten Tag des Wechsels von früh auf früh eine Begegnung stattfinden. Meine Wahrscheinlichkeitsrechnung, dass Michael am gleichen Tag wechselte, das wäre dann von spät auf spät, ging gegen Null. Ich zeichnete mir diese Vorgehensweise sogar mit Datum auf ein Blatt Papier, um mir später nicht vorwerfen zu müssen, ich hätte mich nicht akribisch genug vorbereitet. Die unsichere Variable waren meine oftmals nicht ganz der herkömmlichen Logik entsprechenden wirren Gedankengänge. Aber dieses Risiko musste ich eingehen. Und mein Schlachtplan ging auf. Es war sogar fast unverschämt einfach. Ergo hatte ich mein ganzes hochgeistiges Potenzial vergeudet, Perlen vor die Säue geschmissen. Egal, eine gute Vorbereitung ist trotzdem nicht verkehrt.

Nach dem ersten Fehlversuch zu früher Stunde ging ich tags darauf planmäßig spät los, was zu meiner gewohnten Zeit war, um aber wieder die gleiche traurige Erfahrung machen zu müssen. Kein Michael und kein Sam. So stand am folgenden Tag die Frühschicht an. Schon beim Hinweg blieb Molly auf einmal stehen und spitzte die Ohren. Ich sah, wie sie ihre Schnauze in die Luft hob und sogleich anfing zu winseln und zu jaulen. Ihre Laute waren unmissverständlich freudiger Art. Das konnte nur eines bedeuten. Ein untrügliches Zeichen.

Sam war im Anmarsch und so Gott will, Michael am anderen Ende der Leine. Gott wollte und ließ die beiden in prachtvoller Erscheinung um die Wegbiegung kommen. Mir blieb fast das Herz stehen, gleich darauf schlug es umso schneller. Genauso rasend schnell standen sie vor mir. Mir waren nur wenige Sekunden geblieben, um mich wieder zu fassen.

»Hallo Jolanda, hallo Molly«, sagte Michael erfreut und blickte mir mit einem unglaublich sympathischen Lächeln in die Augen.

»Hallo«, war meine geistreiche Antwort. Mit einem Schlag waren alle Sprüche, Redewendungen und zurechtgelegten Gesprächsansätze wie weggeblasen. Mein Kopf fühlte sich vollkommen leer an, ein Vakuum. Ich spürte, wie mir trotz der Kälte heiß wurde. Wahrscheinlich hatte ich knallrote Backen. Aber daran durfte ich jetzt keine Gedanken verschwenden. Heute musste ich souveräne Meisterin der Situation sein und bleiben.

Ich bemühte mich um einen erstaunten Gesichtsausdruck und sagte: »Michael und Sam! Was für ein Zufall!«

»So groß ist der Zufall nicht, wir haben uns ja hier erst vor drei Tagen getroffen. Seid ihr heute also wieder so früh schon auf den Beinen?«

Ich fühlte mich ertappt, wie eines schweren Vergehens überführt und so schuldbewusst sah ich sicherlich auch aus. Was sollte ich antworten?

»Äh«, setzte ich an, aber Michael fuhr fort: »Vorgestern bin ich extra um eure Uhrzeit gelaufen, um wieder auf euch zu stoßen. Hab zwei Stunden später angefangen zu arbeiten. Sam hat mich darum gebeten.«

Er zwinkerte mir zu, mit stechend blaugrauen Augen. Spätestens jetzt bekam ich weiche Knie. Es war wirklich so gewesen, wie ich vermutet hatte. Wir hatten die gleiche Idee und gestern waren wir beide wieder zu unserer üblichen Zeit unterwegs. Ich tat so, als müsste ich angestrengt überlegen. Es war mir unmöglich, ein umfassendes Geständnis abzulegen. Deshalb log ich: »Vorgestern? Ach ja, da war ich gar nicht da. Ich besuchte eine Freundin.« Schnell entschuldigte ich mich im Geiste bei Kirsten, dass sie hier als Alibi missbraucht wurde. »Und heute habe ich nachher einen Friseurtermin. Deshalb sind wir wieder früher los, gell Molly?«

Molly scherte sich wenig um mich. Sie tollte mit ihrem Freund den Waldweg hin und her.

»Da habe ich ja Glück gehabt. Dem Friseur sei Dank.«

Michaels Offenheit überraschte mich und meine Schwindeleien erstaunten mich. Und nun? Ich beschloss, endlich das blasierte Getue zu lassen und ganz Ich zu sein, bevor ich mich hinterher wieder mit Vorwürfen überhäufen müsste.

»Wenn Sie möchten, können wir öfter zusammen laufen«, schlug ich vor. »Die frühe Zeit macht mir nichts aus. Irgendwann wird es ja auch wieder Sommer.«

»Oder am Abend. Wenn ich Feierabend habe«, antwortete Michael.

Sein Strahlen war herzzerreißend. Wir setzten unseren Weg gemeinsam fort. Hier in dem kleinen Wäldchen und im übertragenen Sinn.

Das war der Beginn einer wunderbaren Freundschaft zwischen zwei Hundebesitzern und ihren Tieren. Bald waren unsere Spaziergänge zu einer Konstante in meinem Leben geworden, die ich nicht mehr missen wollte. Ich erzählte ihm von meinem Leben und erfuhr seine Vita, die wie bei jedem Menschen ihre Höhen und Tiefen hatte. Michael war achtundfünfzig Jahre alt, also etwas jünger als ich. Er arbeitete im Marketing bei einer großen Zulieferer-Firma für Autoteile. Seit zehn Jahren war er geschieden und Vater zweier erwachsener Töchter.

»Aber noch kein Großvater«, versicherte er mir. »Du musst also nicht mit einem Opa ausgehen.«

Ich versicherte ihm, dass mir das nichts ausmachen würde. Grundsätzlich versuchte ich, mich aus seinem Familienleben herauszuhalten und legte von Anfang an Wert auf gegenseitige Privatsphäre. In unserem Alter war eine gewisse Distanz sicherlich von Vorteil. Wir waren keine Teenager mehr mit Flausen im Kopf. Ich wollte unsere Beziehung einfach wachsen lassen und abwarten, wohin der Weg uns führen würde.

Das neue Glück

Es war ein wunderschöner Frühlingsabend, als ich diesen Gedanken nachhing. Man konnte schon draußen sitzen, auf der Terrasse von Michaels

Eigentumswohnung. Wir hatten ein leckeres Essen hinter uns. Michaels Tagliatelle al Salmone waren ein Gedicht. Nun genossen wir noch den Primitivo im Freien. Mir kamen Kirstens Worte in den Sinn, dass das beste Mittel gegen Trauer und Schmerz eine neue Liebe sei. Sie habe das von Anfang an gesagt, behauptete sie ja schon immer zu jeder passenden und unpassenden Gelegenheit. Heute musste ich ihr recht geben. Aber auch ich hatte recht gehabt mit meiner Ansicht, dass man die Liebe nicht erzwingen kann. Entweder sie findet einen oder nicht. Und selbst nach einem solchen Verlust, wie ich ihn mit Hans erlitten hatte, kann alles wieder gut werden. Anders gut, aber gut. Das Leben ist wie eine Wundertüte. Man weiß nie, was darin versteckt ist.

Seit unserem Kennenlernen waren erst ein paar Monate vergangen. Ich war Michael dankbar, dass er mir so viel Empathie entgegenbrachte. Er merkte genau, wenn ich über die Vergangenheit sprechen wollte. Dann war er ein geduldiger Zuhörer, der mich währenddessen einfach an der Hand hielt und mir dadurch Halt gab. Wir gingen beide sehr sorgsam miteinander um, mit unserer Freundschaft und mit unseren Gefühlen, die wir wie ein zartes Pflänzchen hüteten.

Heute war ich beschwingt von der schönen Atmosphäre, dem guten Essen und nicht zuletzt von dem dunkelroten Wein. Ich spürte das Knistern zwischen uns, vor allem aber spürte ich, dass ich bereit war, aus unserer tiefen Freundschaft eine Liebesbeziehung werden zu lassen. Ich war sogar mehr als bereit, das Herrchen und sein Hundchen endgültig in mein kleines Herzchen zu lassen. Vielleicht würde es keine absolut überschwängliche und überschäumende Liebesgeschichte werden. Aber wer weiß? Musste es auch nicht. Nach jedem Himmelhoch-jauchzend kommt zwangsläufig ein Zu-Tode-betrübt. Das brauchte ich nicht mehr. Solchen heftigen Gefühlsschwankungen fühlte ich mich nicht mehr gewachsen. Das hatte ich zur Genüge gehabt. Aber wenigstens ein bisschen Jauchzen und Freuen wäre schön, dachte ich mir.

Was mich neben Michaels Augen, unergründlich wie ein tiefer See, an zweiter Stelle hoffnungslos für ihn einnahm, war sein Humor, der meinem glich. Wir konnten zusammen lachen. Miteinander und übereinander. Was sich liebt, neckt sich. So wahr, dieses Sprichwort.

Als wir unser Kennenlernen im Wald bei einem Spaziergang im Frühling Revue passieren ließen, sagte ich augenzwinkernd: »Sei froh, dass wir uns überhaupt wieder getroffen haben und ich nicht die Wege verwechselt habe oder in die falsche Richtung gelaufen bin. Da bin ich nämlich prädestiniert dafür. Ich sag nur ›der rote Läufer‹.«

»Du sprichst in Rätseln, Jolanda«, meinte Michael dazu. »Was für ein roter Läufer?«

Ich lächelte hintergründig. »Es war in einem unserer Urlaube. Hans ging joggen um einen See, so um die zehn Kilometer, ich sollte gemütlich fertig frühstücken und ihm dann entgegenlaufen. Wäre ja ein Wunder gewesen, wenn das geklappt hätte. Erwartungsgemäß hatte ich wieder nicht richtig aufgepasst, als wir besprachen, wie er den See umrundet. Prompt wählte ich die falsche Richtung und spazierte ihm hinterher, selbstverständlich ohne die geringste Chance, ihn einzuholen. Mit der Zeit wurde mir immer mulmiger. Mir taten schon die Augen weh vor lauter Schauen, wann er denn endlich vor mir auftauchen würde. Ich müsste ihn schon von Weitem gut erkennen können. Er trug ein rotes T-Shirt. Nichts zu sehen. Als ich an einem Spielplatz vorbeikam und eine junge Mutter mit ihrem Kind sah, fragte ich, ob sie einen roten Läufer gesehen habe. Sie schaute mich ziemlich verwirrt an und wollte wissen, ob ich einen Teppichläufer meine. ›Nein‹, schrie ich zusehends panisch werdend, ›keinen Teppichläufer, meinen Mann, er trägt ein rotes Hemd‹, und lief weiter. Wie einfältig, dachte ich, wie kann man nur auf die Idee kommen, dass ich auf diesem Weg einen Teppich suche.« Ich schüttelte den Kopf.

Michael lachte: »Ein bisschen kenne ich dich nun schon und würde sagen, das ist typisch Jolanda. Hast du dich schon einmal dabei beobachtet, wenn du so voller Begeisterung erzählst?«

Mein Herz machte einen kleinen Sprung. Ich dachte, er sagt tatsächlich, ich würde die Nasenflügel aufblähen. So wie es Hans angeblich immer an mir aufgefallen war.

»Du wedelst mit deinen Armen wie ein Vögelchen, das mit den Flügeln schlägt«, sagte Michael stattdessen.

Das brachte mich auf der Stelle dazu, stehenzubleiben, seinen Kopf zu mir herunterzuziehen und ihm unseren ersten Kuss zu geben. Dieser Kuss fühlte sich nach der langen Zeit der Liebes-Karenz meinerseits wirklich an wie ein erster Kuss im Leben. So als wäre ich nochmal dreizehn.

»Wow«, war Michaels Kommentar, »damit habe ich nun gar nicht gerechnet. Und ich musste dich nicht einmal hochheben. Sag bloß, du stehst auf den Zehenspitzen?« Er drückte mich so fest an sich, dass ich fast keine Luft bekam. »Und wann hast du deinen roten Läufer wieder gefunden?«

»Es dauerte nicht lange und Hans kam mit dem Fahrrad von hinten angefahren, hatte sich schon fast so etwas gedacht«, musste ich gestehen und nahm sein Gesicht zwischen meine Hände. »Und das ist nun ein guter Zeitpunkt, dich zu warnen, lieber Michael, die letzte Warnung sozusagen. Schau mir in die Augen, Großer. Eigentlich hätte ich diese Warnung schon gleich zu Anfang aussprechen sollen, als wir dabei waren, uns ineinander zu verlieben.«

»Wenn du mir damit sagen willst, dass du mich davor warnen möchtest, mich in dich zu verlieben, dann muss ich dir gestehen, dass es dafür zu spät ist. Ich bin schon bis über beide Ohren verliebt.« Er schmunzelte.

»Ja, das befürchte ich auch. Aber wie du schon festgestellt hast und die Rote-Läufer-Geschichte mal wieder hervorragend bewiesen hat, bin ich manchmal einfach ein verrücktes Huhn.«

»Vielleicht ist deine leichte Verpeiltheit genau das, was dich so liebenswert macht, Kleines. Lass uns diese Erkenntnis mit einem weiteren Kuss besiegeln, meine liebe verrückte Jolanda.«

Michael wirbelte mich durch die Luft. Dann stellte er lächelnd fest: »So wie ich die Lage bis jetzt beurteilen kann, bist du möglicherweise leicht verrückt, aber dafür schwer in Ordnung.«

Ich lachte schallend. »Genauso hat mich Kirsten vor vielen Jahren auch schon charakterisiert.«

»Dann ist das amtlich. Und genauso liebe ich dich.«

Wir lachten zusammen, wir hielten uns an den Händen, wir blieben immer wieder stehen und küssten uns, umringt von den vor Begeisterung tobenden Hunden. Ich spürte eine unbeschreibliche Leichtigkeit in mir.

Dieser laue Abend auf der Terrasse kurz danach endete in einer ersten gemeinsamen Nacht. Falls ich vor dieser Liebesnacht, die ja zwangsläufig früher oder später kommen musste, Angst gehabt hatte, so war sie unbegründet. Ich merkte, dass auch Michael unsicher war. Das erfüllte mich mit einer großen Zärtlichkeit. Behutsam genossen wir unser erstes amouröses Zusammentreffen. Wir schliefen miteinander, obwohl wir die wenigste Zeit in dieser Nacht schliefen. Was ist dieses Miteinanderschlafen doch für ein missverständlicher Ausdruck.

Ab diesem Abend wechselte mein Status endgültig von Single zu »in einer festen Beziehung«. Das fühlte sich absolut richtig an, als hätte ich lange darauf gewartet. Gewartet auf die Rückkehr der Leichtigkeit oder, vielleicht sogar noch besser, den Beginn einer neuen Leichtigkeit. Am meisten Angst hatte ich die ganzen vergangenen Jahre vor dem Vergessen, wenn sich eine neue Liebe in mein Leben schleichen würde. Eine Linderung des

Schmerzes, ja, das hatte ich herbeigesehnt, aber bitte kein Vergessen. Ich wollte nicht die Stimme von Hans vergessen, nicht seinen Geruch, seine raumfüllende Präsenz. Ich wollte, dass das immer ein Teil von mir sein würde, den mir niemand nehmen kann. Für immer eine kostbare Erinnerung, die ich tief im Herzen tragen durfte. Heute, in Michaels Armen, hatte ich endlich das Gefühl der Vereinbarkeit meiner jäh so tragisch zu Ende gegangenen Ehe und der langsam gewachsenen und hoffentlich noch wachsenden neuen Liebe.

Am Ziel – Juli 2019

Mollys kurzes »WAU« ist wie ein Signal für mich. Ich muss hinuntersehen. So drehe ich mich von der Wand weg, schließe kurz die Augen, um sie sogleich weit aufzureißen. Es ist atemberaubend, nicht zu fassen, welcher Anblick sich mir bietet. Ich schwebe dreißig Meter hoch über der Erde. Bin weiter oben als alle Gebäude um mich herum. Unter mir erstreckt sich ein kleiner Park. Viele Menschen flanieren vorbei. Dutzende sind stehengeblieben, schauen nach oben zu mir, die Augen vor der Sonne durch die Hand geschützt. Ich höre vereinzeltes Klatschen, Applaus für meine Leistung. Es ist unbeschreiblich, was ich in diesem Moment fühle. In Worten nicht auszudrücken.

Mein Blick sucht den kleinen Fan-Club, der dieses Mal mitgekommen ist, um mich mental bei meinem Vorhaben zu unterstützen und um sich mit mir zu freuen. Kirsten ist da. Sie sitzt auf einer Bank. Mein Blick sucht Michael, der damit beschäftigt ist, die beiden Hunde zu bändigen. Vor allem Molly bellt und jault, dreht sich um die eigene Achse, macht Männchen, tänzelt und streckt sich, als könnte sie mich dadurch erreichen.

Mein Herz möchte überquellen. Ich kann es nicht fassen, dass ich es tatsächlich geschafft habe, dass ich hier und heute in Wien an der Kletterwand am »Haus des Meeres« hänge, dreißig Meter über der Erde, dass ich meine Höhenangst überwunden habe. Dass ich Vertrauen aufbauen konnte, vor allem Vertrauen in meine eigenen Kräfte und Vertrauen zu dem Menschen, der am anderen Ende des Seils auf dem Boden steht. Egal, was passiert, wenn ich abrutsche, mich nicht mehr halten kann, kraftlos werde, wenn ich loslassen muss. Ich kann nicht fallen, bin gesichert durch ein starkes Seil. Dieses Seil, das ich in den Händen halte, verhindert, dass ich abstürze. Und es symbolisiert für mich alles, was mir im vergangenen Jahr an Gutem widerfahren ist. Das imaginäre symbolische Seil in meinem Leben wurde mit jedem Tag stärker, es wuchs wie die Bindungen zu den Menschen, die ich liebe. Ich kann mich fallen lassen, jetzt und sprichwörtlich auch dann, wenn ich wieder festen Boden unter den Beinen habe. Es kann mir nichts passieren. Es ist jemand da, der mich auffängt.

Diese Erkenntnis raubt mir fast den Atem. Michael, Kirsten, Daniel. Menschen, auf die ich mich verlassen kann. Mit dieser Gewissheit im Herzen kann mir auch in Zukunft nichts passieren. Und endlich habe ich genug da oben. Ich will runter zu meinen Lieben, kann es auf einmal kaum mehr abwarten. Schnell wieder sicheren Grund unter den Füßen gewinnen! Bevor meine Gedanken zu pathetisch werden und ich in eine vollkommen abgeklärte, übertrieben gefühlvolle Stimmung verfalle. Gibt es außer dem Runner's High, im Deutschen Läuferhoch genannt, eine Euphorie, welche die harte körperliche Anstrengung vergessen lässt, möglicherweise auch das Climber's High, müsste analog dann wohl Klettererhoch heißen? Falls nicht, erfahre ich dieses Klettererhoch gerade am eigenen Leib und habe es damit erfunden. Gleich patentieren lassen! Aber nicht ganz ungefährlich, das Ganze. Wer weiß, auf was für Ideen ich in diesem Gemütszustand komme? Nicht dass der plötzliche Wunsch in mir keimt, eine riesige Meute herrenloser Tiere in mein Haus zu holen oder weitere Abenteuer in Angriff zu nehmen, an die ich momentan noch nicht im Traum denke.

Oder am Ende mache ich auf der Stelle Michael einen Heiratsantrag, während ich engelsgleich zu Boden schwebe. Obwohl, das hat was! Wäre ganz mein Stil. Ich kann es mir ja noch überlegen während der paar Minuten, in denen ich von der Herrin der Lüfte wieder in den Bodenpersonal-Modus wechsle.

»Ab!«, rufe ich laut und merke, wie ich langsam heruntergelassen werde. Der Beifall meines kleinen Fan-Clubs umschlingt mich dabei wie eine tröstende Umarmung.

Ende

Dank und Nachwort

Ein Zitat von Johann Wolfgang von Goethe lautet: »Leider lässt sich eine wahrhafte Dankbarkeit in Worten nicht ausdrücken.«
Ich weiß nicht, wie der große Dichter und Denker seinerzeit zu dieser Schlussfolgerung gekommen ist, aber ich versuche trotzdem, meine Dankbarkeit in einfachen und ehrlichen Worten zum Ausdruck zu bringen und hoffe, damit meinen Gefühlen gerecht zu werden.

An erster Stelle gilt mein Dank meinem Mann Joachim, der mir während der gesamten Entstehungsphase meines Romans den Rücken freigehalten hat und mich in jedweder Form unterstützt hat.
Ohne Renate, meine Verlegerin, wäre aus meinen niedergeschriebenen Texten kein fertiges Buch geworden. Ich bedanke mich wiederum für ihre Professionalität und Unterstützung.
Danke an meine Kinder Katharina und Andreas mit Anhang. Meine Familie ist für mich immer ein Quell der Inspiration.
Die Ratschläge, Verbesserungen und Anregungen meiner Schwester Liane sowie von Edith, Elmar und Sigi waren abermals unverzichtbar und

wertvoll. Herzlichen Dank für die uneigennützige Hilfe.

Nach zwei Kurzgeschichtensammlungen war es mein großer Traum, mich an einem zusammenhängenden Roman zu versuchen. Wohin die Reise damit führt, liegt von Anfang an im Dunkeln. Es ist ein Weg voller Schaffensfreude und Euphorie, begleitet von Zweifeln und Bedenken.
    Bestätigung gibt mir das Interesse meiner Leserschaft.
    Liebe Leserinnen und Leser, vielen herzlichen Dank dafür.

Jetzt bin ich glücklich. Und mit einem Sprichwort von Francis Bacon, einem englischen Philosophen und Staatsmann, will ich endgültig schließen: »Nicht die Glücklichen sind dankbar. Es sind die Dankbaren, die glücklich sind.«

Die Autorin

Regina Rothengast, geboren 1958, lebt in einem kleinen Dorf im Main-Tauber-Kreis.

Sie ist glücklich verheiratet, Mutter einer erwachsenen Tochter und eines erwachsenen Sohnes, ihr ganzer Stolz sind die beiden Enkeltöchter. Als Ruheständlerin widmet sich die Autorin vermehrt dem Schreiben und engagiert sich in ihrer Freizeit in verschiedenen Vereinen, wenn es ihre Zeit zulässt. Dieser Roman ist nach zwei Kurzgeschichtensammlungen ihr drittes Werk.

Im Mai 2021 wurde das Buch **Sandalen im Winter** veröffentlicht. Regina Rothengast beschreibt in ihrem Debüt katastrophale Begebenheiten auf Reisen, den Alltag mit seinen Tücken, Chaos im Familienleben oder die Auseinandersetzung mit dem Älterwerden, einfach echte »Gute-Laune-Geschichten«! Wetten, dass diese Storys ein Schmunzeln in Ihr Gesicht zaubern?! ISBN 978-3-948818-067

In **Meine wundervolle Weihnachtsmischung** hat die Autorin in ihrem zweiten Buch unterschiedliche Geschichten zum Thema »Weihnachten« zu Papier gebracht, die nicht immer die üblichen Klischees bedienen.

»Zwar verheißt das Buch (…) keine kulinarischen Köstlichkeiten, dafür aber einen ganz besonderen Lesegenuss. Die Leckereien, die sie ihren Leserinnen und Lesern anbietet, sind kleine Geschichten, die sich in der Weihnachtszeit ereignen.« Fränkische Nachrichten
ISBN 978-3-948818-16-6

In seinem Debüt **Von Leidenschaften und Verlusten** erzählt Martin Bartholme in einer spannenden Mixtur von den kleinen und großen Momenten im Leben, von Augenblicken des Glücks und der Hoffnung, aber auch der Angst und Verzweiflung. Der Autor findet zudem auch für ernste und gesellschaftskritische Themen die passenden Worte. 26 berührende Geschichten voller Atmosphäre und Tiefgang über Liebe und Schmerz, Leidenschaften und Verlusten. Erhältlich auch als Hörbuch-CD. ISBN 978-3-948818-00-5

Martin Bartholme erzählt in seinem Buch **Zwischen Hoffnung und Melancholie** über Erinnerungen, Zukunftsträume und Gedankenkino - voller Empathie, manchmal mit Wehmut, Trauer und Angst, mitunter aber auch mit Hoffnung, Liebe und einem Lächeln. Mit seinen authentischen Stories und seiner beeindruckenden Erzählweise nimmt uns der Autor mit auf eine Reise durch seine Gedankenwelt. ISBN 978-3-948818-15-9

In **Es ist mehr als nur nicht Laufen** erzählt Johannes Mayer uns sein Schicksal. Nach dem Tod seines besten Freundes bekommt er Depressionen, hat einen Unfall und wacht dann gelähmt aus dem Koma wieder auf. Mit viel Kraft, Ausdauer und Zuversicht nutzt der Autor seine zweite Chance auf Leben.

»Jenseits aller physischen und psychischen Herausforderungen, thematisiert Maier einen weiteren Umstand, den Menschen mit traumatischer Querschnittlähmung kennen dürften.« Der Querschnitt

Der Bildband **BIF CREW** von Johann Christof Laubisch wirft einen Blick hinter die Fassade der Straßenkultur. Er ist komplettiert mit einzelnen Storys aus der Zeit, welche die Geschichte auf eine authentische Art und Weise dokumentieren und Erinnerungen wieder aufleben lassen. BIF CREW - BERLINER IN FREIHEIT, ISBN 978-3-948818-21-0